本研究系国家社科基金青年项目"性别失衡对青年择偶的影响研究"（13CSH046）的最终成果，并得到河北省委组织部青年拔尖人才支持计划、河北省高校百名优秀创新人才支持计划及河北大学中西部高校提升综合实力工程项目资助。

SEX IMBALANCE
AND YOUTH
MATE SELECTION

贾志科 著

性别失衡与青年择偶

社会科学文献出版社
SOCIAL SCIENCES ACADEMIC PRESS (CHINA)

前　言

　　青年的择偶与婚恋问题，是我近几年来一直比较关注的话题。由于身边接触到越来越多的青年男女，因为各种原因找不到对象而面临困扰，不仅个人忧愁，家人也为此担心，这便激发了我对这一问题的进一步关注与深入思考。很多时候，人们会把年轻人找不到对象，归结于青年自身的性格、品质、交往能力或者要求过高等方面的原因上，而一些青年也认为自己找不到另一半是因为暂时还没有遇到合适的，他们并不担心自己会孤单一生。在中国这样一个"普婚"的社会里，大龄未婚青年被视为"剩男""剩女"，甚至被贴上了"问题青年"的标签。在亲友面前，一旦被提及婚恋之事，他们总是面露尴尬之色。日复一日，年复一年，青年自身面临着越来越大的压力，这种压力有的来自家庭中父母和亲戚，有的来自周围朋友和同事，也有的来自社会公众或大众传媒，还有的来自青年个体内心。他们由原来的不当回事，逐渐步入"被剩下"的行列。在一个社会中，如果只有个别人面临某个问题，我们可能会认为是个人原因所致，然而当很多人，甚至是很多人群都面临同样问题的时候，我们就不得不深思究竟是个人原因还是社会原因所导致，背后是不是有结构性因素在起作用？

　　2011年11月，一个偶然的机会，我在读书的南京大学鼓楼校区附近的鼓楼公园目睹了一场别开生面的相亲大会。在没有接触到相亲会之前，我并不知道此地的相亲会已举办多年。这样的场面，让我欣喜万分，于是便产生了很大兴趣，并开始了实地研究的行动。经过两个多月的实地访谈和调查研究，我深刻地感受到之前关注的青年择偶问题，的确值得深入研究与思考。在相亲会现场，我感受到父母们的忧心、青年男女的急迫，以及人们对此话题的乐此不疲。然而，在谈笑的背后，却隐藏着参加者无尽的忧虑！带着他们的忧虑，通过对南京大型相亲会会员资料的分析，我意外地发现：参加相亲会的男女比例严重失衡，女多男少，"剩女"现象十分明显，尤其是20世纪80年代初出生、学历层次较高（尤其是本科以上）、特定行业（尤其是教育、卫生业）的女性面临择偶难题，随年龄增长，择偶空间越来越小。

自20世纪80年代初以来，中国出生性别比失衡问题日益严重，所产生的后果逐步开始显现。在南京大型相亲会上的这一"偶然"发现，恰好与我之前对出生性别比的研究与思考"巧合"地联系在了一起。近年来，对出生性别比的研究，我们关注更多的是失衡原因和治理对策，既取得了丰硕的研究成果，也收到出生性别比有所回落的初步效果。然而，30余年出生性别比失衡问题对青年择偶婚姻的影响，已经步入后果显现阶段。"该"结婚的、"能"结婚的大多已经结婚成家，而那些依然没有步入婚姻家庭的青年，则成为大龄青年，被贴上"剩男""剩女"的标签。

值得深入思考的是，这些大龄未婚青年至今尚未进入婚姻殿堂，到底是什么原因造成的？问题的背后，是个人因素在起决定作用，还是结构性的因素更为重要？这是本研究十分关心和想要得到答案的基本问题。如果是个人因素在起决定性作用，为什么会有越来越多的人步入"被剩下"的行列？如果是结构性因素在起作用，究竟是社会变迁的结构性力量作用更多，还是人口性别结构的影响更大？如果人口性别结构在其中发挥重要影响，那么性别结构失衡会给城市青年择偶带来哪些影响？其内在的影响机制如何？这也是本研究需要回答的核心问题。基于上述思考，结合南京大型相亲会上的研究发现，本书试图从性别失衡的视角入手，对城市中出现的青年择偶问题做出解释。

本书利用2014年3~5月笔者在江苏南京、河北保定两地针对"教育业、卫生和社会工作、公共管理和社会组织、住宿餐饮业、批发零售业"等5大类行业18~35岁的957名城市在职青年进行的"青年发展状况"问卷调查数据，结合历次人口普查资料，尤其是2010年第六次人口普查数据，对性别失衡背景下青年择偶的基本状况进行了初步考察，而后对城市青年择偶在行业、地域、年龄、文化程度上的差异与表现特征进行了分析，在此基础上用实证调查数据检验了性别失衡对城市青年择偶的直接影响，进而探讨了影响城市青年择偶的内在机制。

研究结果发现：

第一，从"六普"资料看，婚龄性别比失衡集中表现在行业、地域、年龄以及学历等方面。在"男比女大"的年龄梯度偏好假设下，女性可能会面临结构性的择偶拥挤；而假设"女比男大"时，面临择偶拥挤的大多是男性。"男女同层"或"男高女低"的学历梯度偏好将可能导致高学历女性和低学历男性择偶难。

第二，从城市青年择偶状况与群体差异看，青年择偶困难状况明显，近1/4的被访者面临择偶拥挤，不同青年群体的择偶观念存在明显差异。从行业上看，住宿餐饮业青年受到的婚姻挤压较为严重但择偶拥挤感最弱；而教育业青年受到婚姻挤压状况不明显但择偶拥挤感最强。从地域看，南京比保定青年更倾向于晚婚，择偶拥挤感更强；生于农村的青年比城市青年更倾向于早婚，择偶拥挤感较弱。从年龄看，年龄越低越倾向于接受早恋爱，年龄越高越倾向于接受晚结婚。从文化程度看，随文化程度的提高，青年越来越倾向于接受晚结婚，择偶时所看重的条件和要求越来越多，择偶拥挤感越来越强。

第三，就性别失衡对城市青年择偶的直接影响而言，其直接影响主要表现在理想婚龄、择偶途径、通婚范围以及婚恋状态等四个方面。具体说，在行业、地域和年龄性别失衡的影响下，青年的通婚范围可能会变大，城乡通婚将会增多；年龄和学历性别失衡可能会导致青年理想婚龄推迟；年龄性别失衡可能会造成青年择偶途径异化以及择偶难度增加，并由此引发各种矛盾与社会问题。

第四，就影响城市青年择偶的内在机制来讲，家庭、资本、心理等机制可能会对城市青年择偶产生直接影响，而在性别失衡的背景下，这些内在机制的影响作用变得错综复杂。父母家庭背景的影响和社会经济资本的力量主要体现在青年相亲意愿、择偶途径、通婚范围和婚恋状态上，而社交心理因素的作用主要集中在青年择偶途径和通婚范围上。

总之，本研究从性别结构失衡的视角探讨其对城市青年择偶的影响及内在机制，一定程度上拓展了人口学与社会学的现有理论解释，丰富了关于性别失衡研究的已有成果，运用实证方法为择偶拥挤问题研究提供了新的经验证据，为有关性别失衡与青年择偶更为深入的研究提供借鉴与参考。

目录 CONTENTS

第一章　步入性别失衡"场域" // 001
　　一　从出生性别比失衡说起 // 003
　　二　谈谈出生性别比失衡的影响与后果——择偶拥挤 // 014

第二章　走进青年择偶 // 019
　　一　重视和了解青年择偶问题与模式 // 019
　　二　重点关注大龄青年择偶难 // 025

第三章　别开生面的集体相亲 // 031
　　一　"偶遇"集体相亲 // 031
　　二　集体相亲的参与主体 // 033
　　三　集体相亲的行动策略 // 035

第四章　探寻"择偶难"背后的结构性因素 // 043
　　一　从普查数据看出生性别比失衡的变化历程 // 043
　　二　从六普数据看我国婚龄人口性别比失衡的主要表现 // 050
　　三　基于梯度偏好假设的我国未婚人口的择偶拥挤状况 // 060

第五章　实证研究设计 // 068
　　一　相关概念的界定与澄清 // 068

二 研究的基本逻辑思路 // 072

三 具体研究思路与方法 // 080

四 问卷调查的实施 // 081

第六章 城市青年择偶基本图景 // 085

一 择偶时间 // 086

二 择偶形式 // 087

三 择偶途径 // 088

四 择偶条件自评 // 090

五 择偶标准 // 092

六 择偶参谋 // 094

七 择偶地域范围 // 095

八 择偶难易程度 // 097

九 择偶结果 // 099

第七章 不同城市青年群体择偶模式差异与表现 // 101

一 不同行业青年的择偶模式差异与表现状况 // 101

二 不同所属地域青年的择偶模式差异与表现状况 // 114

三 不同年龄组青年的择偶模式差异与表现状况 // 126

四 不同文化程度青年的择偶模式差异与表现状况 // 135

第八章 性别失衡对城市青年择偶模式的直接影响 // 147

一 变量的设置与处理 // 147

二 性别失衡对青年理想婚龄的影响 // 152

三 性别失衡对青年择偶途径的影响 // 155

四 性别失衡对青年通婚范围的影响 // 159

五 性别失衡对青年婚恋状态的影响 // 163

第九章 性别失衡影响城市青年择偶的内在机制 // 168
  一　变量与假设 // 168
  二　自变量与解释变量间的关系 // 175
  三　父母家庭背景的影响 // 181
  四　社会经济资本的力量 // 189
  五　社交心理因素的作用 // 197

结论与思考 // 203
  一　结论 // 203
  二　理论思考与现实回应 // 205
  三　研究的不足 // 211

参考文献 // 213

附录一　图、表索引 // 237
附录二　青年发展状况调查问卷 // 242

后　记 // 259

第一章　步入性别失衡"场域"

2010年第六次全国人口普查资料显示：截至2010年11月1日零时，中国大陆31个省、自治区、直辖市总人口为1332810869人。其中，男性约占51.19%，女性约占48.81%；总人口性别比为104.90；流动人口超过2.6个亿。

从人口性别结构看，在全国31个省、自治区、直辖市中，当时性别比最高的是天津（114.52），其次是海南（112.58），而后是广东（108.98）、广西（108.26）、内蒙古（108.17）；城市人口中，性别比最高的是天津（117.63），其次是广东（111.63），第三是海南（110.06）；镇人口中，性别比排在第一位的是西藏（115.96），第二位的是海南（113.93），第三位的是上海（112.44），第四位的是北京（111.7），第五位的是广东（110.61）；农村人口中，性别比最高的是海南（113.33），其次是北京（111.55），而后是内蒙古（111.21）、上海（110.36）、云南（109.65）。上述省、自治区、直辖市，不论从总人口而言，还是从城市、镇或农村人口而言，其性别比失衡的程度都十分严重，均在108以上。受人口迁移、流动以及死亡等因素的影响，部分出生性别比长期严重失衡的地区，总人口性别比并未呈现出严重失衡的状态，海南、广东等地出生性别比长期持续严重失衡对总人口性别比的影响已然显现，而北京、天津、上海等地则主要是受到人口迁移、流动的影响。

20世纪80年代以来，出生性别比长期持续偏高造成的失衡态势十分明显。1982年第三次全国人口普查数据显示，我国出生性别比为108.47，比正常值域上限高出1.47。此后，出生性别比持续升高，1990年第四次人口普查、2000年第五次人口普查和2010年第六次人口普查，出生性别比分别达到113.89、116.86（"长表"数据为119.92）和117.94（"长表"数据为121.21）。从地区来看，"三普"时，只有安徽、河南、广东、广西4个省份呈现出生性别比失衡状态；"四普"时，包括上述省份在内的24个省、自治区、直辖市出生性别比失衡；"五普"时，又有5个省、直辖市，步入失衡行列；"六普"时，除西藏和新疆还在正常值域，其余29个省、自治区、直辖市都超出正常值域上限，呈现出全面失衡的局面。如果把出生性别比为103~107视为正常，107~110视为轻微偏高，110~115视为严重偏高，115以上视为重度偏高的话，那么，我国出生性别比1982年时属于局部和轻微偏高，1990年时变成成片和严重偏高，2000年和2010年则升级为全面和重度偏高。长期持续偏高的出生性别比，在死亡率逐步下降并保持稳定的情况下，必然会对总人口性别结构产生重要作用。在人口流动迁移规模较大的情况下，其对个别地区人口性别结构的影响尤为突出。

20世纪80年代后出生的人口已步入婚龄期。2010年"六普"时，15岁及以上未婚人口的性别比例，在一定程度上可以反映出当下婚龄人口的性别结构。"六普"资料显示：全国15岁及以上未婚人口性别比为134.48，其中，城市15岁及以上未婚人口性别比为120.38，镇为130.09，农村则高达149.46。这些数字背后意味着，即便15岁及以上的女性，未来全部进入婚姻市场，并且一一找到婚配对象，那么，还有大量的男性人口游离在婚姻市场中，无法正常婚育，尤其表现在农村地区。分地区而言，15岁及以上未婚人口性别比最高的省份是云南（162.57），其次是广西（156.17），而后是贵州（153.47），而这些婚龄人口性别比严重失衡的地区，也正是经济欠发达地区，女性流出地。伴随着人口的大规模迁移、流动，一些出生性别比严重失衡的地区，在外出务工、经济刺激等外力的推动下，将逐步显现的出生性别比失衡后果转嫁到经济欠发达地区，并由此在全社会范围内蔓延开来。诚然，影响婚配的因素很多，但无论怎样，从人口结构上讲，失衡的性别结构必然会对人们的择偶、婚配产生一定的影响。尤其是在人口大规模流动的背景下，城乡青年的大范围迁移、流动使得性别结构失衡的后果，在全社会范围内得以迅速蔓延。不论是农村地区，还是城市地区，不仅是男性，包括女性在内都不可避免地卷入这种影响中来。

一 从出生性别比失衡说起

走进性别失衡的"场域"，不得不从出生性别比失衡说起。目前，国内对于性别失衡研究主要集中在出生性别比的失衡方面，而关于出生性别比失衡的研究主要关注的是出生性别比持续偏高所导致的人口与社会问题。学术界对于出生性别比失衡的研究归纳起来大致可以包括：出生性别比的正常值域问题，出生性别比失衡的状况、特点与成因，治理出生性别比的对策措施以及出生性别比失衡的社会后果，等等。

（一）出生性别比的正常值域

世界上最早关于出生性别比的论述是在1662年由英国学者约翰·格兰特（John Grant）做出的，他在《关于死亡证书的自然和政治的观察》一书中，通过对伦敦1628~1662年出生的270648名婴儿（其中男婴139782名、女婴130866名）的分析，提出了出生性别比是一个相对稳定的比值（为14/13），约等于107.69的观点。[1] 1982年，雪莉·福斯特·哈特利（Shirley Foster Hartley）在《人口比较》一书中指出，出生性别比为103~106。[2] 而日本学者安川正彬在其编著的《人口事典》中认为，出生性别比"从经验来看以105为中心，表现出少许变化"。[3] 总之，联合国于1955年明确的"102~107之间"涵盖了全球多数人口的性别比，成为判别出生性别比是否"正常"的标准。

（二）出生性别比失衡基本状况、特点与原因

在国外，绝大多数国家和地区对于出生人口没有实行严格控制，或对

---

[1] 徐毅：《出生性别比的研究现状》，《人口动态》1992年第4期。
[2] 马瀛通：《人口性别比与出生性别比新论》，《人口与经济》1994年第1期；马瀛通：《人口统计分析学》，红旗出版社，1989。
[3] 蔡菲：《出生人口性别比升高问题及其对策研究》，社会科学文献出版社，2012。

于出生人口进行软控制，出生人口大多处于自然状态，因此，出现出生性别比严重失衡国家不多。① 但出生性别比失衡并非中国特有。从 20 世纪 80 年代中期开始，韩国、印度尼西亚、印度、中国台湾等受儒家文化影响的国家和地区，几乎都出现了出生性别比失衡的现象。

国外一些人口数据表明，当生育率下降时，死产胎儿的性别比下降，从而会导致出生性别比略有上升。② 而在中国、韩国等国家和中国台湾地区，在生育率下降过程中，尤其是当生育率从 3.0 下降到更替水平以下的时候，出生性别比就出现了急剧上升的情况。以韩国为例，该国的出生性别比自 20 世纪 80 年代持续攀升，90 年代达到最高峰，之后又逐渐下降。根据韩国和西方学者对韩国出生性别比的研究，韩国出生性别比升高的特点主要包括：大城市出生性别比的升高早于城镇和农村，出生性别比与孩次呈正相关关系，性别选择性流产是导致韩国出生性别比异常的"唯一原因"③，夫妇的生育"性别偏好"并非简单地指向男孩，两个男孩和一个女孩是韩国夫妇理想的孩子性别组合，所有超过第二孩的出生都受到"性别偏好"的影响，④ 等等。而中国自 20 世纪 80 年代初期开始，出生性别比呈现出不断升高的趋势，而后一直持续攀升，至今大约已有三十余年的出生性别比失衡历史。"三普"时，我国出生性别比为 108.47，"四普"时上升到 111.27，"五普"时进一步攀升至 116.86，"六普"时为 117.94。随着出生性别比的持续攀升，出生性别比失衡问题也逐渐成为国内外人口学界研究的热点问题，目前国内外学术界已经就我国出生性别比异常及相关问题进行了较为翔尽的研究。

从国外研究状况看，对于影响出生性别比的因素，学者们观点主要包括生物因素、人为因素⑤、人口结构与其他社会因素以及技术因

---

① 刘爽：《世界各国的人口出生性别比及其启示》，《人口学刊》2005 年第 6 期。
② Cruz Coke R., "Demographical Evidences of the Relaxation of Natural Selection in Man," *Revista Medica* 7, (1979).
③ 陈泽：《韩国的出生性别比状况研究》，《人口学刊》1996 年第 5 期。
④ Chai Bin Park., "Preference for Sons, Famly Size and Sex Ratio: An Empirical Sudy in Korea." *East - West Populaion Institute, East - West Center. Working Paper: A Prepubication Series Reporting on Reserch in Progress* 24, (1982).
⑤ Cai Y., W. Lavely, "China's Missing Girls: Numerical Estimates and Effects on Population Growth." *The China Review*, 2 (2003).

素[1]等等。[2] 而现有研究还更多关注中国的出生性别比升高原因问题。例如，Chai Bin Park 认为"男孩偏好"是根本原因；[3] Jia 和 Rosmary 通过对中国河北省 1979~1988 年进行的一项比较研究发现男孩偏好对计划生育政策具有独立的影响，[4] Christophe 通过对亚洲国家出生性别比变化的分析，发现近 10 年，中国对男孩的性别偏好不减反增，[5] Poston，Gu，Liu 和 McDaniel 对中国"男孩偏好"和出生性别比的关系进行了分省水平的分析，证明了"男孩偏好"和出生性别比之间存在正相关关系。[6] 而 Arnold 和 Liu 认为父权制是导致男孩偏好持续存在以及出生性别比升高的根本原因。此外，有研究还认为产前性别鉴定，女婴的瞒报和漏报也是导致中国出生性别比偏高的重要原因，例如：Coale 和 Banister 认为产前性别鉴定导致女孩短缺是主要原因；[7] Sten 根据中国 1988 年 2‰生育节育调查数据认为，出生性别比偏高的部分原因是出生女婴由他人领养而不申报出生数造成的；[8] 而 Johnson，Huang 和 Wang 还利用中国 20 世纪 90 年代中期的一项调查数据，对弃婴和收养的情况进行了实地的调查和分析，认为弃婴的增多与生育控制相互关联；[9] Cai 和 Lavely 根据 2000 年中国第五次全国人口普查数据，直接估计 1980~2000 年出生队列，得出 2000 年普查时点的失踪

---

[1] Frances E. K., Robert G. P., *Cross - Cultural Comparisons*: *Data on Two Factors in Fertility Behavior* (New York: Population Council, 1983).

[2] 杨军昌等:《西南民族地区出生人口性别比失调问题研究》，民族出版社，2010。

[3] Chai Bin Park., "Preference for Sons, Family Size and Sex Ratio: An Empirical Study in Korea." *East - West Population Institute*, *East - West Center. Working Paper*: *A Prepublication Series Reporting on Research in Progress* 24, (1982).

[4] Jia Lili, Rosemary Santana Cooney, "Son Preference and the One Child Policy in China: 1979 - 1988." *Population Research and Policy Review* 112, (1990).

[5] Christophe Z. Guilmoto, "The Sex Ratio Transition in Asia." *Population and Development Review*, 3 (2009).

[6] Poston Jr., Gu B. and Liu P. P. et al., "Son Preference and the Sex Ratio at Birth in China: A Provincial Level Analysis," *Social Biology* 12, (1997).

[7] Coale, Ansley J. and Judith Banister, "Five Decades of Missing Females in China," *Demography*, 3 (1994).

[8] Sten Johnson, "A Swedish Perspective on Sex Ratios and other Intriguing Aspects of China's Demography." *In Chengrui Li. A Census of One Billion People* (Beijing: State Statistical Bureau, 1996).

[9] Kay Johnson, Banghan Huang and Liyao Wang, "Infant Abandonment and Adoption in China," *Population and Development Review* 3, (1998).

女性数目大约为1200万人,也认为对女孩的瞒报和漏报造成了出生性别比的偏高。① Gupta 和 Li 则从经济收入与出生性别比的关系的角度,论证了收入水平对出生性别比的影响,认为不是绝对收入而是相对收入与性别歧视具有显著的相关性,进而导致出生性别比升高。Hull 和 Wen 总结了3种对中国出生性别比异常原因的解释:一是溺杀女婴,二是产前性别鉴定,三是统计漏报和错报;② 其中,Johnson 和 Nygren 认为溺杀女婴是中国出生性别比升高的主要原因之一;③ 而 Shelley 和 Clark 通过对韩国和中国20世纪80年代初期出生性别比升高的现象分析,则认为性别选择技术与出生性别比升高相关。④ 总体而言,国外对于影响我国出生性别比因素的研究,大致可以归为三类:自然生物因素(包括环境因素、哺乳情况等)、人口学因素(包括家庭规模、父母年龄、出生孩次等)以及社会经济文化因素(如父母的社会经济地位、文化传统、城乡差异等)。

从国内研究的进展情况而言,对于出生性别比失衡基本状况的研究,经历了一个漫长、曲折的历程,同时也是一个对于出生性别比失衡的事实由模糊到逐渐清晰的过程。主要表现为:20世纪80年代虽有学者注意到我国出生性别比的偏高问题,但由于种种原因,研究被中断,研究成果非常有限;20世纪90年代初期,学者们主要探讨的是出生性别比异常的"真假"性问题,这种讨论将出生性别比的研究推向了较高的层次;20世纪90年代中后期,出生性别比失衡较为严重的事实引起了国家计生部门的注意,学术界从理论的高度也认识到我国存在的出生性别比偏高问题,并初步探讨了出现这种现象的原因所在;2000年以后,学术界在普遍认同我国出生性别比失衡是客观事实的基础上,对出生性别比偏高的态势和特征及其产生的自然、社会、经济、政治和文化因素,进行了全方位的研究。

---

① Cai Y., W. Lavely, "China's Missing Girls: Numerical Estimates and Effects on Population Growth," *The China Review* 2, (2003).

② Hull T. H., Wen X., *Rising Sex Ratio at Birth in China: Evidence Fromthe 1990 Population Census* (Canberra: Australian Development Studies Network Paper No. 31, The Australian National University, 1993).

③ Johnson J., O. Nygren, "The Missing Girls of China: a New Demographic Account." *Population and Development Review* 1, (1996).

④ Shelley, Clark. "Son Preference and Sex Composition of Children: Evidence FromIndia," *Demography* 1, (2000).

其中，对于出生性别比失衡的原因分析，众说不一。有研究认为，出生性别比的高低与所处地理位置、人们的饮用水、饮食习惯以及受孕时间等自然因素有关[①]；也有研究认为，出生性别比失衡的根本原因在于人们的"男孩偏好"，而对于"男孩偏好"的形成机制，大致有四种说法：文化因素决定说[②]、生育空间挤压说[③]、男女价值差异说[④]、男女不平等说[⑤]；还有研究认为，孩子的养育成本快速攀升，促使家庭少生孩子，进而使得出生性别比升高，认为出生性别比偏高与生育政策之间没有直接关系[⑥]。杨军昌对西南少数民族地区出生性别比失调的原因进行分析，认为有直接（性别鉴定、溺弃女婴和瞒报漏报）、根本（"男性偏好"）和间接（落后的传统文化、经济发展状况及相应的社会保障体系、人口生育政策等）三个层次的原因；[⑦]而蔡菲的研究则将众多影响因素根据其作用机制分为根

[①] 邵邻相：《试析自然因素对出生性别比的影响》，《人口与经济》1998年第3期；卢继宏：《出生性别比偏高的非社会因素探析》，《西北人口》2004年第3期。

[②] 段纪宪：《中国家庭形成过程中的性别选择和生育控制》，《中国人口科学》1991年第3期；娄彬彬：《社会性别，生育文化与妇女发展》，《国家人口与计划生育委员会优秀论文与调研报告集》，2004；楚军红：《中国农村产前性别选择的决定因素分析》，《中国人口科学》2001年第1期；陈俊杰：《农民生育观念研究：社会人口学的透视与展望》，《人口研究》1994年第6期；李银河、陈俊杰：《个人本位、家本位与生育观念》，《社会学研究》1993年第2期；严梅福：《探索降低出生性别比的治本之途——湖北大冶市变革婚嫁模式实践》，《人口与经济》1995年第5期；陈震、陈俊杰：《农民生育的文化边际性》，《人口研究》1997年第6期。

[③] 顾宝昌：《论生育和生育转变：数量、时间和性别》，《人口研究》1992年第6期；高凌：《中国人口出生性别比的分析》，《人口研究》1993年第1期；乔晓春：《性别偏好、性别选择与出生性别比》，《中国人口科学》2004年第1期；穆光宗：《近年来中国出生性别比升高现象的理论解释》，《人口与经济》1995年第1期。

[④] 冯占联：《出生性别比异常的非统计学含义：一个社会学的解释》，《人口学刊》1995年第3期；顾宝昌：《论生育和生育转变：数量、时间和性别》，《人口研究》1992年第6期；王俊祥：《孩子的价值及对孩子数量、素质和性别的选择》，《中国人口科学》1990年第2期；李兵、孙永健：《出生婴儿性别选择的经济学分析》，《西北人口》2001年第1期；吕红平：《社会性别视角下的出生婴儿性别比偏高问题分析》，《甘肃社会科学》2007年第3期。

[⑤] 陈胜利、莫丽霞：《海南省出生人口性别比升高对我们的启示》，《国家人口与计划生育委员会优秀论文与调研报告集》2004年；马瀛通等：《再论出生性别比若干问题》，《人口与经济》1998年第5期；马焱：《从性别平等的视角看出生婴儿性别比》，《人口研究》2004年第5期；杨军昌：《黔东南州出生人口性别比状况分析及对策研究》，《人口与计划生育》2007年第2期。

[⑥] 原新、石海龙：《中国出生性别比偏高与计划生育政策》，《人口研究》2005年第3期。

[⑦] 杨军昌等：《西南民族地区出生人口性别比失调问题研究》，民族出版社，2010。

本性因素和条件性因素，即把一些从根源上影响人口生育观念的因素作为根本性因素，如传统文化、经济发展水平和妇女社会地位等，而其他在外围起作用的条件性因素包括选择性别引产、有限制的生育政策以及溺弃女婴等行为。[①]

总的来看，截至目前，国内学术界对于我国出生性别比升高的特点和成因已基本达成共识，认为：第一，自20世纪80年代中期以来的我国出生性别比偏高且在持续升高是已经客观存在的事实；第二，中国出生性别比升高具有速度快、持续时间长、波及范围广、严重程度大、随胎次增加等特点；第三，多数学者把传统文化观念、落后经济基础、复杂社会因素、生育性别选择技术普及与滥用等归结为出生性别比升高的主要原因，也有个别学者把统计不实（如漏报、瞒报女婴）和女婴死亡率高于男婴（影响年龄别性别比的因素）、计划生育政策挤压等作为出生性别比升高的原因。总的来说，现存研究不仅对出生性别比失衡与经济转型、文化传统、生育政策、B超技术等宏观层面的因素之间的相关关系进行了较为翔尽的研究，还研究了个体的社会经济因素（如父母的人口学特征、社会经济特征、家庭户类型及居住模式等）与出生性别比失衡之间的关系。

（三）治理出生性别比失衡的对策措施

在治理出生性别比的对策措施研究方面，很多学者以韩国为例，着重强调公共政策的作用。相关研究指出，韩国对出生性别比失衡的公共治理对策主要包括如下几个方面：政府出台了一系列反对歧视妇女、提高妇女地位的法律；制定和实施扶持女性发展的政策措施，各种经济政策、社会政治政策和文化政策都致力于降低男孩偏好、提高女性社会地位、促进性别平等，以此作为纠正男孩偏好的手段；运用法律手段，严厉禁止胎儿性别鉴定和性别选择性流产；设立专门机构，负责治理出生性别比问题的工作；发挥非政府组织的作用，使其在提高妇女地位和禁止胎儿性别鉴定及选择性别的人工流产方面发挥重要作用。[②]

[①] 蔡菲：《出生人口性别比升高问题及其对策研究》，社会科学文献出版社，2012。
[②] 金斗燮：《近年韩国出生性别比的上升与下降：再次探讨与重新修正》，《全球化与低生育率：中国的选择》，复旦大学出版社，2011。

而国内其他学者在我国出生性别比治理对策方面，很多人都根据理论和实践的研究结果提出了各自的见解或主张，但大都只是从一个侧面、一个角度提出，缺乏宏观和系统性。例如：有学者认为需强化社会性别意识，消除性别歧视，倡导男女平等；① 有学者提出要改变传统的婚育观念，淡化生男偏好，提高女孩的养老价值和"传宗接代"的预期效益价值；② 有学者提出应通过加快城镇化和非农转移步伐来转变重男轻女的传统生育观念；③ 还有学者提出应通过建立健全覆盖农村社会保障机制和加大计划生育奖惩力度来加速人们生育观念的转变；④ 也有人提出通过政策法规的刚性行为约束和宣传教育的柔性观念引导，来遏制出生性别比升高态势；⑤ 也有学者认为扭转人口出生性别比异常需要制度创新和文化建设；⑥ 有人认为应通过促进性别平等的制度安排来从源头上遏制生育上的性别选择；⑦ 有人提出应通过关爱女孩行动来营造性别平等的社会氛围，进而树立生男生女都一样的新风尚；⑧ 也有人提出应通过现有生育政策的调整来缓解人口性别结构失衡的压力；⑨ 有学者认为应通过将社会性别意识纳入决策主流，提高妇女地位，降低出生婴儿性别比；⑩ 也有学者认为应通过协调社会政策使之形成性别平等的合力来解决出生性别比偏高问题；⑪ 也有学者

---

① 张桔、林颖：《出生人口性别比失衡原因及对策研究》，《中共南昌市委党校学报》2007年第4期。
② 严梅福：《探索降低出生性别比的治本之途——湖北大冶市变革婚嫁模式实践》，《人口与经济》1995年第5期；李树茁等：《中国的男孩偏好和婚姻挤压——初婚与再婚市场的综合分析》，《人口与经济》2006年第4期。
③ 杨书章、王广州：《生育控制下的生育率下降与性别失衡》，《市场与人口分析》2006年第4期。
④ 张翼：《中国人口出生性别比的失衡、原因与对策》，《社会学研究》1997年第6期；陈友华：《出生性别比偏高的治理对策研究——以广东省为例》，《人口与经济》2007年第2期。
⑤ 穆光宗、余利明、杨越忠：《出生人口性别比问题治理研究》，《中国人口科学》2007年第3期。
⑥ 刘爽：《对中国生育"男孩偏好"社会动因的再思考》，《人口研究》2006年第3期。
⑦ 石人炳：《青年人口迁出对农村婚姻的影响》，《人口学刊》2006年第1期。
⑧ 穆光宗：《"关爱女孩行动"与出生人口性别比问题治理》，《市场与人口分析》2006年第3期。
⑨ 陈友华：《出生性别比偏高的治理对策研究——以广东省为例》，《人口与经济》2007年第2期；杨菊华等：《生育政策与出生性别比》，社会科学文献出版社，2009。
⑩ 吕红平：《社会性别与人口发展笔谈》，《甘肃社会科学》2007年第3期。
⑪ 宋健：《协调社会政策是治理出生性别比偏高的根本途径》，《中国党政干部论坛》2007年第5期。

提出以放宽生育率来改变出生性别比的作用很有限，而发展经济和提高人口素质才是最终解决出生性别比偏高问题的治本之策。① 此外，有学者指出在寻求出生性别比失调对策时，不仅应关注将来男性可能出现配偶短缺的问题，更需要注意今天女性在家庭社会中的地位和权益，应着重改造重男轻女的社会文化环境；② 也有学者认为应该坚持在社会性别平等的前提下开展关爱女孩活动，实现少生、生女与优生优育、脱贫致富、社会保障、倡导平等相结合；③ 还有人建议应当建立多层次立体化的政策体系和多功能科学化的管理体系；④ 也有人提出"疏"、"堵"⑤ 以及"疏"、"堵"结合⑥等对策。郭志刚认为多数研究表明，当前我国出生性别比失衡是多种因素作用的结果，因此需要采取综合性对策进行治理。⑦ 陈友华则通过个案分析，从政治、经济、社会与文化等层面提出了具有可操作性的对策建议。⑧ 朱秀杰从社会性别机制的角度提出，要从根本上治理出生性别比持续偏高问题，我们得从宏观、中观、微观三个层面建构权利、机会、资源和权力四个方面的社会性别平等关系，使社会性别不平等机制转换为社会性别平等机制。⑨ 而蔡菲的研究，提出要构建综合治理出生性别比的社会系统工程，她提出了三种模式（严重失衡治理模式、中度失衡治理模式和轻度失衡治理模式）和六个子系统（组织领导、宣传教育、利益导向、保健服务、查处"两非"、统计监测）的综合治理系统工程，同时提出要建立法律法规和政策支持系统、建立有效的部门协调和问责制、取

---

① 邬沧萍：《关于长期稳定低生育水平的理论思考》，《人口与经济》2000 年第 4 期。
② 顾宝昌：《我对出生性别比问题的认识》，《市场与人口分析》2007 年第 2 期。
③ 穆光宗、余利明、杨越忠：《出生人口性别比问题治理研究》，《中国人口科学》2007 年第 3 期。
④ 郭雁：《人口出生性别比失衡的公共管理学分析与治理》，《理论建设》2005 年第 3 期。
⑤ 徐毅、郭维明：《中国出生性别比的现状及有关问题的探讨》，《人口与经济》1991 年第 5 期。
⑥ 蔡菲：《关爱女孩行动——治理男女出生比例严重失衡》，《科学决策》2005 年第 10 期。
⑦ 郭志刚：《对 2000 年人口普查出生性别比的分层模型分析》，《人口研究》2005 年第 3 期。
⑧ 陈友华：《出生性别比偏高的治理对策研究——以广东省为例》，《人口与经济》2007 年第 2 期。
⑨ 朱秀杰：《出生性别比偏高的社会性别机制》，社会科学文献出版社，2011。

消现行生育政策规定的一二孩生育间隔、抓主要矛盾关注重点身份和重点人群、进一步推动试点和理论研究工作等具体的对策建议。① 总的来说，学者们主要从文化、经济、法律、政策、管理等方面提出了以下措施：第一，倡导新型、科学的社会性别意识，加强新型生育文化建设；第二，建立健全计划生育利益导向机制和社会保障体系，形成女孩也能养老的制度；第三，严厉打击"两非"，遏制生育中的性别选择现象；第四，调整生育政策，逐步向一对夫妇生育两个孩子过渡；第五，规范 B 超和人工终止妊娠手术的管理，加强孕期跟踪服务，等等。

（四）出生性别比失衡的社会后果

国外关于出生性别比失衡社会后果的研究主要集中在男性的婚姻挤压方面，且大多是围绕中国近年来高出生性别比带来的影响展开研究，其中包括对于未婚男性的数量及其在中国的地理分布情况预测，各省性别比与当地人均国内生产总值增长率间关系以及出生性别比与储蓄率间的关系，等等。

国内关于出生性别比失衡社会后果的研究，经历了一个逐步达成共识的过程。20 世纪 90 年代中后期，主要存在三类观点：第一类观点认为，我国 20 世纪 80 年代以来，出生性别比的偏高将导致极为严重的婚姻后果，甚至指出未来我国农村将有 18% 以上的男性被动独身②。第二类观点认为，我国出生性别比偏高的婚姻后果较为严重，且不易消除。有研究认为，20 多年后我国约 9% 的男性无初婚对象，且这种后果不能被婚姻模式分布变化轻易吸收，会遇到社会、经济和文化的严重阻力③；第三类观点则认为，夫妇年龄差的调节作用，性别不平衡的婚姻后果较为复杂，还有待观察。有研究指出，对于性别比不平衡的后果，我们的知识还相当肤浅④。

2000 年以后，对于出生性别比失衡的严重后果，学术界的认识逐步达

---

① 蔡菲：《出生人口性别比升高问题及其对策研究》，社会科学文献出版社，2012。
② 廖巍：《把农村出生性别计划有效纳入人口发展战略》，第七次全国人口科学讨论会，1998。
③ 李南：《高出生性别比及其婚姻后果》，《中国人口科学》1995 年第 1 期。
④ 顾宝昌、罗伊：《中国大陆、中国台湾省和韩国出生婴儿性别比失调的比较分析》，《人口研究》1996 年第 5 期。

成统一。郭志刚、邓国胜等人的研究认为，出生性别比大幅度、大范围的偏离正常值域（过高），可能在未来因为男女两性数量悬殊会引发"婚姻拥挤"的社会问题，对此，他们依据统计数据资料，进行了较为系统、深入的研究。① 与此同时，有学者认为出生性别比失衡还可能会造成婚姻关系脆弱及家庭稳定性降低②、拐卖妇女及性犯罪③、人口再生产障碍④等不良后果。

石人炳通过对台湾省出生性别比问题的实证研究，总结了出生性别比失衡的社会后果，包括：男性婚龄人口成婚困难；通婚的区域范围扩大导致人口婚姻迁移；婚姻年龄的性别差异扩大；老年离婚男性比例高；单身老人处境艰难，等等。而性别比失衡的社会影响具有时间上的持续性、空间上的扩散性、年龄上的传递性、社会影响的综合性和问题解决的艰难性等特点。⑤

张翼的研究结论指出，出生性别比失衡将引发十大问题，即男性未婚概率增加、婚姻欺诈现象增多、贫寒家庭的青年女性易于在婚姻买卖中作为交易品、性犯罪增多、择偶的婚龄差将增大、男性单身家庭将增加、男性第三者插足现象将日益严重、离婚率居高不下、残损家庭将增多、性交易可能日益泛滥、性病的传播可能会难以控制。⑥

刘爽的研究认为，出生性别比造成的男多女少是一个人口的外在现象，它的社会影响和社会后果，是通过多种间接途径、以个体对社会生活融合的程度和社会协调与否来表现的。因此，出生性别比失常导致的社会、经济和人口后果常常是与其他社会、经济和人口问题交织在一起来反

---

① 郭志刚、邓国胜：《中国婚姻拥挤研究》，《市场与人口分析》2000 年第 3 期；邓国胜：《中国生育率下降的代价：婚姻拥挤》，《社会科学》2000 年第 7 期。
② 陈友华：《出生性别比偏高的治理对策研究——以广东省为例》，《人口与经济》2007 年第 2 期。
③ 邓国胜：《低生育水平与出生性别比偏高的后果》，《清华大学学报（哲学社会科学版）》2000 年第 4 期；张翼：《人口出生性别比失衡将引发十大问题》，《红旗文稿》2005 年第 2 期。
④ 汤兆云：《出生人口性别比失衡的社会因素分析》，《人口学刊》2006 年第 1 期。
⑤ 石人炳：《性别比失调的社会后果及其特点——来自对台湾人口的观察》，《人口研究》2002 年第 3 期。
⑥ 张翼：《人口出生性别比失衡将引发十大问题》，《红旗文稿》2005 年第 2 期。

映和体现的。她认为,出生性别比失衡不仅会引发"婚姻拥挤"问题,而且男女数量对比发生重大变化,可能在未来会导致整个人口的就业结构也会发生变化,男女两性总量的差异,在家庭生活、社会政治生活等领域,可能也会产生连锁反应和影响。①

杨菊华等人认为出生性别比失衡的社会后果将是全局性和全程性的,从出生到死亡,从个体到家庭,从社区到社会。出生性别失衡的行为载体是个体,其决定的主体是家庭;这些决定和行为反过来作用于社区和社会。从个体层面来看,性别失衡不仅会对女性婚姻家庭、劳动就业产生影响,而且影响男性婚姻挤压及其生命历程;从家庭层面而言,性别失衡会对家庭形式、家庭功能以及家庭的稳定性造成影响;从社会层面来讲,性别失衡将会影响人口安全、经济安全以及社会安全。②

李树茁、靳小怡、韦艳、刘慧君、姜全保、杨雪燕等人的研究,则从多个角度和层面对于性别失衡所带来的社会影响与后果进行了较为全面系统的分析,他们不仅提出了性别失衡与社会可持续发展的跨学科研究范式与框架,而且运用实证调查数据研究了性别失衡与公共安全的关系、大龄未婚男性的男男性行为、自慰行为、商业性行为以及农村人口的婚姻策略和婚姻质量,还分析了性别失衡对犯罪率的影响,性别失衡所带来的宏观经济后果,以及性别失衡下的人口健康与公共安全和人口流动与艾滋病传播风险,等等。③

---

① 刘爽:《中国的出生性别比与性别偏好——现象、原因及后果》,社会科学文献出版社,2009。
② 杨菊华等:《生育政策与出生性别比》,社会科学文献出版社,2009。
③ 李树茁等:《中国的性别失衡与社会可持续发展——一个跨学科的研究范式与框架》,《西安交通大学学报(社会科学版)》2009年第6期;靳小怡等:《中国的性别失衡与公共安全——百村调查及主要发现》,《青年研究》2010年第5期;姜全保、李波:《性别失衡对犯罪率的影响研究》,《公共管理学报》2011年第1期;李树茁、胡莹:《性别失衡的宏观经济后果——评述与展望》,《人口与经济》2012年第2期;靳小怡等:《性别失衡背景下中国农村人口的婚姻策略与婚姻质量——对X市和全国百村调查的分析》,《青年研究》2011年第6期;刘慧君、李树茁:《性别失衡下的人口健康与公共安全:国际视野与历史经验》,《人口学刊》2011年第5期;刘慧君等:《性别失衡下的人口流动与艾滋病传播风险——基于风险选择的元分析》,《人口与经济》2012年第6期;杨雪燕等:《中国农村大龄未婚男性的自慰行为——基于性别失衡背景的研究发现》,《人口与发展》2011年第3期;杨雪燕等:《性别失衡与人口流动视角下的男男性行为:来自中国城市地区的证据》,《人口与发展》2013年第1期。

可见，多数学者认为出生性别比升高将对男性择偶产生挤压，对婚姻、家庭关系带来不利影响，进而危及伦理道德体系及家庭与社会稳定。随着社会性别理论在我国的应用与推广，一些学者也开始关注出生性别比升高对女婴生存权、女童健康权以及妇女发展机会的剥夺和侵害等方面的问题。①

（五）小结与评述

总的来看，以往对我国出生性别比失衡状况、特征及原因的研究基本上反映了实际情况，成果丰硕，结论也越来越清晰。然而，很多研究缺乏较为系统的、多学科视角的分析，存在零散化、片面化、视角较为单一的缺陷。在治理出生性别比的对策研究上，很多研究只是对问题的认识大发议论，而缺少具体的、可操作性的对策措施。而对于出生性别比失衡后果的研究尚处于起步阶段，对性别失衡将可能带来的深层社会影响，特别是对女童和女性生存权和发展权的剥夺与侵害，对社会秩序稳定、道德文明进步的影响等方面的分析尚欠深入。尽管目前已经有一些团队开展了相关研究，但这一领域的研究尚需继续投入。综上所述，目前对于我国出生性别比失衡的状况、特点、成因、对策及后果的研究，成果越来越多，且越来越丰富。但不可否认的是，现存的一些研究在研究视角上尚有欠缺，运用适当的理论指导进行较为深入的经验性、实证性研究尚不多见。

二 谈谈出生性别比失衡的影响与后果——择偶拥挤

以往有观点认为出生性别比失衡对于社会的影响相对较小，其仅仅能够影响的是人群婚配的比例，而婚姻年龄的传递性，出生性别比失衡主要影响的是普通民众的婚配比例，且出生性别比失衡与后果呈现之间有着一段较长的时间差，存在较为明显的时滞效应，因而造成人们对此问题的严重性认识存在着较大的不足。现如今，出生性别比失衡所带来的社会影响越来越大，后果已开始逐步显现。鉴于本研究关心的重点问题是性别结构失衡对城乡青年择偶的影响，因此这里主要讨论性别失衡的后果之一，即择偶拥挤问题。

---

① 贾志科：《出生性别比失衡的社会风险、影响及后果》，《社会科学家》2012年第12期。

（一）择偶拥挤的界定与划分

择偶拥挤，目前学术界大多将其称之为"婚姻挤压"或"婚姻拥挤"，在英文世界中，即"Marriage Squeeze"，也有人将其翻译为"婚姻压缩"、"婚姻紧缩"、"婚姻剥夺"或"结婚难"等，指的是在一夫一妻制社会中，由于婚龄期人口中男女数量相差较大、比例失调，出现的部分婚龄男性或女性无法找到配偶的婚配困难现象。① 择偶拥挤有狭义与广义之分，狭义的择偶拥挤仅仅考虑男女两性数量的匹配和男女结婚年龄差的习俗或规范，主要从人口学因素出发对"婚姻市场"进行考察；广义的择偶拥挤不仅考虑男女两性数量的匹配和夫妇年龄差的偏好，同时还考虑择偶过程中实际存在的社会、经济、文化、种族等各种婚姻规范的限制。②

择偶拥挤，从性别上可以划分为男性择偶拥挤和女性择偶拥挤，从年龄段上还可以划分为局部人群择偶拥挤和整体择偶拥挤。此外，还可以分为静态择偶拥挤和动态择偶拥挤。③ 静态择偶拥挤反映的是一个队列所有人口潜在的择偶压力；而动态择偶拥挤反映的是一个队列在考察时点剩余的未婚人口择偶拥挤状况，不仅涉及人口分析，而且还涉及与婚姻相关的其他社会特征。在测度"婚姻市场"所有人口的择偶拥挤状况、解释整个队列人口婚姻行为的变化时，静态择偶拥挤及其测度指标总体上比动态择偶拥挤及其测度指标更为适合。④

（二）择偶拥挤的测量

国内外学者从不同角度提出了一些测度择偶拥挤的方法，主要有同龄性别比方法、相对性别比方法、初婚频率方法以及婚配性别比等。⑤ 其中，婚配性别比作为主要衡量指标被广泛应用。⑥ 国内外衡量择偶拥挤程度时

---

① 郭志刚、邓国胜：《中国婚姻拥挤研究》，《市场与人口分析》2000 年第 3 期。
② 郭志刚、邓国胜：《中国婚姻拥挤研究》，《市场与人口分析》2000 年第 3 期；郭志刚、邓国胜：《婚姻市场理论研究——兼论中国生育率下降过程中的婚姻市场》，《中国人口科学》1995 年第 3 期。
③ 郭志刚、邓国胜：《中国婚姻拥挤研究》，《市场与人口分析》2000 年第 3 期。
④ 郭志刚、邓国胜：《中国婚姻拥挤研究》，《市场与人口分析》2000 年第 3 期。
⑤ 郭志刚、邓国胜：《中国婚姻拥挤研究》，《市场与人口分析》2000 年第 3 期。
⑥ 郭志刚、邓国胜：《中国婚姻拥挤研究》，《市场与人口分析》2000 年第 3 期。

普遍使用的标准是：当婚配性别比在 101～110 时，择偶拥挤程度属于低度；当婚配性别比在 110～120 时，属于中度；婚配性别比在 120～130 时，属于高度；当婚配性别比在 130 以上时，则属畸形择偶拥挤，此时，择偶拥挤将严重影响夫妇年龄差和初婚年龄的变化，而且会导致大量男性终身非意愿性不婚。①

（三）择偶拥挤状况及原因

目前，国内关于择偶拥挤状况的研究大多是预测性研究。有学者指出，在一夫一妻制下，如果"婚姻市场"供需失衡，就会导致男性或女性不能按传统的偏好择偶，进而出现"婚姻拥挤"或"婚姻挤压"现象。②早在 20 世纪 80 年代，就有学者对出生性别比偏高产生的后果进行了预测，认为出生性别比失调的问题将于 21 世纪初开始导致婚姻挤压，大约有 5.72%～9.33% 的男性找不到配偶。③有学者根据 1990 年出生性别比数据做出预测：20 年后将会有大约 9% 的男性找不到对象，而且认为这种后果不可能依靠婚姻年龄模式的变化而被消解。④而原新认为，受"婚姻挤压"影响的男性在客观上是由"应该多出生"和"偏高多出生"两部分所组成的，他通过间接估算，认为 1980～2006 年出生性别比偏高的出生队列累计，男性比女性"多出生"3331 万人，其中"应该多出生"1846 万人，"偏高多出生"1485 万人。⑤另据预测，随着 20 世纪 80 年代以来出生性别比持续升高阶段的出生人口陆续进入婚育人口行列，2010 年后我国将持续经历长达几十年的严重男性婚姻挤压。⑥根据国家人口发展战略研究课题组的估计和预测，到 2020 年，中国 20～45 岁的男性人数将比女性多 3000 万左右，这些男性将因为找不到女性配偶而单身。⑦

---

① 邓国胜：《低生育水平与出生性别比偏高的后果》，《清华大学学报（哲学社会科学版）》2000 年第 4 期。
② 郭志刚、邓国胜：《中国婚姻拥挤研究》，《市场与人口分析》2000 年第 3 期。
③ 王元璋：《我国人口性别比例失调的现状、成因及对策》，《人口学刊》1985 年第 2 期。
④ 李南：《高出生性别比及其婚姻后果》，《中国人口科学》1995 年第 1 期。
⑤ 原新：《对中国出生性别比失衡人口规模的判断》，《人口研究》2007 年第 6 期。
⑥ 陈友华、米勒·乌尔里希：《中国婚姻挤压研究与前景展望》，《人口研究》2002 年第 3 期。
⑦ 国家人口发展战略研究课题组：《国家人口发展战略研究总报告》，中国人口出版社，2007。

而国外关于择偶拥挤的研究,起步较早。不仅有关于择偶拥挤状况的研究,而且探讨了择偶拥挤的原因,讨论了相关的影响因素。从世界范围来看,性别失衡主要出现在中东国家、东欧国家以及亚洲的中国(包括中国台湾)、印度、韩国和巴基斯坦等国家和地区,而这些国家或地区经历过不同程度的择偶拥挤。早在1959年,Glick就提出了"婚姻挤压"的概念,用于说明出生在婴儿潮时的女性进入婚育年龄时面临男性短缺的现象。[①] Bernard的研究发现,战争、生活方式、文化、人口以及社会结构等因素所造成的性别失衡,对部分国家和地区人们的择偶拥挤状况造成了不同程度的影响。[②] 不同国家或地区性别失衡的状况和原因不同,因而也就导致出现了不同择偶拥挤状况,其中有男性择偶拥挤,也有女性择偶拥挤。

(四)择偶拥挤的后果

对于择偶拥挤的后果,郭志刚、邓国胜认为婚姻拥挤的社会后果主要取决于其人口学后果,包括其对终身不婚水平、初婚年龄和夫妇年龄差的影响。[③] 他们还进一步指出,当婚姻拥挤非常严重时,婚姻拥挤会对终身不婚比例的影响较为明显,婚姻拥挤不仅会导致一些人口学后果,还会带来严重的社会问题。王翠绒等人认为,出生性别比长期持续升高将会给婚姻道德带来严峻挑战,女性作为一种稀缺的社会资源,男性同期群之间和同期群内部会因此产生剧烈争夺和冲突。[④] 在此背景下,婚姻生活将日益面临严重的外部压力:一方面,第三者插足和"红杏出墙"的事件将会越来越多;另一方面,也有可能导致买卖婚姻增多,性犯罪现象增加,婚姻道德出现危机。

而Guttentag和Secord对择偶拥挤后果的研究则指出,无论女性过剩还

[①] Glik, Paul C., "Fifty years of family demography: A record of social change," *Journal of Marriage and Family* 50, (1988).

[②] Bernard I. Murstein, "Mate Selection in the 1970s," *Journal of Marriage and Family* 42, (1980).

[③] 郭志刚、邓国胜:《中国婚姻拥挤研究》,《市场与人口分析》2000年第3期。

[④] 王翠绒、易想和:《出生性别比持续升高的人口伦理学分析》,《人口研究》2004年第4期。

是男性过剩都会影响家庭关系；女性过剩不仅会伴随出现高单身率、高离婚率，推迟初婚年龄，还会削弱传统的女性角色；男性过剩会伴随相对较高的结婚率和相对较低的初婚年龄。[①] 而 Schoen 的研究证实了这一分析在婚姻年龄上的假设，并创造出了依据结婚率资料来揭示婚姻挤压问题的定量研究方法。[②] 尽管国外学者对于"配偶选择的种族差异是否因性别结构失衡所导致"存在分歧与争议，但 Catherine 认为，人口的构成在总体上影响着配偶的选择，因为它制约着适婚年龄人口的择偶范围。他进一步指出，择偶的种族、性别差异研究仅强调了人口社会结构是影响配偶选择和婚前关系的多种因素之一，而其他因素如经济的、心理的影响也相当重要。[③]

（五）小结与评述

总的来看，国内目前关于择偶拥挤方面的研究取得了一定的成果，对出生性别比偏高的社会后果方面的研究正日益增多，这在一定程度上有利于提高民众对于出生性别比偏高问题及其后果的认识。然而，不可否认的是，对于"性别失衡后果"的研究，目前仍处于起步阶段。学者们提出的研究结论和理论假设主要有：第一，性别失衡导致的女性缺失现象必然会造成男性"婚姻挤压"；第二，性别失衡所导致的大龄未婚男性群体发展到一定规模时，可能会影响婚姻与家庭的稳定；第三，大量未婚成年男性的存在会使反社会行为增多，威胁社会稳定与人口安全。目前，学者们已经从"婚姻挤压"的概念、现状、出现的原因、测度方法、影响与后果、时间和规模的推断以及解决途径等方面进行了一些探索性研究，然而，大多处于"合理"假设阶段，相关研究还较为薄弱，且主要侧重于宏观概况，缺乏深入细致的实证分析，因而迫切需要进行实证调查研究，以弥补这一方面的不足。

---

① Guttentag, Marcia and Paul F. Secord, *Too Many Women? The Sex Ratio Question* (Beverly Hills, CA: Sage, 1983).
② Schoen R., "Measuring the Tightness of a Marriage Squeeze," *Demography* 1, (1983).
③ Catherine A. Surra, "Research and Theory on Mate Selection and Premarital Relationships in the 1980s," *Journal of Marriage and Family* 52, (1990).

第二章　走进青年择偶

近几年来,随着电视相亲节目和婚恋影视作品的热播,以及网络相亲平台的备受推崇,人们对于婚恋问题的关注越来越多,青年择偶问题成为人们关心、关注的热门话题。在国内一些大城市,还逐渐兴起了各种形式的相亲会。人们在街头巷尾、茶余饭后,经常会谈论年轻人找对象的问题。各种婚恋机构、婚介所,经过改头换面,以新的形式逐渐成长与发展起来。很多商家也嗅到这一市场的味道,纷纷加入进来,给年轻人的择偶与婚恋增添了别样的"烦恼"。父母的催促,亲戚朋友的询问,周围人的关心,让越来越多的年轻人,感受到找对象已经成为一个不得不思考的紧要问题。究竟是社会生活方式改变了年轻人的择偶观念,还是青年自身越来越对婚恋问题有了更多的自我意识,抑或是被失衡的性别结构压迫所致?在此背景下,研究"人口性别结构失衡是否在现实生活中会对青年择偶产生影响?对城乡青年分别会产生怎样的影响?农村青年遭受婚姻挤压的状况及原因如何?城市青年尤其是流动到城市中的青年,他们在性别结构失衡的大背景下,其择偶会受到怎样的影响?内在影响机制如何?以及如何应对这种影响?"等问题,显得越来越具有现实意义。

一　重视和了解青年择偶问题与模式

择偶是家庭社会学的一个重要研究领域。国外关于这一问题的研究始于20世纪初，迄今为止已经积累了相当丰富的研究成果；而在国内，对于择偶问题的关注古代就有，"父母之命、媒妁之言"便是典型的例证，然而形成较为系统的理论解释和实证研究，却是晚近之事。尽管对于择偶与婚恋问题，自古就有经典论述。但在中国，对于择偶问题的研究尚缺乏经典力作。国内学术界关于择偶问题开展研究的时间还比较短。从研究的进展来看，大致可以分为三个时期：20世纪90年代开始，学者们在讨论并普遍认同中国出生性别比偏高的客观事实基础上，对该年龄段人口进入婚配年龄之后的择偶成家问题表现出了普遍的忧虑，并对其所产生的人口、社会及文化后果进行了各种预测与分析；进入2000年以后，李银河、李煜、徐安琪、田晓虹等学者对转型期中国人的择偶标准、择偶方式、择偶途径等进行了较为全面而系统的经验研究，指出了其中的变化特征及原因；自2006年风笑天教授指出，农村外出打工青年的婚姻与家庭是一个值得重视的研究领域之后，学术界将择偶研究的主要对象转移到两个特定群体身上：城市中的大龄"剩女"和进城务工的青年农民工。从研究的大类划分上讲，对于择偶的研究主要可以划分为两大类，一类是理论解释性的研究，另一类是实证检验性的研究；而从研究的内容而言，学术界主要关注的是：择偶模式及其影响因素；择偶标准与择偶观念；以及近年来兴起的集体相亲、网络相亲；等等。

（一）择偶模式及其影响因素

国外关于择偶模式及其测量的研究起步较早，主要表现在心理学领域。最初的研究者们大多采用实证的方式对个体的择偶偏好进行研究，主要包括择偶标准、择偶方式和择偶观念方面的研究。从研究的范式上看，主要包括自我报告和行为研究。自我报告主要包括择偶问卷调查和征婚启事内容分析[1]两种；行为研究是根据被试的行为进行评价，包括双方互动相关范式、吸引力与普遍性的相关范式和陌生人吸引的实验范式。[2] 从研

---

[1] Hatfield E., Sprecher S., *Mirror: the importance of looks in everyday life* (Albany: state university of New York press, 1986).

[2] 田芊：《中国女性择偶倾向研究——基于进化心理学的解释》，《复旦大学博士学位论文》，2012。

究结果上看，自我报告比行为研究的效果更为显著，因此，择偶问卷调查和对于征婚启事的分析，在择偶研究中运用最多。① 在择偶偏好的影响因素研究方面，国外的研究大多集中于个人资源、社会资源、人口特征、文化、价值观念以及人们的角色观念等方面。其中，性别对于择偶偏好的影响受到关注最早也最多。此外，对于择偶影响因素的研究常用的方法主要是横向的跨文化研究和纵向的社会变迁研究，如 Buss 以 37 种不同文化中的群体为样本的研究，Schmitt 和 David 对世界上 53 个民族进行的跨文化择偶比较研究以及 Buss 等人对美国择偶观变迁的研究。

在国内，目前学术界关于择偶模式的研究，尚不多见。明确以"择偶模式"为研究内容的学术论文中，主要涵盖了择偶标准、择偶形式、择偶范围、择偶年龄、择偶时间、择偶途径、择偶目的、择偶意愿、择偶观念等诸多方面。其中，李煜、徐安琪的研究是集中以择偶标准为主要分析对象的；② 田晓虹的研究则分析了择偶形式、择偶空间、择偶标准和择偶交往等四个方面；③ 叶妍、叶文振的研究是从择偶意愿、择偶目的、择偶时间、择偶标准和择偶途径等五个方面对择偶模式进行了分析；④ 童辉杰的研究则是以择偶标准为依据，将择偶类型进行了划分，分为生理型、精神型、素质型、物质型、粗放型、实在型、综合型等；⑤ 潘永、朱传耿的研究从择偶年龄、择偶方式、择偶标准、择偶半径、择偶观念以及婚期选择等多个方面对择偶模式进行了分析；⑥ 胡序怀、陶林、何胜昔、吴露萍等则主要从择偶标准、交友方式和婚恋态度三个方面，对择偶模式进行了研究；⑦ 郭显超的研究则将择偶模式分择偶途径、择偶目的、择偶范围、择

---

① 郭显超：《青年农民工的社会资本对择偶模式的影响研究——以成都市为例》，《西南财经大学博士论文》，2013。
② 李煜、徐安琪：《择偶模式和性别偏好研究——西方理论和本土经验资料的解释》，《青年研究》2004 年第 10 期。
③ 田晓虹：《转型期择偶模式的实态与变化》，《浙江学刊》2001 年第 1 期。
④ 叶妍、叶文振：《流动人口的择偶模式及其影响因素——以厦门市流动人口为例》，《人口学刊》2005 年第 3 期。
⑤ 童辉杰：《中国人择偶模式在十年中的变化》，《江西师范大学学报（哲学社会科学版）》2011 年第 2 期。
⑥ 潘永、朱传耿：《"80 后"农民工择偶模式研究》，《西北人口》2007 年第 1 期。
⑦ 胡序怀、陶林、何胜昔、吴露萍：《深圳流动人口择偶模式调查研究》，《中国性科学》2011 年第 10 期。

偶标准以及择偶难易程度等五个方面进行了较为深入的分析。[①]

与前述研究不同的是，左雪松、夏道玉的研究是把择偶模式分为同类匹配模式、梯度错位模式、资源交换模式以及网络选择模式等四种。该研究对社会学经典文献进行梳理，认为传统的择偶模式主要有以下几类：第一，同类匹配模式，即主体倾向选择与自身外在条件相仿的异性为配偶；第二，梯度错位模式，是指男性倾向于选择比自己条件稍逊的女性为伴，而女性倾向于选择比自己条件更优的男性为偶；第三，资源交换模式，该模式认为择偶是典型的社会行动，符合交换范式设定的维度，择偶吸引是由于对方所能提供的资源决定的，包括异性的一切有形与无形资源；第四，网络选择模式，该模式依据马克·格拉诺维特强弱关系的分类，揭示其对女性择偶途径的影响，分为"社会资源派"和"社会支持派"两类观点，前者证明弱关系对择偶的力量，主张择偶时要注重利用互动频率低、情感投入少、亲密程度低和互惠互利少的现代网络；后者得出强关系对择偶的意义，主张择偶时要注重利用互动频率高、情感投入多、亲密程度高和互惠互利多的传统网络。[②]

鉴于以往关于择偶模式的研究，大多关注的是未婚青年的择偶模式，即"青年希望找什么样的人结婚"，而对于那些已走进婚姻的青年中，"谁最终和谁结了婚"的研究尚不多见。因此，风笑天教授运用 1216 对青年夫妻的调查数据，对青年夫妻在年龄、文化程度、职业、城乡背景四个方面的匹配状况进行了描述和分析，并指出择偶梯度理论仅在年龄匹配上具有解释力，而同类匹配理论的解释力则更为强大。[③]

（二）择偶标准与择偶观念

在国外，大量研究表明择偶标准随着社会变迁而发生变化。多数研究对男女两性的择偶观念和标准差异，不同人群择偶偏好的影响因素等进行

[①] 郭显超：《青年农民工的社会资本对择偶模式的影响研究——以成都市为例》，《西南财经大学博士论文》，2013。

[②] 左雪松、夏道玉：《女性时代风貌与"剩女"择偶模式——基于传统择偶模式的社会学分析》，《河海大学学报（哲学社会科学版）》2011 年第 4 期。

[③] 风笑天：《谁和谁结婚：大城市青年的婚配模式及其理论解释》，《广西民族大学学报（哲学社会科学版）》2014 年第 4 期。

了分析。

在国内，关于择偶标准与择偶观念的研究，社会学界关注较多，涉及青年男女择偶标准的研究成果，按照其所采取的研究方法进行划分，大致可以分为两类：一类是问卷调查类，另一类是内容分析类。其中，问卷调查类的研究主要有以下几项：徐安琪等1996年在上海、哈尔滨对3200名已婚男女的入户调查；① 陈宇鹏以义乌市经商未婚男女青年为研究对象对其择偶标准及行为进行的实证调查；② 田岚、秦季飞以大学生为对象的问卷调查；③ 种道平针对武汉高校青年教师的调查。而采取内容分析方法的研究则较多地集中于选取报刊、杂志上的征婚广告来进行，如吴雪莹、陈如，张萍，钱铭怡等，朱松等，种道平、王绪朗以及韩荣炜等人的研究。④

（三）新择偶现象研究

20世纪末，网络择偶成为一种新兴的择偶形式并受到人们的青睐。在国外，网络征婚也成为一种新的择偶现象，得到一些学者的关注。如有学者对网络征婚广告的回复率进行了研究。

而在中国，近年来兴起了各种大大小小的相亲会，集体相亲的现象不断涌现。然而相较于大众传媒对集体相亲现象的敏感，学术界尚未做出更多的理性分析。通过对中国知网（CNKI）的检索，目前，学术界对于集体相亲的研究只有为数不多的几项。例如：曹慧中运用人类学的研究方法，呈现了"父母相亲会"的真实面貌，并对"父母相亲会"的形成及出现原因进行了剖析，认为社会变迁对人们的婚恋观念及现实带来了重要影响；⑤ 胡桂锭指出，城市中集体相亲的主体是"三高"群体，即高学历、高收

---

① 徐安琪：《上海女性择偶行为的现状和变迁》，《妇女研究论丛》1997年第4期；徐安琪：《择偶标准——五十年变迁及其原因分析》，《社会学研究》2000年第6期。
② 陈宇鹏：《经商青年择偶标准与行为的实证分析——以义乌为例》，《中国青年研究》2011年第2期。
③ 田岚：《当代女大学生的恋爱观与性价值观》，《妇女研究论丛》1993年第1期；秦季飞：《武汉地区大学生的择偶标准》，《青年研究》1995年第11期。
④ 引自贾志科、风笑天《当代都市青年的择偶标准——基于南京万人相亲会的实证分析》，《河北大学学报（哲学社会科学版）》2013年第2期。
⑤ 曹慧中：《为谁辛苦为谁忙——讲述父母相亲会背后的故事》，《青年探索》2007年第2期。

入、高年龄，集体相亲因其选择范围广、目的性强、参加主体阶层相似、便捷快速等特征而逐渐成为当今城市白领所热衷的择偶方式；① 唐韡通过对上海人民公园的"相亲角"研究指出，"相亲角"具有参与相亲的女性多于男性、求偶青年极少露面、成功率很低等特点；② 孙沛东通过对参与相亲角人员进行访谈指出，相亲角和"白发相亲"现象具有城市性，公园、晨练等城市公共空间建构了相亲的实体场所和操作路径，"白发相亲"是"知青一代"父母代替子女相亲所采取的择偶步骤和择偶策略；③ 贾志科、风笑天则利用在南京万人相亲会上收集到的 936 份青年会员资料对都市青年的择偶标准进行了分析，指出南京青年比较看重的 18 项因素，并提出万人相亲会作为一种新兴的择偶场域，在为青年提供相亲平台和机会的同时，也在一定程度上加剧了都市"剩女"问题。④

可见，已有研究大多关注于相亲会在各地的盛行以及白发相亲这一现象，仅仅以相亲会上的有限个案描述来对当前的婚姻市场进行分析，大都处于表象描述阶段，仅仅得出了一些较为肤浅的研究结论，未能对相亲这一传统的婚恋形式在现代都市社会中盛行的深层社会原因进行深入分析，缺乏对相亲会上人们的择偶标准、行动逻辑以及运作机制进行理论上的解释与提升，在实证分析方法的使用上也十分匮乏。

（四）小结与评述

总体而言，以往对青年择偶问题及择偶模式的研究取得了一定的成绩，但也存在许多不足之处。第一，从理论研究方面来看，国外的相关理论较为成熟，但对于解释中国的择偶现实，有的缺乏解释力，而国内学者几乎没有能够提出适当的理论来解释中国的择偶实践。第二，从研究的对象上看，大多数研究关注的是大学生、研究生或者征婚启事刊登者等便于进行问卷调查和资料收集的群体，而对于社会现实生活中的在职青年关注

---

① 胡桂铩：《城市白领集体相亲现象研究》，《当代青年研究》2007 年第 1 期。
② 唐韡：《从"相亲角"看都市未婚白领大龄化问题——以上海人民公园为例》，《职业时空》2008 年第 2 期。
③ 孙沛东：《"白发相亲"——上海相亲角的择偶行为分析》，《南方人口》2012 年第 2 期。
④ 贾志科、风笑天：《当代都市青年的择偶标准——基于南京万人相亲会的实证分析》，《河北大学学报（哲学社会科学版）》2013 年第 2 期。

太少。第三，从研究的方法上看，多数研究采用的是偶遇抽样的方法调查某类人群，或对征婚启事等进行内容分析，缺乏大规模的抽样问卷调查类的实证研究。第四，从研究的内容上看，大多数研究关注的是择偶标准、条件等方面的分析，而对于择偶的其他更多丰富的内容，涉猎较少且不细致、不深入。总的来说，研究者受到各种各样的限制，使得当前的研究成果呈现出碎片化、零散化的特点，而系统化、全面性的研究尚十分缺乏，而且多数研究缺乏必要的理论准备和研究假设，个别研究甚至属于缺乏事实根据的推测，研究更多关注的是社会、经济、心理等方面因素对于择偶及择偶模式的影响，缺乏人口性别结构的研究视角。而从性别失衡角度对青年择偶影响的研究，更多关注的是性别失衡较为严重的农村地区青年的婚恋问题。然而，近十多年来剧烈的人口流动使得性别失衡的影响逐渐波及城市地区，农村青年男女进城务工的同时，对城市地区的婚姻市场也产生了一定的冲击。因此，在性别结构失衡与人口大规模迁移流动的社会现实背景下，不仅要关注农村地区的青年择偶拥挤问题，也要考虑农村青年进城务工或定居城市对于城市地区青年择偶和婚姻市场的影响，然而这方面的研究目前尚有欠缺。

二 重点关注大龄青年择偶难

鉴于性别失衡对青年择偶产生严重影响的地区在农村，而农村地区受到择偶拥挤影响的重点人群是大龄未婚青年，因此这一群体的择偶难问题格外值得关注。这里，我们分国外和国内两部分对相关文献加以综述。

（一）国外研究概况

国外关于大龄青年的研究并非以该对象为核心来展开，国外学者往往选择较大范围的调查对象并将大龄青年作为其中一种类型进行研究，且主要关注大龄青年失婚的原因、单身生活的特征及对社会的风险研究，而较少关注大龄青年择偶的其他方面。

第一，大龄青年失婚的原因。关于大龄青年失婚原因的分析，国外研究多侧重从理论角度进行解释，主要包括婚姻交换理论、婚姻分层理论、婚姻策略理论、性别失衡理论等方面。布劳基于结构主义交换理论，提出在男女青年的婚姻交换中，双方提供有价值的服务不平衡，导致男女双方所赋予的择偶"权力"也不平衡。① 这种婚姻交换的不平衡也促进彼此结婚机会的不均衡。Ted A. Telford 从身份——阶层等婚姻分层的角度，认为社会阶层和身份地位较低的男青年，结婚的可能较低。② 布迪厄基于"场域理论"认为，婚姻的过程一方面可以促进家庭财产的增加与扩充，另一方面也能提升自身及家庭所代表的物质资本、符号资本等，③ 而当青年不能满足这种婚姻策略时，将面临失婚的风险。Guttentag、Secord 基于性别失衡理论假设，认为婚姻市场供需关系通过影响男女青年在婚姻市场中的话语权，来影响青年的结婚机会。④

第二，大龄青年的单身生活特征。关于国外对大龄单身青年生活状况的研究，Kumiko Nemoto 认为大龄单身青年相对于已婚群体而言，在生活中较多地呈现出被孤立、社会支持匮乏的现状。Keith 则提出大龄未婚青年一般对生活的掌控能力较弱，其健康状况也不容乐观。⑤

第三，大龄未婚的社会风险。关于大龄青年未婚引发的社会风险，Boer、Hudson 认为大龄青年失婚给社会带来诸如人口和婚姻风险等宏观后果。Dalmia 则提出男性失婚风险主要集中在社会底层，⑥ 也就是说贫困大龄男青年面临的社会风险要比社会上层高。这些理论研究，大大推动了国外对大龄青年群体的择偶行为及内在原因的理论解读，为后续深入的研究奠定了基础。

（二）国内研究现状

相比国外，国内研究则更强调专一性，即研究的核心对象为大龄

---

① 布劳：《社会生活中的交换与权力》，李国武译，商务印书馆，2008。
② Ted A. Telford, "Covariates of Men's Age at First Marriage: The Historical Demography of Chinese Lineage," *Population Studies*, (1992).
③ 布迪厄：《实践感》，蒋梓骅译，译林出版社，2003。
④ Guttentag, Marcia and Paul F. Secord, *Too Many Women? The Sex Ratio Question* (Beverly Hills, CA: Sage, 1983).
⑤ Keith, "Resources, Family Ties, and Well-Being of Never-Married Men and Women," *Journal of Gerontological Social Work* 42, (2003).
⑥ Dalmia, Sonia, "A hedonic analysis of marriage transactions in India: Estimating determinants of dowries and demand for groom characteristics in marriage," *Research in Economics* 46, (2004).

青年群体，其中研究方向集中在大龄青年"择偶难"现状、择偶窘境的原因分析以及其引发的社会风险，也有部分研究涉及择偶观念等方面。

第一，大龄青年"择偶难"现状。我国学者对农村大龄青年择偶现状的研究多集中在大龄男青年的择偶困境。张群林、杨博认为大部分大龄男性因未婚而承受巨大的家庭压力和孤独感，并受自身婚姻状况和年龄的影响而导致其缺乏情感福利。[①] 韦艳、张力从婚姻市场上的性别不平等视角来实证研究农村大龄男性的婚姻困境，认为婚姻市场上性别不平等直接影响了贫困男性的择偶困境。[②] 与此同时，果臻、李树茁等学者通过使用2000年和2010年全国人口普查数据，引入男性多递减生命表并从时期和队列的角度对比研究现阶段中国男性的婚姻挤压水平，认为农村大龄未婚男性承受着超低初婚水平和死亡概率偏高的双重挤压。[③] 孙淑敏认为乡城流动使得流出地农村青年男子的择偶难度加大，并存在彩礼飞涨、家庭负担加重、凑合婚姻增多、婚姻的不稳定性提高等困境。[④]

第二，大龄青年"择偶难"原因。关于大龄青年"择偶难"的原因分析，刘爽、蔡圣晗从性别不平等的角度认为，婚姻市场的结构性失衡成为影响贫困大龄未婚青年婚姻困境的本质。[⑤] 贾志科、沙迪认为农村大龄未婚男青年扎堆现象明显，家庭经济条件成为制约大龄未婚男青年娶妻难的重要原因。[⑥] 郑晓丽同样认为家庭贫困、经济收入低成为限制贫困农村青年择偶难的直接因素。[⑦] 还有部分学者认为农村女青年外流很大程度上导致农村大龄男青年择偶难。例如：许军、梁学敏认为女青年大量外流而引

[①] 张群林、杨博：《性别失衡背景下农村大龄未婚男性：性心理、性实践与性影响》，《青年研究》2014年第4期。

[②] 韦艳、张力：《农村大龄未婚男性的婚姻困境：基于性别不平等视角的认识》，《人口研究》2011年第5期。

[③] 果臻、李树茁：《中国男性婚姻挤压模式研究》，《中国人口科学》2016年第3期。

[④] 孙淑敏：《乡城流动背景下低收入地区农村男子的择偶困境——对甘肃省东部蔡村的调查》，《西北人口》2010年第1期。

[⑤] 刘爽、蔡圣晗：《谁被"剩"下了？——对我国"大龄未婚"问题的再思考》，《青年研究》2015年第4期。

[⑥] 贾志科、沙迪：《贫困农村大龄未婚男青年的择偶窘境分析——基于河南S村的实地研究》，《河北大学学报（哲学社会科学版）》2016年第3期。

[⑦] 郑晓丽：《贫困山区大龄青年成家难现象探析》，《中国青年研究》2008年第1期。

发的男女比例失调是导致"择偶难"现象产生的结构性原因。[①] 石人炳总结到贫困地区女青年婚姻迁移，引发本地多数女青年通过外嫁流出本地，而导致本地男青年择偶难。[②] 此外，伍海霞的研究认为，农村大龄未婚男青年并未充分认识到受教育程度、兄弟姐妹排行、家庭网络和社会网络的构建与质量等因素与其目前单身有关系。[③]

第三，大龄青年未婚的社会风险。关于大龄青年未婚的影响，多数学者侧重于研究大龄男青年未婚可能引发的风险。在社会层面，部分学者提出农村大龄青年未婚会产生一定的性行为风险。例如：杨雪燕、李树茁等认为在性别失衡背景下，男性婚姻挤压导致大龄未婚男性难以获取正常、稳定的性行为，从而诱导商业性行为成为一种有效的替代和弥补方式；[④] 杨博、李树茁等揭示出长期生活在农村环境中的大龄未婚男性，流动进入城市后的商业性行为可能会明显增加；[⑤] 杨雪燕、王珺等认为农村大龄未婚男性对艾滋病和性安全知识的知晓率比较低，并且由于缺乏正常、稳定的性生活，商业性行为的发生频度可能较高，并很有可能是大龄未婚流动男性用以弥补性行为缺失的替代手段。[⑥] 此外，靳小怡、郭秋菊等认为农村大龄未婚男性群体的存在，在客观上刺激了骗婚和买婚案件的发生，制约了社区经济的发展，扰乱了社会治安和婚姻市场的正常秩序。[⑦] 还有部分学者认为大龄青年单身现象可能更多地会不利于家庭的发展。例如：韦艳、李树茁等人认为农村大龄未婚男性的失婚对家庭经济发展、家庭关系和家庭成员的心理压力造成负面影

[①] 许军、梁学敏：《延边州农村大龄未婚男青年情况调查报告》，《人口学刊》2007年第4期。
[②] 石人炳：《青年人口迁出对农村婚姻的影响》，《人口学刊》2006年第1期。
[③] 伍海霞：《农村男性大龄未婚的影响因素分析——来自河北CC县调查的发现》，《人口与发展》2013年第3期。
[④] 杨雪燕、李树茁：《性别失衡背景下大龄未婚男性的商业性行为——基于中国农村地区的研究发现》，《人口学刊》2013年第1期。
[⑤] 杨博、李树茁：《流动人口的风险性行为——社会经济地位与社会资本因素探析》，《南京社会科学》2015年第1期。
[⑥] 杨雪燕、王珺：《婚姻挤压和流动背景下大龄未婚男性的商业性行为：基于中国西安的调查发现》，《西安交通大学学报（社会科学版）》2016年第2期。
[⑦] 靳小怡、郭秋菊：《中国的性别失衡与公共安全——百村调查及主要发现》，《青年研究》2010年第5期。

响;① 王磊则认为农村大龄男性长期未婚可能会引发家庭承受沉重的结婚费用压力等婚姻困境，并在一定程度上提升家庭在孩子婚姻前景上的风险程度。② 此外，也有部分学者认为农村大龄青年未婚对青年自身也产生一定的消极影响。例如：谢娅婷、靳小怡等认为农村大龄未婚男性群体的安全感最低，婚姻状况对个人的安全感具有显著影响;③ 李艳、李树茁等基于实证结果认为，大龄未婚男性长期单身，其对与他人的关系感知可能恶化，在此情况下，大龄未婚男性比已婚男性更偏向于在亲戚间投资，并逐渐淡化与非亲戚之间的感情;④ 马汴京认为单身概率较高的男青年由于难以支付高额的婚姻成本，而不得不选择大龄未婚，其幸福感也相应地得到损失;⑤ 宋健、王子文总结到大龄未婚对男青年的幸福感具有显著的影响，大龄未婚青年的比较幸福感相对已婚青年较低。⑥

第四，大龄青年的择偶观念。关于大龄青年的择偶观念，其中许传新、王平通过比较初婚与再婚的大龄青年，发现初婚择偶的大龄青年比较看重配偶的外貌、性格、气质、婚姻状况及职业，而再婚择偶的大龄青年则更看重配偶的责任心、感情、经济条件等。⑦ 还有部分学者认为大龄青年的择偶观念很大程度上会受父母影响。例如：靳小怡、郭秋菊基于代际支持的投资回报理论，认为能够支持大龄青年择偶的重要来源在于父母，大龄青年的择偶行为往往渗透着父母意志;⑧ 冯世平认为虽然我国家庭里父母做主为子女择偶的状况已有根本性的转变，但在广大落后农村，在生活条件、交通状况、传统文化等因素的作用下，大部分未婚男女青年在择

---

① 韦艳、李树茁：《农村大龄未婚男性家庭压力和应对策略研究——基于 YC 县访谈的发现》，《人口与发展》2008 年第 5 期。
② 王磊：《农村大龄未婚男性的社会支持政策分析》，《北京工业大学学报（社会科学版）》2016 年第 3 期。
③ 谢娅婷、靳小怡：《婚姻挤压对中国农村不同群体安全感的影响——基于全国百村调查数据的分析》，《西北农林科技大学学报（社会科学版）》2015 年第 3 期。
④ 李艳、李树茁：《农村大龄未婚男性的社会融合问题探析》，《中国农村观察》2012 年第 6 期。
⑤ 马汴京：《性别失衡、大龄未婚与男性农民工幸福感》，《青年研究》2015 年第 6 期。
⑥ 宋健、王子文：《中国青年的婚姻状态与主观幸福感》，《中国青年研究》2016 年第 9 期。
⑦ 许传新、王平：《大龄青年初婚与再婚择偶标准比较——对 1010 则征婚启事的量化分析》，《市场与人口分析》2003 年第 1 期。
⑧ 靳小怡、郭秋菊：《农村大龄未婚男性的代际经济支持研究》，《西北人口》2011 年第 4 期。

偶上仍要遵从着父母的意愿或意志。① 因此，吴鲁平则认为农村青年择偶观逐渐由重视"家庭背景"转为"个人条件"，从青睐"老实可靠"转向"聪明可干"，② 这些变化在一定程度上或许也适用于部分大龄青年。

（三）小结与述评

通过对国内外有关农村大龄青年择偶的文献资料进行梳理回顾，发现：国内外学者均在大龄青年的生活现状、大龄未婚的原因及所产生的影响等方面有一定的研究，不同的是国内学者更侧重于研究的直接和广泛性，涉及大龄青年的择偶观念、方式与标准等。从择偶的现状研究来看，多数学者则主要分析当前农村大龄青年的单身生活以及呈现出的"择偶难"特征，而较少地总结到大龄青年在恋爱、相亲与择偶的过程中呈现出的特点。虽然当前农村大龄青年尤其是男青年"择偶难"已经成为学术界的焦点，但对于农村择偶窘境产生原因的解释则存在着多种观点，并且伴随着农村择偶实践的复杂化，这些观点的解释力也受到了一定程度的限制。有的观点从理论上很好地解释农村大龄未婚现象，却无法很好地解释"择偶难"现象。有的观点则主要考虑导致择偶困难的表面原因，而忽视了深层次原因，例如：人口性别比因素、农村特定的婚姻环境等等。此外，有的解释主要依据调查分析的结果而总结提炼，但缺乏一定的理论基础。因此，本研究将最大程度上避免这些局限，从分析大龄未婚到解释"择偶难"、从分析表面原因到总结深层因素、从理论解释再到实践分析，从而对农村择偶窘境进行综合解释。

在当前农村大龄青年的择偶实践中，"择偶难"或择偶窘境虽然普遍化，但是另一种社会事实也不容忽略——农村择偶窘境对社会的风险也在增高。已有学者关注到农村择偶窘境对大龄青年家庭及所在社区的影响，即可能会威胁家庭和谐和社区公共安全。但就实际来说，其影响还应波及青年本人和整个社会。还有，多数学者也只是从特定角度分析择偶窘境可能产生的风险，而没有对这些风险进行系统归纳与总结。

---

① 冯世平：《择偶：一个渗透着父母意志的过程——简析甘肃农村父母对子女择偶行为的影响》，《甘肃社会科学》1998年第2期。
② 吴鲁平：《农村青年择偶观从传统向现代的位移》，《中国青年研究》2000年第3期。

第三章 别开生面的集体相亲

一 "偶遇"集体相亲

随着性别失衡影响的逐步显现，城市化、现代化的快速发展，都市生活方式的不断更新，"剩男"、"剩女"现象日渐增多，社会上越来越流行各式各样的相亲活动。从创下收视高峰的电视相亲节目到层出不穷的相亲网站，再到大城市中悄然兴起的相亲会，人们的择偶方式在不断地推陈出新。由于广告、媒体的强力宣传与大肆渲染，人们现已对电视相亲、网络相亲等择偶方式习以为常，然而，对于集体现场相亲、大型相亲会，由于其地域性特征明显、时限性较强，目前社会公众的了解度与学术界的关注度尚不太高。

集体相亲萌芽于2005年，在北京兴起后，成熟于南京，随后在杭州、上海、深圳、福州等地得到迅速发展。以南京"万人相亲会"为例，该组织自2011年10月15日正式落户南京市GL公园后，定期举办相亲会和专场相亲，这一在"中国举办最早、规模最大、次数最多"的相亲会，为南京及周边各地的青年男女相亲择偶提供了现场交流的平台，也为交际范围、空间较窄的年轻人创造了更多的交往机会。[1] 从某种意义上讲，大型相亲会作为社会为解决择偶问题所做的一种努力，为都市青年提供了一个新型的择偶场域。[2] 然而，其能否真正成为都市青年找到另一半的依靠或

---

[1] 贾志科、风笑天：《当代都市青年的择偶标准——基于南京万人相亲会的实证分析》，《河北大学学报（哲学社会科学版）》2013年第2期。

[2] 祝西冰、贾志科：《都市青年择偶场域分析——基于南京大型相亲会的实地研究》，《南京人口管理干部学院学报》2013年第3期。

平台？在集体相亲现场，都是哪些人在参与？他们会采取什么样的方式、方法或行动策略来参与其中？其成效如何呢？

2011年11月至2012年1月期间[①]，笔者主要采用参与式观察、无结构访谈和结构式访谈法对南京的集体相亲现象进行了研究。参与式观察主要以南京 GL 公园大型相亲会中的各类参与人员为对象，观察他们在集体相亲现场的交流、互动情况及其情绪和行为反应。无结构访谈的对象主要以代子女相亲的父母为主，单身青年及其他人员为辅。根据无结构访谈所获得的情况与信息，进而确定结构式深入访谈对象。在为期近3个月的实地研究过程中，笔者以无结构访谈法共计访问了81位前来参加相亲会的父母、单身青年以及相亲会的组织者和工作人员。而后，根据被访者的典型性和代表性，对其中的21位进行了结构式深度访谈。由于相亲会现场为公共场合，无法公开与被访者进行更为深入地交流，因此，除现场访谈外，笔者还采取了电话访谈、QQ 聊天、私下见面访谈等形式作为补充，与部分被访者进行了互动与交流。同时，为了弥补单身青年访谈人数较少的缺憾，我们还将登记的会员资料作为辅助展开相关分析。

根据被访者的性别、年龄、职业以及来相亲会现场的目的等四个方面，笔者于表3-1中列出了被访者的基本情况，并对其进行了编号。其中，有8位代女儿相亲的父母（编号 A-H），1位受托为侄子和侄女相亲的女士（编号 I），5位代儿子相亲的家长（编号 J-N），2位单身男青年（编号 O、P），1位单身女青年（编号 Q），2位普通市民（编号 R、S）以及2位相亲会工作人员（编号 T、U）。

表3-1 被访者的基本情况

序号	编号	性别	年龄	职业	来相亲会现场的目的
1	A	男	50多岁	机关工作	为23岁、在银行工作的女儿相亲
2	B	女	60岁左右	退休	为33岁、在高速路工作的女儿相亲
3	C	女	55岁	退休	为27岁、在外企工作的女儿相亲

---

① 除2011年11月至2012年1月期间在南京 GL 公园的大型相亲会进行实地研究外，笔者在随后的三年时间内，还对一些个案进行了追踪访谈。南京大型相亲会从 GL 公园"撤离"后，笔者还对在 BM 公园、MGQ 以及 XWH 公园等地举办的相亲活动，进行了实地观察和访谈。

续表

序号	编号	性别	年龄	职业	来相亲会现场的目的
4	D	女	56岁	高校教师	为28岁、当舞蹈老师的女儿相亲
5	E	女	55岁左右	企业退休	为29岁、在联想企业工作的女儿相亲
6	F	女	45岁左右	企业管理	为22岁、大学刚毕业、在医院工作的女儿相亲
7	G	女	62岁	退休	为32岁、高校教师（在读博士）的女儿相亲
8	H	男	50岁左右	普通工人	为25岁、在社区工作的女儿相亲
9	I	女	48岁	社区工作	受托为26和25岁、在宁打工的侄子侄女找对象
10	J	女	55岁左右	退休	为28岁、在医院工作的儿子找对象
11	K	女	60多岁	事业单位退休	为38岁、离婚、证券所工作的儿子找对象
12	L	女	55岁左右	退休	为27岁、部队工作的儿子找对象
13	M	女	55岁左右	退休	为26岁、中石油工作的儿子找对象
14	N	男	60岁左右	不详	为28岁、在企业工作的儿子找对象
15	O	男	30多岁	高校老师	自己找对象
16	P	男	30岁左右	私企工作	自己找对象
17	Q	女	38岁	无固定工作	自己找对象
18	R	男	68岁	退休工人	打发时间
19	S	女	50多岁	清洁工	清扫相亲会所在地（GL公园）的卫生
20	T	女	55岁左右	老师（志愿者）	到相亲会来帮忙，做志愿服务工作
21	U	男	50多岁	相亲会创始人	组织相亲会

资料来源：根据访谈笔记整理。

二 集体相亲的参与主体

根据对相亲会现场进行的参与式观察和访谈的情况，笔者认为，集体相亲的参与主体大致可以分为四类：代子女相亲的父母、单身青年、普通市民以及相亲会工作人员，他们在集体相亲中分别扮演着信息筛选者、结果决定者、旁观者以及组织者等不同角色。

（一）信息筛选者——代子女相亲的父母

自古以来，在中国社会子女的婚姻是父母的头等大事，即便到倡导

"婚姻自主、恋爱自由"的现代社会，父母意见对子女婚姻仍发挥着重要作用。在相亲会上，这种作用有别于传统的"父母之命"，主要表现为：为子女筛选择偶信息，排除那些他们认为完全不适合自己孩子的人。根据笔者的观察，参与相亲会的父母们大致可以分为两类：一类是"挂牌会员"的父母，其子女多为相亲会的登记会员，他们目标明确，来相亲会现场主要就是为了给子女"物色"合适的对象；另一类是"蹭信息"的父母，他们虽非会员，但因相亲牌公开悬挂，可以自由观看、记录相亲牌上的信息，故他们大多抱着试试看的心态，到相亲会现场"碰运气"。其中，后者是相亲会现场的主要参与者，他们基于费用、面子等多方面的考虑不愿成为相亲会的会员，但又想通过相亲会的平台为子女寻找机会。

（二）结果决定者——单身青年

单身青年是相亲的真正主角。在相亲会这一择偶场域中，尽管参与其中的多是父母，但他们搜集和筛选择偶信息后，还是由青年自己决定是否与对方见面、是否进一步发展。然而，"主角"却很少亲自现场参与，基本是由父母或亲戚代劳。根据相亲会主办方的统计，相亲会的现场参与者中父母和适龄青年的比例大约为4:1，但根据笔者的观察，适龄青年的比重可能更低。作为相亲会的参与主体，单身青年大致可以分为两类：一类是抱着试试看的心态、亲自到现场参与的青年。这部分青年人数相对较少，但他们的"闪亮登场"，却每每能够引发相亲会现场的热潮，尤其是那些初次亮相、相貌英俊、略显成熟的男青年。另一类是将自己的相亲信息通过相亲牌传递、而大多不亲自到现场参与的青年。这部分青年多是相亲会的会员，他们的信息被悬挂在相亲牌上。他们偶尔到相亲会现场，主要目的有二：一是了解其他相亲牌上的信息，感觉合适的会找工作人员付费并索要电话，进行联系；二是看自己的相亲牌上，是否有人留下联系方式等信息，选择合适的进行联系。

（三）旁观者——普通市民

由于南京大型相亲会的相亲现场设在了南京市GL公园，而公园是为人们提供休闲、散步和娱乐的公共场所，因此，在相亲会现场也不乏旁观者。根据笔者的观察,旁观者大致可以分为以下三类:一类是事不关己、纯粹看热闹的旁观者,他们在相亲会上几乎不发表任何言论,只是静观其热闹场面;二是打发时间、对他人"品头论足"的旁观者,他们对了解到的他人信息肆意进行评论;三是早做准备、提前了解婚姻市场"行情"的旁观者,他们的子女年纪尚轻,来相亲会主要是为了了解一下当前婚姻市场上的"行情",顺便关心一下子女或周围熟人的婚事。

(四)组织者——相亲会工作人员

相亲会的工作人员是实现相亲会"红娘"功能的桥梁与纽带,其人数虽少,但意义十分重要。根据志愿者 T 女士的介绍,他们的主要工作就是收集尽可能多的单身青年信息,组织人们参与相亲会,办理会员的登记和注销手续,制作和悬挂展示相亲牌,想方设法地帮助有需求的人通过相亲会找到合适的对象。另据创始人 U 先生所说,为相亲会工作的人员主要包括:负责人、专职人员以及志愿者。南京"万人相亲会"的负责人即创始人,有着自己的本职工作,创办相亲会只是作为兼职事务来做;相亲会有专职人员 2 名,主要负责相亲会的日常事务及正常运转;志愿者大致分为两类,一类是来参加相亲会的父母或者是适龄青年自愿过来帮忙[①],还有一类是一些慈善机构如南京的萤火虫等机构的志愿者。

三 集体相亲的行动策略

在相亲会上,由于参与主体扮演着不同的角色,这就决定了他们可能会采取不同的行动策略来与他人进行交流、互动。对于单身青年或代子女相亲的父母而言,为自己或者孩子找到合适的对象是他们最重要的目标,因而他们需要采取不同的策略性行动来达到目的;而旁观者的参与和舆论氛围营造也在一定程度上影响着相亲信息的筛选和决定;组织者的信息提供方式、范围及运作机制既反映了其行动策略同时也影响着其他参与主体的信息获得与沟通互动。

---

① 据 U 先生讲,有些青年是不好意思到相亲会上来找对象,所以在这里以做志愿者的名义,留意自己中意的异性信息。

（一）被动等待VS主动出击

在相亲会现场，是等人询问还是主动问询很有讲究。参与者可能会通过对自身条件评估，并观察他人的穿着打扮、言行举止，来决定如何行动。如，J女士来相亲会是为儿子找对象的，笔者曾多次在相亲会上看到她，每次参加相亲会，她都只是浏览展示在公园内的相亲牌，几乎从不主动与人交谈，有人主动询问情况，她也多是笑而不答[①]。与她相类似的一位老先生，据说是在为其博士女儿找对象，每次都带个公文包，将写有女儿情况的硬纸板摆在面前，然后看报纸喝茶，等人询问[②]。Q女士则是自己来相亲，但由于年龄偏大，无固定工作，自认为各方面条件都不太好，所以到相亲会现场多是驻足观望。

与J女士、老先生和Q女士的被动等待不同，也有部分参与者非常积极、主动地寻找各种机会，他们大多拥有着在婚姻市场中较占优势的资源。如：O先生虽个子不高，但长相斯文，再加上在南京某大学工作，初次来到相亲会，就遭到众人的"围攻"；而据相亲会的志愿者T女士所言，还有一个30多岁男生，每次来相亲会都会主动地去找工作人员付费，"购买"中意女性的联系方式；而为女儿相亲的F女士，除了在相亲会现场主动跟笔者介绍自己家孩子的情况外，相亲会结束之后还一路跟随笔者，要求为其女儿留意合适的对象；为儿子找对象的L女士，干脆夺下笔者的访谈笔记，试图从中发现其所想要为儿子寻找的对象信息；等等。

（二）低调保密VS炫耀性宣传

尽管从表面看来，相亲会现场气氛热烈，人们参与热情似乎很高，但其中的无奈却难以言表。考虑到面子、个人隐私、安全等因素，很多人不

[①] 出于对这类家长的研究兴趣，在一次相亲会临近结束之时，笔者趁人们渐渐散去，主动与J女士进行了交谈。她告诉笔者，相亲会上的人鱼龙混杂，她会根据个人的判断，来决定是否与人交流。

[②] 这位老先生，脾气性格似有古怪，笔者试图与其进行交流，被其当面拒绝，并表示对我的研究不感兴趣，也不愿成为我的研究对象，让我躲远点儿，因此，关于老先生的信息是从他人口中获得，未做编号。

愿透露个人信息甚至使用虚假信息。一些家长背着儿女前来代为相亲，还担心遇到熟人。因而更倾向于低调应对，秘密进行。如，为博士女儿相亲的 G 女士向笔者诉苦，"就是因为孩子一直单身，我们认识的人中也没合适的，所以才来相亲会的。从小到大，孩子各方面的表现都很好，我们一直很为她骄傲的，但她都 30 多了，还没对象，哎……跟人一聊天就会问到孩子结婚的事情……要是让熟人知道我们到相亲会上来找，好像我家孩子嫁不出去似的。"为各自女儿来相亲的 B 女士、C 女士和 H 先生，也都悄悄跟笔者透露了类似的担忧。A 先生也表示，"因为要求女儿上大学的时候不能谈恋爱，孩子没找对象，现在有点着急了，所以这才瞒着女儿来相亲会看看，有没有合适的。"此外，一个突发事件也让笔者感受到相亲会上"低调"、"保密"的重要性。"删掉，删掉！必须删掉！万一传到网上，岂不是所有人都知道我们来相亲会了?!"在一位大姐的斥责下，笔者只好删除了当天相机拍下的所有照片①。可见，对于很多人而言，在"陌生人"充斥的准"熟人"社会，相亲属于个人隐私，并不光彩。

与这些"低调"、"保密"的参与者不同，也有部分参与者为了吸引他人的注意而采取高调宣传的行动策略，以便将择偶信息快速、大范围传播。如，K 女士是一位来相亲会给离婚已有 3 年的儿子找对象的母亲，据她介绍，"儿子 38 岁，硕士学历，现在一家证券研究所工作，是高级研究员、高级分析师，年薪 20 多万，有 2 套大房子。"她还给笔者现场展示了儿子的照片以及各种奖励证书的复印件。她解释道，"我家儿子各方面都很优秀，有房有车，之前离婚也是因为前妻在外面有人了。我拿这些证书，就是说明我们是货真价实的，你看有这么多人来跟我聊，还不是看上我们这些条件?!但没有我中意的，他们都不适合。"而另外一位为女儿相亲的 E 女士，也在相亲会现场展示了女儿的几张生活照和艺术照，并且"夸耀"自己的女儿很优秀、很漂亮。尽管 K 女士和 E 女士都表现出了一定的高调姿态，但效果却大不相同。相亲会现场，K 女士对儿子近乎炫耀的宣传带来了很多人的主动询问与交流，而 E 女士的女儿则很少有人问津。

---

① 出于研究需要，笔者在相亲会上拍摄了一些照片，但却遭遇了抢夺相机事件。

（三）相互帮助 VS 攻击议论

作为一个"陌生人"的场域，相亲会的参与者自身原有的社会资本很难在其中得以快速展现并发挥作用，但在相亲会现场汇集着大量的择偶信息资源，参与者在其中可以通过互换信息来实现择偶目的，此外还可以建立联系，扩展个人在择偶中的关系网络和资源。如：笔者因多次参加相亲会，而被"熟人"常常问起，能否帮其儿子或女儿留意合适的对象；而G女士虽然没有为自家女儿寻觅到合适的对象，却给亲戚家的孩子"牵了红线"；I女士也因之前在相亲会上为单位的同事"牵线搭桥"，而受托为在南京打工的侄子、侄女寻找合适的对象；相亲会的志愿者T女士也表示，已多次为熟人、亲戚朋友等介绍合适的对象。在相亲会上，单身男女被作为一种资源，在人们的交流、互动过程中，通过交换或给予对方择偶信息来实现相互帮助。

但相亲会也会发展成为一个"熟人"的小社会，在这其中，个别人的言行也会引起他人的议论，甚至是攻击。而这些议论和攻击，可能会使当事人陷入被动局面，甚至被"边缘化"。例如，在一次相亲会现场，在私企工作的P先生自己来找对象，其自身条件甚佳，然而笔者发现，他却没有受到像O先生那样的"围观"与"哄抢"。偶然间，听到议论，"那个小伙子看着还可以，但我是肯定不会把我家孩子介绍给他的，刚开始我还不知道，上次听几个姐妹说，他见谁都很热情，一介绍就说很满意，回头却又去抄十多个电话号码，四处联系。""听说他约人家女孩见面，迟到不说还舍不得请人吃顿饭，这样的你说哪能行呢？现在除了那些刚来的不知道之外，其他人都不愿理他的。"可见，P先生的行为表现给自己带来的非议使得他处境"窘迫"①。此外，相亲会志愿者T女士也曾悄悄指着一位身材魁梧、正在看相亲牌展示的小伙子告诉我，"那个小伙子不常来，来了也没什么人理他，每次来都会找我们要电话号码，有时5个，有时10个，联系了那么多也没个成的，不知道怎么回事。"

---

① 为进一步了解P先生的情况，笔者还私下联系到他，对其进行了专门访谈。尽管了解到其不恰当的行为背后，有着他自认为较为合理的解释，然而人们对他已然形成偏见，且在"坏事传千里"笼罩下的相亲会现场，再多、再合理的解释也是苍白无力的。

除了相亲会现场关于参加相亲者的议论外，对于相亲会本身的议论，也冲击着笔者的神经。根据相亲会创始人 U 先生的介绍，他做相亲会主要有两点考虑："第一，相亲会不以收钱为目的。我办相亲会不是为了赚钱，虽然说要成为我们的会员需要交纳一定的入会费，但这个是一次性的，还有就是查询联系方式的时候需要交钱，这些钱主要用于会员信息的整理和维护，相亲牌的制作，还有就是两个专职人员的工资。""第二，要始终保持相亲会的纯粹性。从我们举办方的角度来看，还是希望是做一些志愿性的活动，为大家找对象提供方便，这才是我们的初衷，也是一直坚持的。"然而，有人对此却并不买账，R 先生说道，"相亲会名为公益，实则收钱，骗人的。"公园的清洁工 S 女士，也悄悄告诉笔者一些她了解到的、所谓的相亲会"内幕"，如：相亲会的工作人员串通优质男士，骗取女性家长的认可后，过年到家里，给了红包，但是女方跟着男方到男方家里去后，男方家里不给红包，而后还说不合适，散了；相亲会会暗地里出卖信息给那些需要信息的人，利用信息资源来谋取利益，比如想要获得信息者需要交 5000 元，交钱后，工作人员会把手头上掌握的优秀信息资源给需要的人，相亲会以此来谋利；诸如此类，等等。

（四）宁缺毋滥 VS 宁滥勿缺

集体相亲能够吸引人们积极参与的一个重要原因就在于其海量信息能够提供无数的机会。但面对庞杂的择偶信息资源，如何进行筛选显得极为重要。一般而言，自身条件较好、拥有优势资源的参与者大多会遵循"宁缺毋滥"的原则，根据其所秉持的择偶标准逐项进行筛选。例如，D 女士告诉笔者，"我家女儿各方面条件都很优秀，对于婚姻我们是采取谨慎态度的，随随便便找了不合适的，不幸福的话，还要离婚，还不如不找，即便找不到合适的，跟我们一辈子也行的，总比结了婚不幸福的要好。"K 女士也表示，"儿子都有了一次不满意的婚姻，这次我们一定要好好选，绝不可能凑合，要是凑合的话，干脆还不如不找。"因此，这类参与者更倾向于"精挑细选"，即便一时找不到合适的，也不愿意妥协、凑合。

而一些自认为条件不是很好的参与者，则倾向于寻找和记下尽可能多的择偶信息，以便从中找到适合的对象。还有一些父母，尽管自认为条件很好，但比较尊重子女意愿，也会倾向于多搜集一些择偶信息，以便回家后让子女自主选择。例如，I女士告诉笔者，"我是来给侄子、侄女找对象的，他们爸妈不在南京，自己又不愿意来，我哥嫂就托我来帮忙看看，我这本子上记的都是我看着条件差不多的，回去之后再让他们从里面选选。"为儿子找对象的M女士也表示，"我是搞不懂现在的年轻人到底是喜欢啥样的，我看着不错的，孩子就是不愿意见，就是去见了也是没下次，问他总说是没感觉，只能多挑点，希望能对上一个。"同样也是为儿子找对象的N先生，也表示为儿子多挑选一些看上去各方面条件还不错的，就是为了能让他从中再挑选合适的。此外，根据笔者的观察，那些亲自来现场参加相亲的单身男青年，也大多带着本子，认真地抄录着相亲牌上的择偶信息，并且主动到工作人员那里询问和"购买"联系方式，觉得合适的就会联系一下，试试看。

总之，通过对大型相亲会上参与主体及其所扮演的角色进行归纳与概括，对各类参与主体的行动策略进行举例分析，我们可以发现，相亲会就是一个小社会，在这个小社会中，不同的参与者扮演着不同的角色，其所拥有的条件和资源决定了其在小社会中的位置。在相亲会现场的交流与互动中，由于角色和所处位置不同，人们会采取不同的行动策略以达到各自的目的。而在不同的行动策略背后，隐含着参与主体所秉持的不同理念、价值观和婚姻观。在相亲会现场，充斥着各种矛盾与冲突，这些矛盾和冲突不仅表现在代子女相亲的父母之间，也表现在代子女相亲的父母与单身青年的代与代之间，甚至还表现在相亲参与者、旁观者与组织者所秉持的不同价值理念上。作为同样都是要为子女筛选对象的父母，他们要在相亲会现场进行子女条件、家庭资源甚至社会资本等多方面的"PK"；而同样都是想要获取更多的择偶机会和信息，家长给自家孩子多创造一些机会易被默许，单身青年多见识一些对象则饱受诟病；相亲会的组织者"怀着公益目的"而组织活动，却并未得到认可，甚至遭到诸多质疑；如此等等。因此，尽管相亲会的举办方对外声称"成效显著"，然而参与者的反应却不尽相同，实地研究的结果告诉我们，这一"成效"有待进行科学评估。

而对集体相亲现象的研究和分析，也引发了我们对于集体相亲的"参与主体"、"行动策略"及其"成效"等相关问题的进一步思考。

第一，对集体相亲中"参与主体"的认识与思考。在以往关于大型相亲会、"相亲角"等的研究中，对于参与主体的研究大多集中在代子女相亲的父母身上，有学者甚至提出了"白发相亲"的概念。[1] 然而，笔者认为，相亲会现场作为一个开放的公共场合，可能不仅仅应当关注代子女相亲的父母，而且应该关注单身青年以及其他人员的参与和介入，这部分人员数量虽少，但正是他们的介入使得这一择偶场域中各种关系变得复杂化。相亲，这种看似单纯的择偶现象，其背后隐藏的是不可忽视的社会问题；相亲会，这种看似简单的择偶场域，其背后暗含的是充满冲突矛盾的生活百态。与电视相亲、网络交友等择偶方式所不同的是，集体相亲已不单单是一种择偶方式，而更重要的是，它可能已经成为一个现代社会应对择偶问题的缩影。

第二，对集体相亲中"行动策略"的理论解释。婚姻市场理论认为择偶是一种理性的交换行为，在婚姻市场中，男女双方通过有形无形资源的交换，以期获得最大的回报。这一理论在解释集体相亲中的行动策略时，具有一定的解释力。然而，在相亲会现场，并非所有的参与者都是理性和乐意交换的。各类参与主体在集体相亲中采取不同的行动，可能更多地受到其所拥有的经济、文化和社会资本的制约。在大型相亲会这一现实的择偶场域中，不同的资本类型发挥着不同的作用：经济资本因其易于量化和比较的特性使其在进行择偶信息筛选时，作用明显而突出，有时甚至能够直接影响参与主体的择偶决策；文化资本集中体现在学历和言谈举止上，这是形成第一印象的关键；而社会资本很难在相亲会现场直观呈现，因而在择偶信息筛选时难以发挥突出作用，但不可否认的是，参与主体在相亲会上通过与他人进行交流与互动所形成和积累的社会资本，能够在一定程度上扩充其择偶信息和人际范围。现场参与者采取何种行动策略，与其对自身及他人资本存量的评估与衡量直接相关，表面上看来似乎是参与者个人性格所致，但事实上其中隐含着更多的社会性因素。

第三，对集体相亲"成效"的讨论与思考。以往多数研究结果表明，

---

[1] 孙沛东：《相亲角与"白发相亲"——以知青父母的集体性焦虑为视角》，《青年研究》2013年第6期。

相亲会的成效可能并不尽如人意,甚至还带来了一些负面效应。例如,孙沛东的研究指出,上海"相亲角"存在着人气旺与效率低的悖论;[①] 祝西冰、贾志科的研究表明,多重因素制约着相亲会功效的发挥;[②] 贾志科、风笑天的研究发现,万人相亲会在为青年提供相亲平台和机会的同时,在一定程度上加剧了都市"剩女"问题。[③] 然而,在部分新闻媒体的宣传报道中,在相亲会举办方的官方信息发布中,他们大多声称,"效果明显、成效显著",并列举了大量的"成功案例"。究竟孰是孰非,孰对孰错,其成效究竟如何,这有待于进行科学评估。值得一提的是,根据笔者近年来对相亲会活动及相亲现场之外的被访者所进行的追踪研究结果,发现:在初期,集体相亲对参与者信息和机会的提供效果较为明显;到中期,参与者疲于接受和应对各种信息和机会,集体相亲的吸引力大大降低;后期,集体相亲无果者则会重新寻找其他择偶方式或途径进行择偶。这一研究结果,在一定程度上印证了以往学术研究的结论,但尚缺乏细致、深入的研究与分析。

[①] 孙沛东:《相亲角与"白发相亲"——以知青父母的集体性焦虑为视角》,《青年研究》2013年第6期。
[②] 祝西冰、贾志科:《都市青年择偶场域分析——基于南京大型相亲会的实地研究》,《南京人口管理干部学院学报》2013年第3期。
[③] 贾志科、风笑天:《当代都市青年的择偶标准——基于南京万人相亲会的实证分析》,《河北大学学报(哲学社会科学版)》2013年第2期。

第四章 探寻"择偶难"背后的结构性因素

一 从普查数据看出生性别比失衡的变化历程

现有研究表明,20世纪80年代前,中国人口基本上处于自然生育状态,出生性别比处于正常值域之内。20世纪80年代后,出生性别比开始升高,并持续偏高。

(一)1982年第三次人口普查出生性别比失衡状况

1982年第三次人口普查结果显示(见表4-1):全国出生的婴儿中,男婴比女婴多出840880人,性别比偏离正常值域,大约高出上限(标准值上限为107,下同)1.47。全国出生婴儿最多的省份是四川省,共有1772531名婴儿出生,其中,男性920138人,女性852393人,性别比为107.95,略高于正常值域的上限,低于全国平均水平;出生性别比最高的省份是安徽省,全省总计出生922339名婴儿,488198名男性,性别比为112.45,高出正常值域的上限5.45;而从规模上看,出生男婴比女婴多出数量最多的省份是河南省,出生男性人口比女性多出74360人,性别比为110.32。

从区域范围上来看(见表4-2),此次人口普查时,出生性别比偏高主要集中在华南、华东、华中以及华北地区,其中,华东、华中和华南地区的出生性别比失衡程度均高于全国水平。总的来说,偏高的幅度尚不太大,但出生性别比失衡严重性和普遍性已有显现。

表4-1　1982年人口普查全国及部分省份出生性别比情况

地　区	出生人数	男（人）	女（人）	男多于女	性别比
全　国	20689704	10765292	9924412	840880	108.47
四　川	1772531	920138	852393	67745	107.95
安　徽	922339	488198	434141	54057	112.45
河　南	1515512	794936	720576	74360	110.32

资料来源：姚新武，尹华编《中国常用人口数据集》，中国人口出版社，1994。

表4-2　1982年人口普查全国及部分区域出生性别比情况

区　域	出生人数	男（人）	女（人）	男多于女	性别比
全　国	20689704	10765292	9924412	840880	108.47
华　北	2490984	1293849	1197135	96714	108.08
华　东	5517396	2880431	2636965	243466	109.23
华　中	3592072	1871302	1720770	150532	108.75
华　南	2431834	1276900	1154934	121966	110.56

资料来源：姚新武，尹华编《中国常用人口数据集》，中国人口出版社，1994。

（二）1990年第四次人口普查出生性别比失衡状况

到20世纪90年代，从全国范围来看（见表4-3），出生性别比上升到111.27，比正常值域的上限高出4.27。全国出生的24624887名婴儿中，男性比女性多出1313281人。其中，出生人口数量最多的省份是河南省，总计出生2252893名婴儿，其中男性1207937人，女性1044956名，性别高达115.60，严重偏离正常值域；而出生性别比最高的省份是浙江省，出生性别比为117.14，在出生的633478名婴儿中，男性比女性多出50014人；而从规模上看，出生男婴比女婴多出数量最多的省份也是河南省，出生男性人口比女性多出162981人。

表4-3　1990年人口普查全国及部分省份出生性别比情况

地　区	出生人数	男（人）	女（人）	男多于女	性别比
全　国	24624887	12969084	11655803	1313281	111.27
浙　江	633478	341746	291732	50014	117.14
河　南	2252893	1207937	1044956	162981	115.60

资料来源：国务院人口普查办公室，国家统计局人口统计司编《中国1990年人口普查资料》，中国统计出版社，1993。

从全国各区域来看（见表4-4），到第四次人口普查时，出生性别比已呈现出普遍且全面偏高态势。出生性别比最严重的区域是华南地区，其次是华东，第三是华中，第四是华北，然后是西南、东北和西北，其中，华南、华东和华中地区的出生性别比失衡程度均高于全国水平。而从规模上看，排在第一位的是华东，其次是华中，再次是华南，第四是西南，然后是华北、西北和东北。

表4-4　1990年人口普查全国及各区域出生性别比情况

区 域	出生人数	男（人）	女（人）	男多于女	性别比
全 国	24624887	12969084	11655803	1313281	111.27
华 北	2714843	1424027	1290816	133211	110.32
东 北	1743325	907930	835395	72535	108.68
华 东	6887493	3649548	3237945	411603	112.71
华 中	5037981	2665382	2372599	292783	112.34
华 南	2559089	1360816	1198273	162543	113.56
西 南	3693358	1926246	1767112	159134	109.01
西 北	1988798	1035135	953663	81472	108.54

资料来源：国务院人口普查办公室、国家统计局人口统计司编《中国1990年人口普查资料》，中国统计出版社，1993。

分城乡来看（见表4-5），出生性别比失衡最严重的是乡村，高达114.47；其次是镇，最后是城市。不论城乡，出生性别比呈现出全面、普遍失衡的态势。从规模上看，乡村出生的男性人口，对全局的"贡献"最大，大约83.27%的"盈余"男婴是由乡村"贡献"的；其次是城市，占到10.63%；最后是镇，大约占6.10%。

表4-5　我国1990年人口普查分城乡出生性别比情况

地 区	出生人数	男（人）	女（人）	男多于女	性别比
全国	23851876	12700194	11151682	1548512	113.89
城市	3294597	1729600	1564997	164603	110.52
镇	1445410	769939	675471	94468	113.99
乡村	19111869	10200655	8911214	1289441	114.47

资料来源：国务院人口普查办公室、国家统计局人口统计司编《中国1990年人口普查资料》，中国统计出版社，1993。

(三) 2000年第五次人口普查出生性别比失衡状况

2000年第五次人口普查结果显示（见表4-6），我国出生性别比大幅攀升至116.86，比正常值域上限高出9.86。全国出生的14114536名婴儿中，男性比女性多出1097478人。其中，出生人口数量最多的省份依然是河南省，总计出生1208404名婴儿，其中男性655250人，女性553154名，性别高达118.46，严重偏离正常值域；而出生性别比最高的省份是海南省，出生性别比竟然高达135.64，在全省出生的109658名婴儿中，男性比女性多出了16586人；而从规模上看，出生男婴比女婴多出数量最多的省份则是广东省，全省共计出生的957870名婴儿中，出生男性人口比女性多出126020人，性别比高达130.30。从此次人口普查的数据结果来看，全国只有西藏、新疆两个自治区的出生性别比尚处于正常状态，其余29个省、自治区、直辖市全部处于失衡状态，其中海南、广东2个省份的出生性别比竟然超过了130。

表4-6 2000年人口普查全国及部分省份出生性别比情况

地区	出生人数	男（人）	女（人）	男多于女	性别比
全国	14114536	7606007	6508529	1097478	116.86
河南	1208404	655250	553154	102096	118.46
海南	109658	63122	46536	16586	135.64
广东	957870	541945	415925	126020	130.30

资料来源：国务院人口普查办公室，国家统计局人口和就业统计司编《中国2000年人口普查资料》，中国统计出版社，2002。

从区域范围上来看（见表4-7），到第五次人口普查时，出生性别比已经处于全面失衡的状态。结果显示，出生性别比失衡最严重的区域依然是华南地区，其次是华中，第三是华东，第四是西北，然后是华北、东北和西南，其中华南和华中地区的出生性别比失衡程度大大高于全国平均水平。而从规模上看，排在第一位的是华东，其次是华中，再次是华南，第四是西南，然后是华北、西北和东北。

表 4-7 2000 年人口普查全国及各区域出生性别比情况

区 域	出生人数	男（人）	女（人）	男多于女	性别比
全 国	14114536	7606007	6508529	1097478	116.86
华 北	1582450	836853	745597	91256	112.24
东 北	880976	464161	416815	47346	111.36
华 东	3785760	2038781	1746979	291802	116.70
华 中	2366812	1303289	1063523	239766	122.54
华 南	1671438	941225	730213	211012	128.90
西 南	2678730	1410169	1268561	141608	111.16
西 北	1148370	611529	536841	74688	113.91

资料来源：国务院人口普查办公室，国家统计局人口和就业统计司编《中国 2000 年人口普查资料》，中国统计出版社，2002。

分城乡来看（见表 4-8），出生性别比失衡最严重的是乡村，高达 121.67；其次是镇，最后是城市。不论城乡，出生性别比均呈现出全面、普遍失衡的状态，且程度较深。从规模上看，依然是乡村出生的男性人口对全局的"贡献"最大，大约 72.62% 的"盈余"男婴是由乡村所"贡献"的。然而，与第四次人口普查（结果）明显不同的是，镇的"贡献率"明显提高，提高到 13.08%，大约高出 6.98 个百分点，增幅明显。而城市的"贡献率"也有所提高，占到 14.30%。

表 4-8 我国 2000 年人口普查分城乡出生性别比情况

地 区	出生人数	男（人）	女（人）	男多于女	性别比
全国	1182138	644609	537529	107080	119.92
城市	231787	123549	108238	15311	114.15
镇	154845	84428	70417	14011	119.90
乡村	795506	436632	358874	77758	121.67

资料来源：国务院人口普查办公室，国家统计局人口和就业统计司编《中国 2000 年人口普查资料》，中国统计出版社，2002。

（四）2010 年第六次人口普查出生性别比失衡状况

2010 年的全国第六次人口普查数据结果（见表 4-9），告诉我们出生性别比失衡的整体形势依然非常严峻。尽管出生性别比数据在十年间的增长幅度上减小了，但不可否认的是，我国依然面临着非常严峻的出生性别比高度失衡形势。从全国范围来看，总计出生的 13836187 名婴儿中，男性比女性多出了 1138791 人。其中，出生人口数量最多的是广东省，出生的 1083819 名婴儿中，男婴比女婴多出 100063 人，性别比高达 120.34，严重偏离正常值域；而出生性别比最高的省份是安徽省，出生性别比高达 128.64，在全省出生的 751580 名婴儿中，男性比女性多出了 94146 人；而从规模上看，出生男婴比女婴多出数量最多的省份也是广东省，全省出生男性人口比女性多出了 100063 人。从此次人口普查的数据结果来看，全国仍然只有西藏、新疆两个自治区的出生性别比处于正常值域，其余 29 个省、自治区、直辖市全部仍处于失衡状态。尽管出生性别比失衡的峰值有所下降，但全国范围内的全面、普遍失衡态势似乎并未得到扭转。

表 4-9　2010 年人口普查全国及部分省份出生性别比情况

地　区	出生人数	男（人）	女（人）	男多于女	性别比
全　国	13836187	7487489	6348698	1138791	117.94
广　东	1083819	591941	491878	100063	120.34
安　徽	751580	422863	328717	94146	128.64

资料来源：国务院人口普查办公室、国家统计局人口和就业统计司编《中国 2010 年人口普查资料》，中国统计出版社，2012。

从区域范围上来看（见表 4-10），第六次人口普查的结果表明，出生性别比处于全面且深度失衡的状态。结果显示，出生性别比严重的区域，排在前三位的是华南、华东和华中地区，三者之间的失衡状态几乎没有什么差别，出生性别比失衡程度均高于全国平均水平。而从规模上看，排在第一位的依然是华东，其次是华中，再次是华南，第四是西南，然后是华北、西北和东北，与"五普"时的状况基本一致。

表 4-10　2010 年人口普查全国及各区域出生性别比情况

区　域	出生人数	男（人）	女（人）	男多于女	性别比
全　国	13836187	7487489	6348698	1138791	117.94
华　北	1632277	866217	766060	100157	113.07
东　北	691119	363941	327178	36763	111.24

续表

区域	出生人数	男（人）	女（人）	男多于女	性别比
华东	3974313	2177814	1796499	381315	121.23
华中	2434317	1333099	1101218	231881	121.06
华南	1920804	1053693	867111	186582	121.52
西南	2098191	1117688	980503	137185	113.99
西北	1085166	575037	510129	64908	112.72

资料来源：国务院人口普查办公室，国家统计局人口和就业统计司编《中国2010年人口普查资料》，中国统计出版社，2012。

分城乡来看（见表4-11），第六次人口普查与以往普查相比较而言，最大的特点在于：镇的出生性别比首次高于农村，成为出生性别比失衡的重灾区。

表4-11 我国2010年人口普查分城乡出生性别比情况

地区	出生人数	男（人）	女（人）	男多于女	性别比
全国	1190060	652073	537987	114086	121.21
城市	315041	170745	144296	26449	118.33
镇	224849	123909	100940	22969	122.76
乡村	650170	357419	292751	64668	122.09

资料来源：国务院人口普查办公室，国家统计局人口和就业统计司编《中国2010年人口普查资料》，中国统计出版社，2012。

从表4-11可见，镇的性别比居首，其次是乡村，最后是城市。镇和乡村的出生性别比失衡程度均高于全国平均水平。从规模上看，依然是乡村出生的男性人口对全局的"贡献"最大，大约56.68%的"盈余"男婴是由乡村所"贡献"的，但"贡献"的比重降幅十分明显，下降了大约15.94个百分点。而镇和城市的"贡献率"明显提高，分别提高到20.13%和23.18%，大约增加了7.05个百分点和8.88个百分点。这在某种意义上反映出，由城镇化大力推进给人口社会所带来的影响在出生人口性别结构的状态上也得到一定程度的反映。

综上所述，从"三普"到"六普"四次人口普查的数据结果为我们勾勒出了一个出生性别比失衡的基本态势，我国出生性别比失衡经历了一个逐步显现、趋于严重、全面呈现、形势依然严峻的变化过程。从1982年的108.47，到1990年的111.27，再到2000年的116.86，直到2010年的117.94，出生性别比在30余年间一直处于失衡状态。出生性别比失衡的省份，由少到多，由点到面，由局部到全局，华南、华东、华中地区长期处于性别比失衡的重灾区。从各省、自治区、直辖市的情况来看，从"三普"到"六普"这30年间，出生性别比偏高的态势一直处于上升之中的是：天津、河北、黑龙江、福建、江西、云南、甘肃和宁夏。而作为失衡重灾区（出生人数多、出生性别比高、男女数量差异规模大的省份）的广东、河南、安徽、海南等省份，出生性别比失衡状态并不稳定，其中，广东、河南"六普"时已有所控制，但不可否认的是，作为人口大省，其影响力仍然不可小觑。从各大区域的情况来看，出生性别比失衡一直处于上升态势的是华北、华东和西南地区。而失衡的重灾区，华东、华中和华南，其中后两者在"六普"数据中显示，升高的态势似有回落，但其长期以来所形成的性别结构失衡状况恐非短时间之内能够扭转。从分城乡的情况来看，从"四普"到"六普"三次人口普查的结果显示，不论城乡，出生性别比失衡均处于一直上升的态势，可见出生性别比失衡所带来的是不分城乡的影响。从"三普"到"五普"，乡村一直是性别比失衡最严重的区域，"六普"数据显示，镇的出生性别比正在超越乡村，尽管城市地区的出生性别比失衡程度相对较轻，但随着城镇化的进程加快以及人口的剧烈流动，其所受到的影响却不容小觑。城市化进程的加快和进一步推进，大规模的人口流动与迁移，使得出生性别比失衡原本在农村的影响，也可能会随着转移到城镇中来，尤其是青年农民工进城之后，他（她）们的择偶与婚恋问题，会给城市青年的择偶与婚恋带来怎样的影响，非常值得我们去关注和研究。

二 从六普数据看我国婚龄人口性别比失衡的主要表现

通过运用历次人口普查数据，研究已将出生性别比持续升高偏高的基本变化过程进行了概要描述，呈现出了一幅出生性别比失衡的基本图景。然而，出生性别比失衡是否必然会导致婚龄人口的性别结构失衡？这其中有很多因素在发挥着重要作用，其中关键的两个因素是：死亡和迁移。按照人口变动的基本理论,在死亡率稳定的情况下,迁移流动的因素就会成为影响人口结构变化的主要原因。按照"六普"数据结果,我国流动人口达到 2 亿多,城市化水平已接近 50%,大规模农村人口流入城镇。因此,这在一定程度上必然会影响到人口流入和流出地区的人口性别结构。为了进一步考察本研究所更为关心的婚龄人口性别结构失衡状况,本节将运用 2010 年人口普查数据,对在死亡率较为稳定、但迁移流动剧烈的大背景下,分行业[①]、地域、年龄、文化程度等四个方面的 15 岁以上未婚人口状况,进行概要分析。

(一) 婚龄人口性别结构失衡带有明显的行业色彩

从一定意义上来讲,我国现存的 20 大类行业带有不同程度的性别色彩。例如:采矿业,由于其属于重体力劳动行业,对身体力量方面的要求较高,而且条件、环境艰苦,因而大多由男性所从事;卫生业,则带有明显的女性色彩,因为按照传统的性别角色分工,女性更为适合从事细心照料的工作。当然,随着现代社会的变迁,一些行业的性别色彩逐渐在淡化,但不可否认的是,当前部分行业中仍明显存在着性别结构失衡的特点。

1. 不同行业分省区的性别结构失衡状况与特点

通过对"六普"资料中 20 大类行业从业人口性别比进行测算,结果发现:采矿业,电力、燃气及水的生产和供应业,建筑业,交通运输、仓储和邮政业,公共管理和社会组织等行业明显带有男性色彩;而女性比例较高的行业主要有批发和零售业,住宿和餐饮业,教育业,卫生、社会保障和社会福利业。

由图 4-1 可见,在男性偏多的行业中,全国属建筑业的性别比最高,高达 594.11,其次是交通运输、仓储和邮政业,也在 500 以上,而公共管理和社会组织的性别比虽不像建筑业那样畸形失衡,但性别比也在 200 以

[①] 由于受到现存统计数据资料的限制,在中国 2010 年人口普查资料中,未能找到分婚姻状况的就业人口数据,因此,无法对分行业大类的 15 岁及以上未婚人口性别比状况进行分析。鉴于此,本研究只能做出了退而求其次的选择,将各地区、分年龄、性别和行业大类的就业人口数据,拿来做替代分析。特此说明。

上。在采矿业中，性别比最高的是贵州，高达700.06，煤矿资源丰富的山西，也高达614.58；电力、燃气及水的生产和供应业中，性别最高的是浙江，高达331.18；建筑业中，性别比最高的要属河北，甚至高达991.26；交通运输、仓储和邮政业中，性别比最高的是山西，高达980.08；公共管理和社会组织中，性别比最高的是江苏，性别比高达244.66。

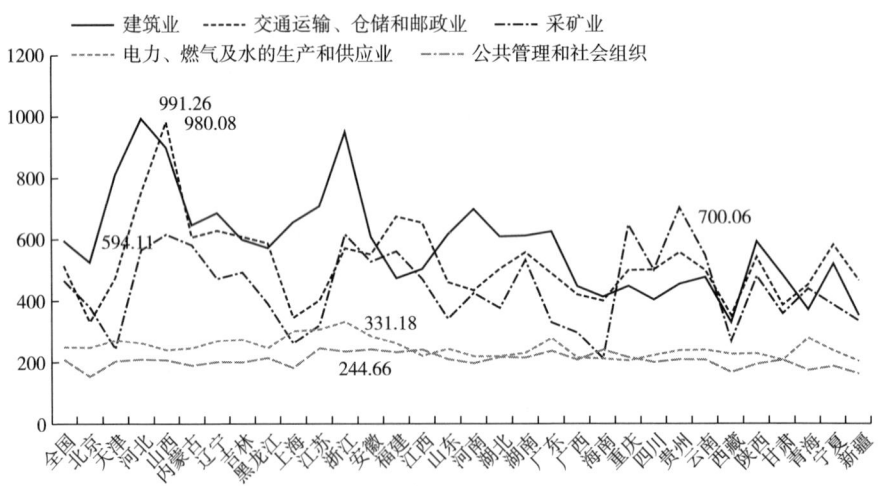

图4-1 我国2010年人口普查部分男性偏多行业分省区就业人口性别比

在女性偏多的行业中（见图4-2），全国属卫生、社会保障和社会福利业的性别比最低，低至67.70，其次是教育业，而后是住宿和餐饮业，最后是批发和零售业。在卫生、社会保障和社会福利业中，北京的性别比最低，低至44.03；在教育业中，性别比最低的是山西，为58.25；在住宿和餐饮业中，性别比最低的是云南，约为63.20；而在批发和零售业中，性别比最低的是辽宁，约为74.56。

基于上述分析，可以看出，不同行业中从业人口的性别比失衡状况明显，男性偏多的行业主要集中在重体力劳动和公共管理行业，女性偏多的行业主要集中于卫生、教育和服务行业。从2010年第六次人口普查数据资料中，我们可以明显地发现我国性别失衡的显著特征之一：行业性别结构失衡。即性别结构失衡较为清晰地体现在行业上，尤其是特定行业。

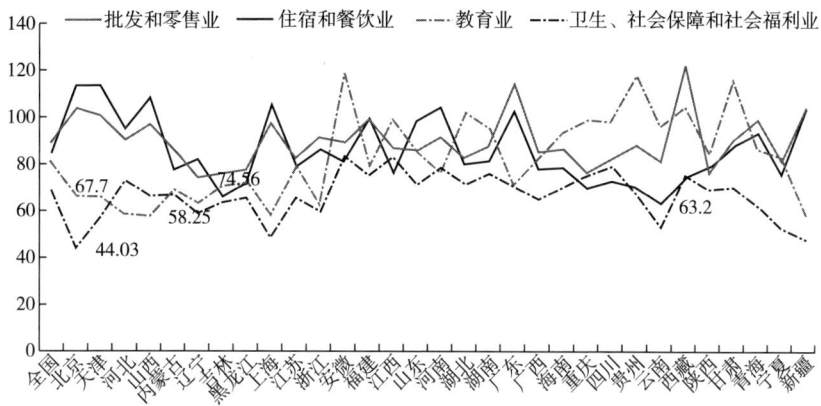

图4-2 我国2010年人口普查部分女性偏多行业分省区就业人口性别比

2. 不同行业分年龄组的性别结构失衡状况与特点

为了进一步明确这一特征，是否显著体现在婚龄人口上，研究运用2010年人口普查数据资料，做进一步分析。为了着重考察本研究所关心的16~34岁之间的青年人口在各个行业的性别结构表现状况，将年龄组进行了细分，主要分为四组，分别是：16~19岁、20~24岁、25~29岁和30~34岁。

表4-12的结果显示，在男性偏多的行业中，16~34岁的青年人口性别比例也严重失衡，失衡程度最高的依然是建筑业，其次是交通运输、仓储和邮政业以及采矿业、电力、燃气及水的生产和供应业，最后是公共管理和社会组织。

表4-12 我国2010年人口普查部分男性偏多行业分年龄组就业人口性别比

行业 地区	采矿业	电力、燃气及水的生产和供应业	建筑业	交通运输、仓储和邮政业	公共管理和社会组织
总性别比	465.41	249.06	594.11	514.16	209.15
16~19岁	477.74	346.44	748.60	407.03	232.87
20~24岁	468.01	244.06	586.60	399.67	145.72
25~29岁	424.24	220.31	515.46	462.68	151.44
30~34岁	400.46	200.36	502.11	522.56	168.67
16~34岁	427.14	218.42	542.05	465.95	158.75

资料来源：国务院人口普查办公室、国家统计局人口和就业统计司《中国2010年人口普查资料》，中国统计出版社，2012。

分行业来看，在采矿业中，16~19岁的性别比最高，高达477.74，而随着年龄组的提高，性别比越来越低；在电力、燃气及水的生产和供应业，呈现出与采矿业相一致的特点，也是16~19岁的性别比最高，随年龄组提高，性别比也越来越低；而建筑业与采矿业，电力、燃气及水的生产和供应业呈现出较为一致的特点；在交通运输、仓储和邮政业，30~34岁的性别比最高，其次是25~29岁的，而后是16~19岁的，最后是20~24岁的；而在公共管理和社会组织中，16~19岁的性别比最高，从20~24岁的年龄组往上，随年龄组提高，性别比也越来越高。

表4-13的结果显示，在女性偏多的行业中，16~34岁的青年人口性别结构失衡的特点也较为明显，尤其是在卫生、社会保障和社会福利业，教育业。16~34岁的青年人口，性别比大大低于全国水平，批发和零售业也低于全国水平，而住宿和餐饮业则高于全国水平。但较为一致的是，这些行业也都处于"女多于男"的失衡状态。

表4-13 我国2010年人口普查部分女性偏多行业分年龄组就业人口性别比

地区 \ 行业	批发和零售业	住宿和餐饮业	教育业	卫生、社会保障和社会福利业
总性别比	89.56	86.05	80.22	67.70
16~19岁	67.26	92.91	29.40	18.86
20~24岁	66.86	89.16	32.61	25.28
25~29岁	77.53	95.51	48.20	46.81
30~34岁	81.29	90.45	62.45	61.22
16~34岁	74.80	91.70	50.55	44.61

资料来源：国务院人口普查办公室，国家统计局人口和就业统计司《中国2010年人口普查资料》，中国统计出版社，2012。

具体分行业来看，在批发和零售业中，20~24岁的性别比最低，其次是16~19岁的，最高的是30~34岁的；在住宿和餐饮业，也是20~24岁的最低，但其次是30~34岁的，最高的是25~29岁的；在教育业中，16~19岁的性别比最低，随着年龄组的提高，性别比则越来越高；卫生、社会保障和社会福利业与教育行业呈现出较为一致的特点。

由上述分析可以发现，在特定行业中存在着较为明显的性别结构失衡特点。尽管随着现代社会的变迁与发展，一些行业，如教育、卫生等传统女性居多的行业，逐渐也有越来越多的男性加入其中，而一些传统的由男性所主导的行业，如公共管理，也有越来越多的女性在其中展开手脚。但不可否认的是，在当前现存的特定行业中，性别结构失衡的状况仍十分明显。这为我们分析性别失衡在青年择偶方面的影响，提供了有益启示。

（二）婚龄人口性别结构失衡具有显著的地域特征

由前述分析可知，出生性别比失衡在分省份、分区域和分城乡上的表现特征十分明显。那么，其在婚龄性别比上是否还有明显体现？利用2010年人口普查数据资料，我们可以做一初步分析和基本判断。

1. 各大区域分城乡的性别结构失衡状况与特点

从全国各大区域15岁及以上未婚人口的性别比状况（见表4-14），可以看出，分区域的婚龄人口性别比失衡在城乡上的表现十分明显。从全国的情况来看，全国15岁及以上未婚人口性别比为134.48，男性未婚人口比女性多出近34.48%，乡村15岁及以上未婚人口性别比最高，高达149.46，明显高于镇的130.09，也显著高于城市的120.38。

表4-14 我国2010年人口普查各区域分城乡15岁及以上未婚人口性别比

区域	全部	城市	镇	乡村
全国	134.48	120.38	130.09	149.46
华北	127.44	113.94	121.43	145.63
东北	130.04	120.23	130.87	144.01
华东	131.77	122.81	132.58	148.51
华中	133.26	124.23	131.39	145.71
华南	136.83	125.86	133.43	155.97
西南	148.48	119.11	132.72	168.99
西北	135.67	117.16	131.46	146.88

资料来源：国务院人口普查办公室，国家统计局人口和就业统计司《中国2010年人口普查资料》，中国统计出版社，2012。

具体分区域看，全国各大区域较为一致的特征是乡村未婚人口性别比高于镇，镇高于城市。不同的是，华南地区城市、镇的未婚人口性别比均最高，分别高达125.86和133.43，而西南地区乡村的未婚人口性别比均最高，高达 168.99。

2. 各省区分城乡的性别结构失衡状况与特点

从全国各省、自治区、直辖市 15 岁及以上未婚人口的性别比状况（见图 4-3），可以看出，分省区的婚龄人口性别比失衡在城乡上的表现也十分明显。

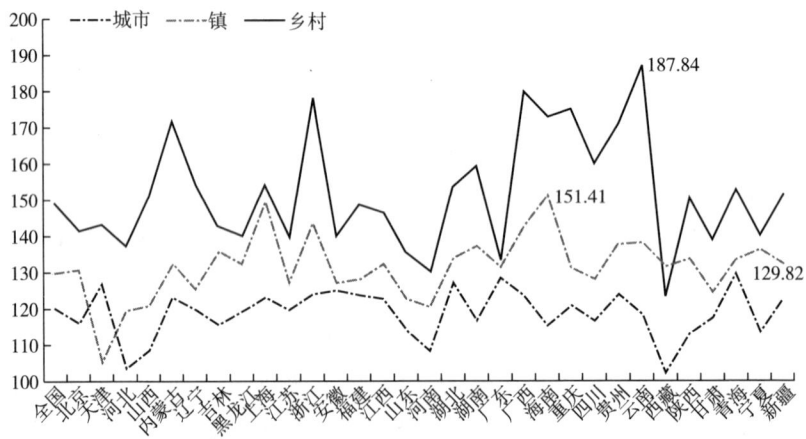

图 4-3　我国 2010 年人口普查各省区分城乡 15 岁及以上未婚人口性别比

具体分省区来看，全国除天津、西藏外，其他各省、自治区、直辖市均表现出与全国较为一致的特点，即乡村未婚人口性别比高于镇，镇高于城市。在城市中，15 岁及以上未婚人口性别比最高的是青海，高达 129.82；在镇中，15 岁及以上未婚人口性别比最高的是海南，高达 151.41，大大高于全国水平；在乡村中，15 岁及以上未婚人口性别比最高的是云南，竟高达 187.84。

由以上分析，我们可以看出，不同地域的性别比失衡状况也存在着明显的差异，就全国各大区域和各省、自治区、直辖市分城乡对 15 岁及以上未婚人口的性别比分析而言，地域性别失衡的特征在婚龄人口性别结构上的表现也十分明显。尽管，受到人口迁移流动的影响，出生性别比失衡的影响与后果也可能会出现一定程度上的转移，但不可否认的是，不同地区、不同出生地的青年身上必然会带着该地区、该出生地背景因素加入婚姻市场中来，他们身上受到性别失衡的影响或大或小，但这种影响理论上是必然存在的。

（三）婚龄人口性别结构失衡状况随年龄组不同而变化

我国自 20 世纪 80 年代初开始的出生性别比持续偏高，至今已有 30 余年。第一个 10 年出生的人口，即"80 后"，到 2010 年时正值 20～30 岁之间，处于择偶、婚恋的高峰期；而第二个 10 年出生的人口，即"90 后"，目前已经或正在步入婚龄，他（她）们有的已经或正在加入"婚姻市场"中来；第三个 10 年出生的人口，即"00 后"，目前尚未进入我们的研究视野。历次人口普查的结果显示，我国出生性别比经历了一个持续升高偏高的失衡过程，因此，年龄性别结构失衡的特征理应在未婚人口性别结构中有所体现。但实际情况又是怎样的呢？

1. 分年龄的性别结构失衡状况与特点

从我国 2010 年人口普查各年龄分城乡 15 岁及以上未婚人口性别比的数据结果中（见图 4-4），可以看出，未婚人口性别比随年龄的增长呈逐渐升高的趋势，尤其是从 30 岁到 55 岁期间，未婚人口性别比逐步攀升，年龄性别结构失衡在未婚人口性别结构中表现明显，再加上城乡分布因素，这种结构失衡特征十分突出。

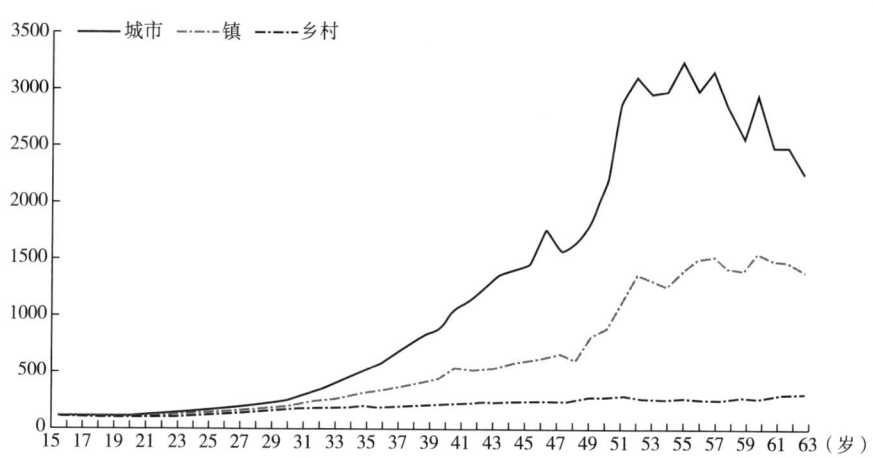

图 4-4 我国 2010 年人口普查各年龄分城乡 15 岁及以上未婚人口性别比

2. 分年龄组类别的性别结构失衡状况与特点

为了弄清本研究所关注的青年人口性别结构情况，我们将 15～34 岁的青年人口，分为 15～19 岁、20～24 岁、25～29 岁和 30～34 岁四组，进行对比分析（见表 4-15）。总体而言，15～34 岁青年未婚人口的性别比为 123.73，乡村最高，其次是镇，最后是城市。分年龄组来看，30～34 岁组的性别比最高，其次是 25～29 岁组，再次是 20～24 岁组，最后是 15～19 岁组的。不论城市、镇，还是农村，都呈现出较为一致的特点，即随着年龄组的提高，未婚人口的性别比也逐渐提高。只是在提高的幅度上，乡村最大，其次是镇，最后是城市。

表 4-15 我国 2010 年人口普查各年龄组分城乡 15 岁及以上未婚人口性别比

地 区	全 部	城 市	镇	乡 村
总性别比	134.48	120.38	130.09	149.46
15～19 岁	110.17	104.78	110.00	113.76
20～24 岁	120.77	112.32	124.21	128.59
25～29 岁	165.91	150.98	168.88	187.20
30～34 岁	239.16	182.63	238.60	320.92
15～34 岁	123.73	117.31	122.86	130.00

资料来源：国务院人口普查办公室，国家统计局人口和就业统计司《中国 2010 年人口普查资料》，中国统计出版社，2012。

由上述分析，可以看出，在未婚人口性别比结构中，年龄、年龄组性别结构失衡又是一个较为明显的特征。因此，在分析性别失衡对城市青年择偶所造成的影响中，必须要把年龄和年龄组的因素考虑进来，加以分析。

（四）婚龄人口性别结构失衡状况因学历不同而有所差异

通过对南京大型相亲会进行实地研究，结果发现，高学历人群在相亲会上面临择偶困难；而已有的研究也告诉我们，受教育程度低的人群是择偶拥挤的承受主体。本研究也想要搞清楚，文化程度上的性别结构失衡在城市青年择偶中的影响究竟如何。因此，研究需要利用 2010 年人口普查数据对不同文化程度的性别结构失衡状态加以分析。

1. 分文化程度的性别结构失衡状况与特点

从我国 2010 年人口普查各文化程度分城乡 15 岁及以上未婚人口性别比的数据结果来看（见表 4-16），不同文化程度的未婚人口在性别结构上也表现出明显的失衡状态。总体而言，未上过学的性别比最高，其次是小学，而后是初中，再次是高中，之后是大学本科、大学专科、研究生。整体上，呈现出随着文化程度的降低，性别比越来越高的特点。

表 4-16　我国 2010 年人口普查各文化程度分城乡 15 岁及以上未婚人口性别比

地　区	全　部	城　市	镇	乡　村
总性别比	134.48	120.38	130.09	149.46
未上过学	435.45	250.59	439.48	465.10
小　学	279.37	227.44	271.22	288.34
初　中	142.09	144.58	140.83	141.55
高　中	121.32	121.15	118.15	123.91
大学专科	103.57	100.87	107.92	107.77
大学本科	108.07	106.72	110.11	115.54
研究生	103.51	103.11	104.70	110.56

资料来源：国务院人口普查办公室，国家统计局人口和就业统计司《中国 2010 年人口普查资料》，中国统计出版社，2012。

分城乡来看，在城市中，未上过学的性别比最高，其次是小学，最低的是大学专科；在镇中，性别比最高的也是未上过学的，其次是小学，最低的是研究生；在乡村中，呈现出与城市相一致的特点，但相对城市而言，乡村在不同文化程度（除初中外）上的性别比均明显高于城市。

2. 分文化程度类别的性别结构失衡状况与特点

为了便于之后的分析，研究将文化程度划分为三类：初中及以下、高中、大专及以上，从表 4-17 可以看出，在全国范围内、城市、镇、乡村，均表现出较为一致的特点，即初中及以下性别比最高，高中略低，大专及以上最低。

表 4-17　我国 2010 年人口普查各文化程度类别分城乡 15 岁及以上未婚人口性别比

地　区	全　部	城　市	镇	乡　村
总性别比	134.48	120.38	130.09	149.46
初中及以下	159.70	149.78	153.86	164.53
高　中	121.32	121.15	118.15	123.91
大专及以上	105.49	103.75	108.71	109.90

资料来源：国务院人口普查办公室，国家统计局人口和就业统计司《中国 2010 年人口普查资料》，中国统计出版社，2012。

由上述分析，可以看出学历性别结构失衡在未婚人口性别结构中的特征也较为明显，因此，在分析性别失衡对城市青年择偶的影响中，学历性别失衡也是应当考虑的一个重要因素。

综上所述，由出生性别比长期失衡所带来的婚龄性别比失衡集中表现在行业、地域、年龄以及文化程度四个方面。运用"六普"资料对15岁及以上未婚人口性别结构进行分析发现：从行业上看，"采矿业，电力、燃气及水的生产和供应业，建筑业，交通运输、仓储和邮政业，公共管理和社会组织"是明显男性居多的行业，在这些行业中男性比例明显高于女性；而"批发和零售业，住宿和餐饮业，教育业，卫生、社会保障和社会福利业"属于明显女性居多的行业，这些行业中女性比例明显高于男性。从地域上看，全国各大区域较为一致的特征是乡村未婚人口性别比高于镇，镇高于城市；所不同的是，华南地区城市、镇的未婚人口性别比均最高，而西南地区乡村的未婚人口性别比均最高。从年龄上看，从19岁开始，未婚人口性别比随年龄的增长，呈逐渐升高的趋势；分年龄组来看，30~34岁组的性别比最高，最低的是15~19岁组的。从学历上看，整体上呈现出随着文化程度的降低，性别比越来越高的特点；分文化程度类别来看，初中及以下性别比最高，高中略低，大专及以上最低。

三 基于梯度偏好假设的我国未婚人口的择偶拥挤状况

从理论上讲，在出生性别比严重失衡的背景下，当青年男女逐步进入婚龄期，假设人口死亡率稳定、不考虑人口流动与迁移对于区域人口变动影响的话，一定数量的青年必然会面临择偶难题。由于我国实行一夫一妻制，若不考虑离婚或丧偶者再次进入婚姻市场的情况，"多余"数量的青年必然会面临初次择偶上的困难。也就是说，从某种意义上而言，性别失衡带来的择偶拥挤是必然的。然而，在性别失衡会带来择偶拥挤的假设下，是否男性数量多于女性就必然会造成男性择偶拥挤呢？本研究放弃了以往人口学者对择偶拥挤测算的方式，运用最直观、最现实、最直接的考虑办法，即利用实证调查所得到的年龄和学历梯度偏好情况，结合"六普"数据对这种结构性表现加以分析，以考察青年男女在结构上的择偶拥挤状况。

（一）年龄梯度偏好假设下的择偶拥挤结构性后果

1. 青年的择偶年龄梯度偏好

关于青年在择偶时的年龄梯度偏好，以往有研究指出，"在年龄坡度范围上，男性一般选择比自己小 2~5 岁的女性，也可以选择小 10~30 岁的女性；女性一般选择比自己大 3 岁左右的男性，也有一些愿意嫁给比自己大 20 甚至 40 岁的丈夫"。[①]

本研究通过问卷调查的方式，也得到青年在年龄梯度范围上的偏好情况。调查数据结果显示，在 938 个有效回答中，68.3% 的被访者选择了"男比女大"，而 25.7% 的被访者认为"无所谓"，选择"男女年龄相同"的占 4.6%，而选择"女比男大"的仅占 1.4%。至于男比女大多少，637 个有效回答中，最小值为 1 岁，最大值为 20 岁，标准差为 1.934。其中，选择大 3 岁的最多，约占 34.1%，其次是选大 2 岁的，约占 29.8%，总体平均认为最好大 3.11 岁。这一结果与以往研究结论较为一致。

2. 假设"男比女大"的结构性后果

基于问卷调查的结果，以 2010 年人口普查数据为基础，我们可以以"男比女大"的年龄梯度偏好作为假设，对于 15~35 岁之间我国未婚人口的性别结构变化情况进行考察与分析。

（1）全国的整体情况

如图 4-5 显示，从全国整体的情况来看，在男女同龄和男大 1 岁的假设下，男性择偶拥挤的状况较为明显。具体而言，在男女同龄的假设下，男性未婚人口的比例明显高于女性，而且随着年龄的增加，男性未婚人口的比例越高，婚龄人口性别结构失衡表现为男多女少的情况越明显；在男大 1 岁的假设下，20、21、23 岁的未婚女性比例与男性基本相当，但开始出现女多于男的结构性特征，而在其他年龄上，均明显地表现出男多于女的情况，尤其是从 24 岁开始，随着年龄的增加，男性未婚人口的比例越来越高于女性，择偶拥挤状况越来越严重。

---

① 易松国：《从择偶坡度分析城市女性的婚姻挤压——以深圳市为例》，《湖南师范大学社会科学学报》2008 年第 3 期。

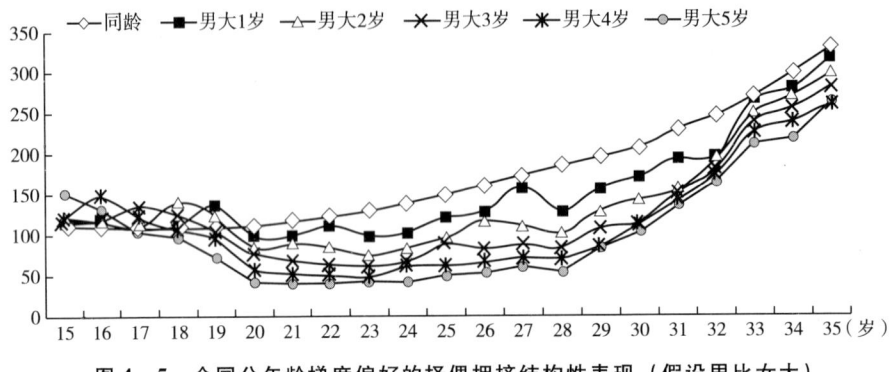

图 4-5 全国分年龄梯度偏好的择偶拥挤结构性表现（假设男比女大）

然而，在男大 2~5 岁的假设下，则呈现出一定年龄段尤其是低龄女性择偶拥挤和大龄男性择偶拥挤的结构性状况。具体而言，在男大 2 岁的假设下，女性未婚人口结构性过剩的特征越来越明显，从 20~25 岁，女性未婚人口的比例明显高于男性，呈现出"女多于男"的结构性特征；在男大 3 岁的假设下，女性未婚人口的结构性过剩呈现出进一步扩大的趋势，影响的年龄范围也越大越大，20~28 岁之间的女性未婚人口均出现结构性的过剩，而男性未婚人口的结构性过剩，主要表现在 29 岁以上；在男大 4 岁和男大 5 岁的假设下，女性未婚人口的过剩趋势甚至扩大到 18~29 岁之间，女性择偶拥挤状况非常明显。

由上述分析可以看出，在择偶年龄梯度偏好的影响下，性别失衡的后果不仅影响到的是男性，会造成男性的择偶拥挤，而且女性也将面临一定程度的择偶拥挤问题。因此，本研究认为，说"剩女是个伪问题，剩男才是真问题"的论断，可能是有失偏颇的。在我们看来，性别失衡对青年择偶所造成的影响可能是全面性的、不分性别的，"剩男"、"剩女"从人口性别结构上看，都是真问题，都非常值得关注和深入研究。

(2) 分城乡情况的预测与分析

从城市来看（见图 4-6），男女同龄假设下，男性未婚人口多于女性的状况与全国表现出较为一致态势，但可以发现，城市中的男性择偶拥挤程度略低于全国。虽然也呈现随年龄增加性别比例失衡越来越严重的趋势，但程度比全国情况较弱。

在男大 1 岁、男大 2 岁的假设下，女性未婚人口过剩的比例比全国略

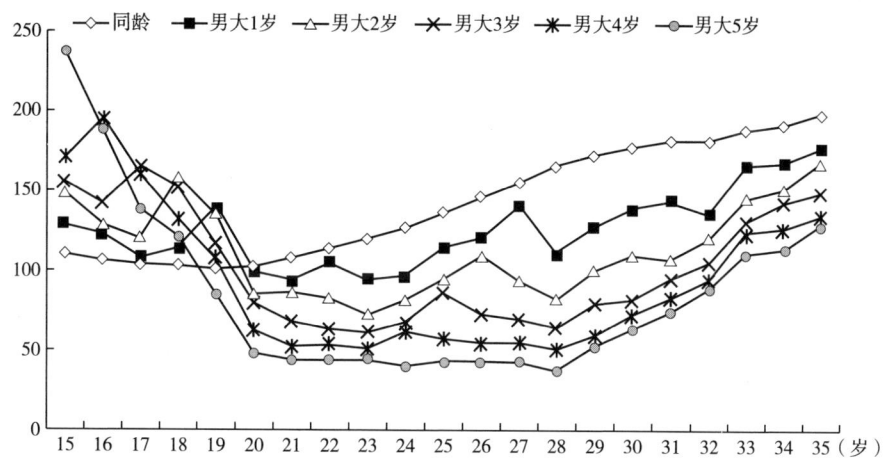

图 4-6 城市地区分年龄梯度偏好的择偶拥挤结构性表现（假设男比女大）

有增加，影响到的年龄范围也略有扩大。在男大 3 岁的假设下，女性未婚人口过剩影响到的年龄范围扩大为 20~31 岁，而男大 4 岁、男大 5 岁的假设下，这种态势进一步扩大。但 18 岁以下的低龄男性和 30 岁以上的大龄男性面临择偶拥挤的状况十分严重。

再来看一下镇的情况（见图 4-7）。对镇的情况进行预测与分析，可以看出这种结构性的表现非常清晰、明显。随着年龄梯度的增加，女性未婚人口过剩的态势也越来越严重，相比较城市而言，其影响的年龄范围略

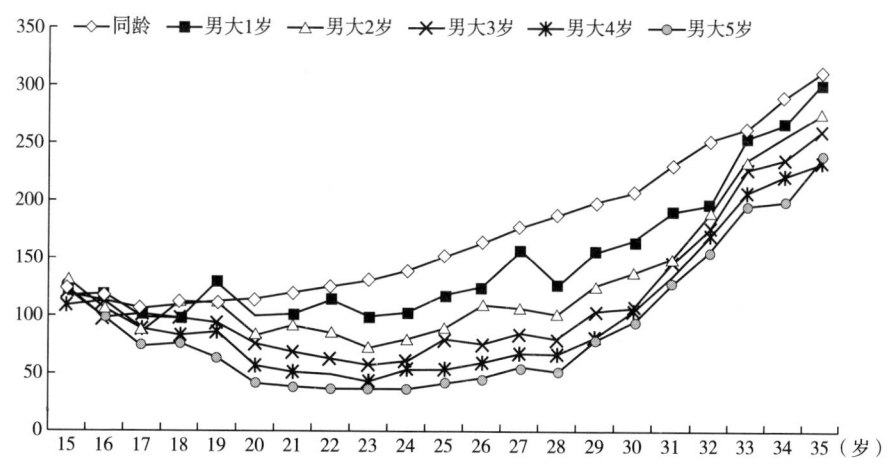

图 4-7 镇分年龄梯度偏好的择偶拥挤结构性表现（假设男比女大）

有降低，呈现出低龄化的态势。然而，相比较女性择偶拥挤的情况而言，男性择偶拥挤状况主要表现在 30 岁以上的大龄男青年上，随着年龄的增加，男性面临择偶拥挤的程度越严重。

最后，我们来看一下乡村的情况（见图 4-8）。在乡村，随着年龄梯度的增加，女性未婚人口过剩的结构性表现也十分清晰、明显，只是相比较城市和镇而言，女性择偶拥挤在受到影响的年龄范围上有所缩小，女性未婚人口过剩的严重情况要远远低于男性。在乡村，男性面临择偶拥挤的状况非常明显，程度也较城市、镇更为严重，18 岁以下的低龄男性和 26 岁以上的大龄男青年，都有可能面临择偶拥挤，尤其是大龄男性。

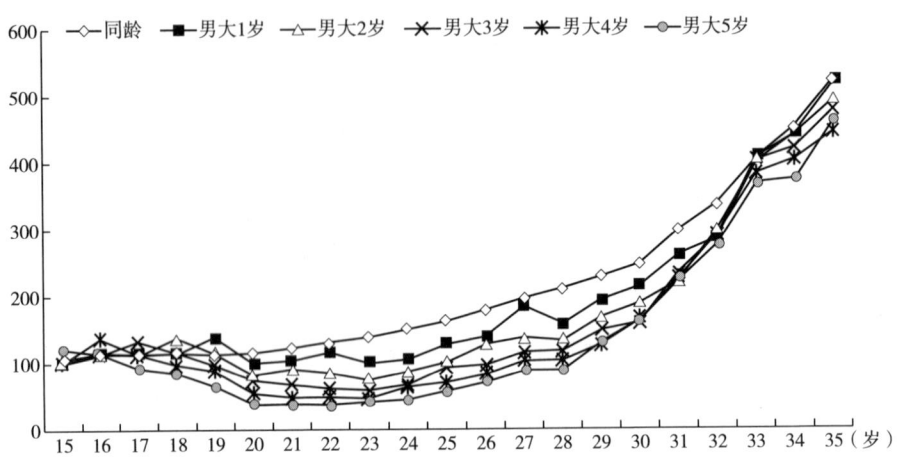

图 4-8　乡村地区分年龄梯度偏好的择偶拥挤结构性表现（假设男比女大）

基于上述预测与分析结果，可以看出，这种将择偶年龄梯度偏好与性别结构状况相结合所进行的初步分析，验证了我们的基本判断。在当前人口形势下，性别结构失衡的影响是全面的且不分性别的，性别结构失衡不仅会造成男性择偶拥挤，而且在择偶偏好的影响下，也可能会导致女性择偶拥挤状况的发生，只是受到影响的人群年龄范围有所不同。从城乡来看，由于受到长期以来出生性别比失衡的影响，未婚人口的性别结构失衡状态呈现出"乡村男性未婚人口过剩十分严重、城市女性未婚人口过剩较为严重、而镇居于中间"的结构性特征。

(二) 学历梯度偏好假设下的择偶拥挤结构性表现

1. 青年的择偶学历梯度偏好

关于青年在择偶时的学历梯度偏好，本研究通过问卷调查的方式也得到相应的偏好数据。在问卷调查中，通过询问"您觉得男女双方在学历层次上最好是？"，调查结果显示，在939个有效回答中，44.4%的被访者表示"无所谓"，26.1%的被访者认为最好"男女一样高"，28.5%的被访者觉得最好"男比女高"，而很少有人认为"女比男高"最好，仅占1.0%。至于"男比女高多少"最好，247个有效回答中，最小值为1层，最大值为4层，标准差为0.395。其中，认为男比女高1层的最多，占到89.9%，其次是认为最好高2层的，约占8.5%，总体平均认为最好高1.12层。

2. 择偶学历梯度偏好假设下的结构性表现

基于调查研究的结果，以2010年人口普查数据为基础，我们可以分别假设"男比女高"和"女比男高"两种择偶梯度偏好情况，对于15~35岁之间的未婚人口性别结构的变化状况进行初步预测与分析。

结果显示（见表4-18），从全国整体的情况来看，当青年选择"男高于女"的择偶学历梯度模式，初中及以上的女性会面临择偶困难，大学本科及以上的女性择偶拥挤状况最为严重；而当青年选择"女高于男"的择偶学历梯度模式，小学及以下的女性会面临择偶拥挤；在选择同层时，随着文化程度的提高，男性面临择偶拥挤的程度会越来越轻，文化程度最低的男性面临的择偶拥挤程度最严重。

表 4 - 18　全国分学历梯度偏好的择偶拥挤结构性表现

受教育程度	女高2层	女高1层	同　　层	男高1层	男高2层
未上过学	7.87	74.59	435.45	1630.99	7863.91
小　　学	37.52	29.47	279.37	1347.00	903.25
初　　中	428.23	180.93	142.09	95.28	34.37
高　　中	359.30	287.16	121.32	43.76	36.49
大学专科	1446.01	129.59	103.57	86.37	7.41
大学本科	—	1205.91	108.07	9.28	—
研 究 生	—	—	103.51	—	—

资料来源：国务院人口普查办公室，国家统计局人口和就业统计司《中国2010年人口普查资料》，中国统计出版社，2012。

分城乡来看（见表4-19），在城市，假设青年在择偶时选择"男高1层"，高中及以上的女性会面临择偶拥挤，然而大专文化程度的除外。其他情况呈现出与全国较为一致的态势，只是在男性的择偶拥挤程度上，城市的严重程度低于全国水平。

表4-19 城市分学历梯度偏好的择偶拥挤结构性表现

受教育程度	女高2层	女高1层	同 层	男高1层	男高2层
未上过学	2.55	47.49	250.59	1200.12	14197.87
小 学	8.26	12.22	227.44	2690.68	3336.49
初 中	155.63	97.70	144.58	179.28	93.70
高 中	194.57	192.99	121.15	63.32	66.45
大学专科	962.27	101.69	100.87	105.85	10.81
大学本科	—	1009.80	106.72	10.90	—
研 究 生	—	—	103.11	—	—

资料来源：国务院人口普查办公室，国家统计局人口和就业统计司《中国2010年人口普查资料》，中国统计出版社，2012。

从镇和乡村的情况来看（见表4-20和表4-21），按照学历梯度偏好所呈现出的择偶拥挤状况与全国较为一致。但是，在男性的择偶拥挤程度上，镇的严重程度要略高于全国水平，而乡村的严重程度要高于镇的水平。

表4-20 镇分学历梯度偏好的择偶拥挤结构性表现

受教育程度	女高2层	女高1层	同 层	男高1层	男高2层
未上过学	5.83	73.97	439.48	1611.52	10623.23
小 学	18.52	21.36	271.22	1787.89	1730.41
初 中	411.47	122.07	140.83	136.31	36.94
高 中	623.71	398.24	118.15	32.02	20.86
大学专科	4120.94	169.02	107.92	70.30	2.74
大学本科	—	2684.63	110.11	4.29	—
研 究 生	—	—	104.70	—	—

资料来源：国务院人口普查办公室，国家统计局人口和就业统计司《中国2010年人口普查资料》，中国统计出版社，2012。

表4-21 乡村分学历梯度偏好的择偶拥挤结构性表现

受教育程度	女高2层	女高1层	同 层	男高1层	男高2层
未上过学	10.35	78.66	465.10	1704.94	6363.23
小　　学	87.57	37.93	288.34	1076.17	407.98
初　　中	1232.24	326.85	141.55	53.66	12.38
高　　中	1244.49	467.15	123.91	28.58	11.50
大学专科	8026.11	287.09	107.77	43.37	1.48
大学本科	—	3230.09	115.54	3.95	—
研 究 生	—	—	110.56	—	—

资料来源：国务院人口普查办公室，国家统计局人口和就业统计司《中国2010年人口普查资料》，中国统计出版社，2012。

基于上述分析，可以看出，在性别结构失衡的大背景下，如果青年选择"同学历程度"配偶，受到择偶拥挤影响的可能会是男性，学历越低所受到的挤压程度越深；而如果青年选择"男高于女"或"女高于男"的择偶学历梯度模式，青年受到的择偶拥挤影响是全面的。所不同的是，选择"男高于女"时，文化程度高的女性受影响较大，选择"女高于男"时，文化程度低的男性受到的影响更大。

综上所述，从理论上讲，若假设人口死亡率稳定、不考虑人口流动与迁移对于区域人口变动影响的话，出生性别比严重失衡必然会带来男性的择偶拥挤。然而，社会现实情况却并非如此，性别失衡所带来的并不仅仅是男性的择偶拥挤，女性也会因此而受到影响。按照年龄梯度和学历梯度偏好，结合2010年人口普查数据资料分析发现，多数青年在择偶年龄梯度上偏好"男比女大"，在这一年龄梯度偏好假设下，特定年龄段的女性可能会出现一定程度的过剩，而大龄男性同时也会面临更为严重的择偶拥挤。同时研究还发现，多数青年在择偶学历梯度上不倾向于"女比男高"，而"男女同层"或"男高女低"的学历梯度偏好则可能在结构上导致高学历女性和低学历男性的择偶困难。

第五章 实证研究设计

通过对集体相亲现象的研究与分析，笔者发现大型相亲会是一个在城市中婚姻市场性别失衡较为严重的"场域"，集体相亲是性别失衡影响和后果扩散到城市范围内的一种可能表现。对我国出生性别比失衡的变化历程、婚龄人口性别比失衡的主要表现进行分析，再加上基于梯度偏好假设下对我国未婚人口的择偶拥挤状况的结构性分析和预测，可以看出在性别结构失衡的背景下，在城市中生活的青年与农村青年同样面临着择偶方面的诸多问题。以往研究可能更多关心的是农村地区，而忽略了在社会流动的背景下性别失衡对城市地区青年择偶的影响以及相关影响和后果的扩散问题。因此，本研究在问卷调查的设计上主要针对的是城市地区的青年，其中包括流动到城市里来打工的青年、因工作原因长时间定居在城市的青年以及本地城市的在职青年，研究的重点在于解释性别失衡对城市青年择偶所造成的影响及其内在机制。

一 相关概念的界定与澄清

本研究涉及两个核心概念：性别失衡和择偶；主要研究对象是：青年。鉴于学术界对于这些概念存在多种说法，且认识不一。因此，需要进行界定与澄清。

(一) 性别失衡及相关概念

性别失衡，亦即男女性别结构失衡，是指在某一特定范围内，男女两性在特定时期,所呈现出的结构上的不平衡。这种结构失衡集中表现为性别比的偏高或偏低。从其内涵上讲,主要是指男多女少或女多男少,即在某一特定范围内,男性数量多于女性或女性数量多于男性。从其外延而言,其中可以包括:不同行业、不同职业、不同地域、不同年龄、不同文化程度等多个方面的性别不平衡状况。目前,在中国的现实背景下,学者们所使用的性别失衡概念,大多指男性多于女性的状况。而本研究所指的性别失衡,不仅包括男多于女,而且包括女多于男的情况。例如,在某些特定行业,男性数量多于女性,而在另外一些行业,女性数量多于男性,我们将其统称为行业性别失衡。此外,还有地域性别失衡、年龄组性别失衡、学历性别失衡,等等。因此,在本研究中,性别失衡是包含了"男多于女"和"女多于男"两个方面的定类变量,而非特指男性数量多于女性。

与"性别失衡"相关的几个概念,包括性别比、出生性别比和出生性别比失衡、婚龄性别比和婚龄性别比失衡,在此,也需要对其予以明确和说明。

性别比通常定义为某一特定范围人群在特定时期内(如一年),男性数量与女性数量的比值。

出生性别比,是一种比较常用的性别比指标,即每百名出生女婴对应的出生男婴数,或出生男婴数量与女婴数量的比值。一般认为,通常情况下,每出生100名女婴对应出生的男婴数量在102~107之间,低于或高于均属于异常。目前,人口学界所使用的"出生性别比失衡"大多是指出生性别比偏高,即出生男婴数量多于女婴的情况。为了能够更好地与学界相关研究进行对话和交流,本研究在使用"出生性别比失衡"这一概念时,沿用学界的习惯叫法及其内涵。

婚龄性别比,相比较出生性别比而言,这个概念所指涉的内涵是在变动之中的。由于受到各种因素的影响,人们的结婚年龄差距并非固定不变,反而波动范围较大。因此,本研究通过问卷调查的方式,得到青年在择偶年龄梯度范围上的偏好,同时借鉴国内学者对择偶梯度进行实证研究的结论[1],

---

[1] 易松国:《从择偶坡度分析城市女性的婚姻挤压——以深圳市为例》,《湖南师范大学社会科学学报》2008年第3期;该项研究指出,在年龄坡度范围上,男性一般选择比自己小2~5岁的女性,也可以选择小10~30岁的女性;女性一般选择比自己大3岁左右的男性,也有一些愿意嫁给比自己大20甚至40岁的丈夫。

将婚龄差距界定在男女相差 5 岁的范围之内,即"男比女大 5 岁~女比男大 5 岁"之间。本研究所用到的"婚龄性别比失衡",其内涵既包含了男性多于女性的情况,同时也包含了女性多于男性的情况。鉴于本研究在前面章节已专门对婚龄性别比失衡的主要表现做了分析,因此,在这里,婚龄性别比失衡主要包括行业、地域、年龄组和学历等四个维度,每个维度又分别包含着"男多于女"和"女多于男"两个方面。

(二) 择偶及相关概念

"择偶",是指男女青年在进入婚姻之前,受一定的观念影响,秉持一定的标准和条件,通过各种方式所进行的选择配偶的活动与行为。"择偶问题"则是指人们在择偶过程中所表现出来的异常择偶状况,以及在实现其择偶活动与行为过程中出现的异常现象,在某种意义上,择偶问题通过择偶模式上的变化表现出来。目前,学界对择偶模式界定尚无定论。多数关于择偶模式的研究,主要介绍的是择偶方式或途径、择偶观念、择偶标准等方面的内容。郭显超的研究认为,"择偶模式是指选择配偶过程的行为特征,包括择偶途径、择偶目的、择偶范围、择偶标准和择偶难易程度五个方面"。[①] 也有研究将择偶模式等同于婚配模式,认为包括同类匹配模式、梯度错位模式、资源交换模式以及网络选择模式等。本研究所使用的"择偶模式"概念,不仅区别于婚配模式,而且与以往的研究有所不同。在郭显超研究的基础上,本研究对择偶模式所包含的内容做了进一步扩充,其中包括了择偶时间、择偶形式、择偶途径、择偶条件、择偶标准、择偶地域范围、择偶参谋、择偶难易程度以及择偶结果等多个方面。而性别失衡对城市青年择偶的影响就体现在性别失衡影响下的城市青年择偶模式变化之中。

其中,择偶时间指的是青年对恋爱和结婚在时间上的一种认识或观念,如合适恋爱年龄、合适结婚年龄、自身理想婚龄等;择偶形式是指为了实现择偶活动或行为所借助的媒介或手段,如婚姻介绍所、电视相亲、

[①] 郭显超:《青年农民工的社会资本对择偶模式的影响研究——以成都市为例》,《西南财经大学博士论文》,2013。

网络交友、广告征婚、大型相亲会等；择偶途径是指择偶者在择偶过程中所利用的各种途径或方式，通过这些途径或方式便于择偶者成功选择到配偶，如：在一个单位工作、偶然机会相识、原来的同学或同事朋友介绍、父母或家人介绍、工作关系认识、从小就认识、通过互联网认识、通过婚介介绍、通过电视相亲节目认识、通过相亲会认识，等等；择偶条件是指择偶者在选择配偶时自身所具有的条件与状况，如择偶者个人的身材、相貌、健康、学历、职业、经济收入、能力以及父母社会经济地位等；择偶标准是指择偶者在选择配偶时对对方所具有条件的要求，如对配偶的身材、年龄、人品、相貌、职业、收入、住房、户口、孝顺、婚史、责任心、事业心、家庭背景、两人感情、能力才干、身体健康、性格脾气、气质修养、文化程度、生活习惯等多个方面的要求，由于受到各种因素的影响，人们的择偶标准会不断发生变化；择偶地域范围是指择偶者在选择配偶时倾向于选择哪一类地域的人作为其配偶，也称择偶半径，是人们在择偶方面的一种地域偏好，如：乡村、镇、县城、城市等；择偶参谋是指择偶者在选择配偶时倾向于找什么人来进行商量或帮忙做决定，是人们在择偶时商量对象方面的一种选择偏好，其中包括：父母、兄弟姐妹、其他亲戚、同事、同行、老师、同学、朋友等；择偶难易程度是指择偶者在择偶过程中是否能够感受到压力或烦恼，在本研究中，具体指的是在性别失衡的特定背景下，人们对于周围大龄未婚青年多少的主观感受以及自身是否面临或曾经面临客观的择偶困难；择偶结果是指择偶者通过各种途径方式所达到的目的与结果，在本研究中是指择偶者有或没有对象的状态。

（三）青年范围的界定

"青年"，在不同国家、不同社会环境中，其含义也各不相同。随着政治、经济、社会、文化、环境的变迁，其内涵一直处于变动之中。对于青年的界定主要的依据标准是年龄。但在年龄界限的划分上，各个组织或机构又有着不同的区间划分。联合国于1985年首次将青年界定为"15~24岁之间的人"；世界卫生组织则把青年界定为"14~44岁的人"；联合国教科文组织将"14~34岁的人"定为青年；我国国家统计局是以"15~34

岁的人"为青年；中国共青团则界定青年的年龄范围是"14~28岁"；青年联合会则将"18~40岁"定为青年年龄范围；而港、澳、台地区则是以"10~24岁"为青年的年龄界限。[①]

本研究中所用到的"青年"是指年龄在 18~35 岁（本研究特指那些出生于 1978~1995 年）之间的个体。之所以做出这样的界定，主要是基于以下考虑：一是学界公认或认可度较高；二是便于利用统计数据，与统计数据中的划分保持基本一致，以利于作对比分析，例如在"六普"数据中，年龄段的划分即为：16~19 岁、20~24 岁、25~29 岁、30~34 岁，因此，本研究主要选取了 16~34 岁的数据作为参照和进行对比分析；再加上，本研究的重点研究对象是城市在职青年，考虑到 18 岁是我国目前公认的成人年龄标志，也是单位能够合法雇佣进行工作的年龄，因此将本研究中所称青年的下限定为了 18 岁，而 35 岁也是多数社会公众能够接受或认可的青年的年龄上限。

二 研究的基本逻辑思路

要研究性别失衡对城市青年择偶的影响及其影响机制，必须要理顺本部分的基本研究逻辑。由于人们的惯常思维定式可能会造成对于本部分的研究出现一些误解，因而有必要专门对此进行解释与澄清。

（一）核心概念解释

在进行逻辑推理之前，首先我们要对性别失衡和择偶两个核心变量，进行一些基本的解释。

性别失衡是一个宏观的人口结构背景，是一个总体概念，如同其他众多的社会结构背景因素（如社会流动）一样，实证研究者无法将其直接作为一个社会学变量开展研究。因而，从实证研究的角度，对其进行概念的操作化是一件非常具有难度的工作。鉴于此，本研究只好选择了退而求其次的操作化方法，把性别失衡这一结构性因素转化到性别失衡表现最为集中的群体上。即通过将性别失衡这一总体性的概念操作化成为行业、地

[①] 许菊香：《国内外青年婚恋研究综述》，《铜陵学院学报》2012 年第 4 期。

域、年龄组和学历性别失衡等不同维度，进而选择行业、地域、年龄和学历等变量和指标，通过不同行业、地域、年龄和学历群体的性别结构失衡情况来反映和测量性别失衡这一总体概念。而这种群体性别失衡的特征或维度的确定，是通过对大量人口统计资料的分析和研究加以确定的。在这里，性别失衡的概念不同于出生性别比失衡，而更加侧重的是婚龄人口性别比失衡，因为婚龄人口性别比失衡的后果能够更加直接地反映在对青年择偶的影响上。通过对我国婚龄人口性别比失衡的主要表现进行分析，我们确定了性别失衡的四个维度，即：行业、地域、年龄组和学历性别失衡。尽管这种操作化可能会受到一定程度的质疑，但目前学术界尚未给出更好的操作化办法。

青年择偶问题是一个较为笼统的概念。对于这一概念的内涵，学术界并无统一认识，但大多是围绕在择偶过程中所出现的、与择偶相关的问题或现象来进行研究。鉴于此，本研究在吸收借鉴前人研究成果的基础上，更倾向于将其理解为一种在择偶过程中出现的异常现象。因此，对这一概念进行操作化，就围绕着择偶这一事件，贯穿择偶的整个过程，从多个不同的方面对其进行研究。

(二) 逻辑推理过程

本研究认为，性别失衡对城市青年择偶既有直接影响，又有间接影响。但在不同择偶理论的假设前提下，性别失衡是如何影响到城市青年择偶的，需要进行一番逻辑推理。图5-1是本研究在同类匹配理论和择偶梯度理论假设下，所进行的逻辑推理过程。按照研究的理论假设和基本逻辑，推理过程分为了三个阶段。

1. 推理阶段一

逻辑前提一：择偶的同类匹配、梯度理论等对我国青年择偶现实具有解释力。

逻辑前提二：婚龄性别结构失衡集中表现在行业、城乡、年龄、学历上。

对于上述两个基本的逻辑前提是否成立，前提一已有的研究（如风笑天、李煜、张翼等人的研究）给我们提供了较好的证明，前提二本研究已经在前面的章节中对其进行了专门论证。

由此，我们可以做出如下推理：

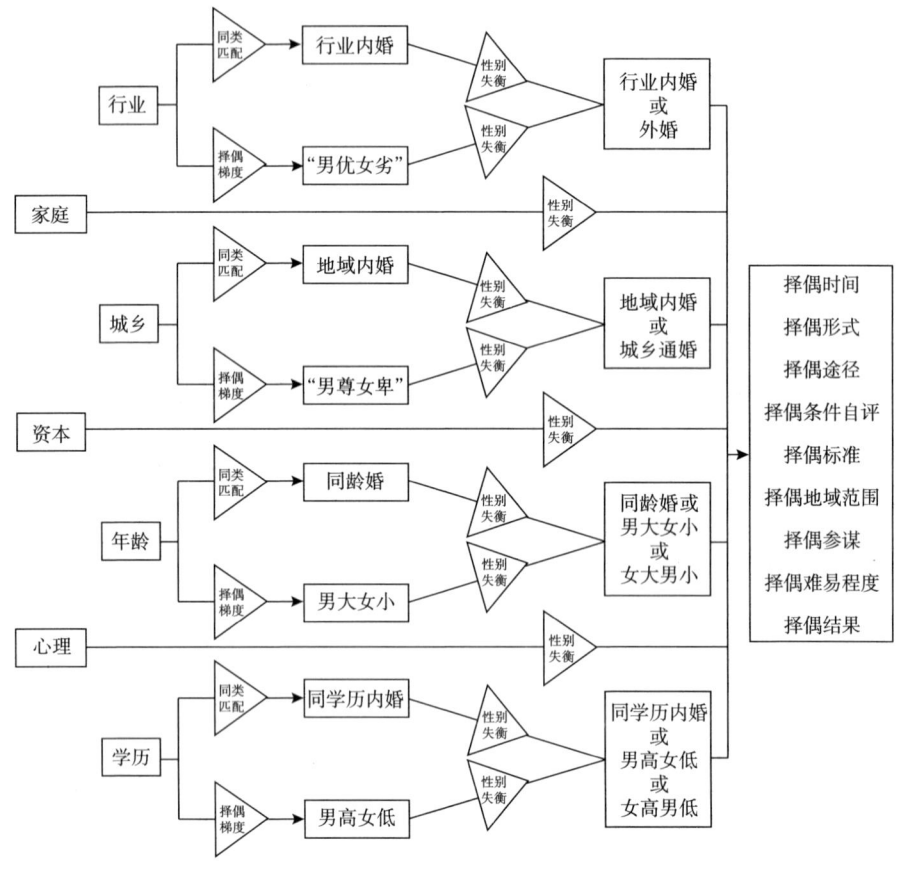

图 5-1　基于不同择偶理论假设的逻辑推理过程

从行业的角度而言，按照同类匹配理论的思路，人们可能会倾向于在本行业内部寻找配偶，但由于受到行业性别结构失衡的影响，人们可能会不得不选择到所在行业外部去寻找对象或者选择单身。而按照择偶梯度理论的假设，人们会倾向于在不同等级的行业①之间进行择偶，可能的情况包括："优势行业→一般行业"、"一般行业→劣势行业"、"优势行业→劣

---

① 由于在现实社会生活中不同行业所具有的社会声望不同，在社会分层体系中所处的位置也不相同，因此，本研究假设可以大致把行业"从优到劣"分为三个不同的等级：优势行业，一般行业，劣势行业。

势行业";但在"男高女低"的基本模式下,由于受到行业性别结构失衡的影响,男多女少的行业若是优势行业或一般行业,则多出的优势男或一般男可以按照择偶梯度的假设寻找对象,但若是劣势行业,则劣势男则有可能被迫单身,女多男少的行业若是优势行业,优势女则可能被迫单身,若是一般或劣势行业,一般女或劣势女可以按照择偶梯度的假设寻找配偶。

从城乡背景的角度而言,按照同类匹配理论的思路,人们会倾向于在各自所属的地域内部寻找伴侣,即"城市→城市"、"镇或县城→镇或县城"、"农村→农村",但由于受到地域性别结构失衡的影响,人们可能会选择城乡通婚或被迫单身。而按照择偶梯度理论的假设,人们可能会在不同等级的地域[1]之间进行择偶,可能的情况包括:"城市→镇或县城"、"镇或县城→农村"、"城市→农村",但在"男高女低"的基本模式下,由于受到地域性别结构失衡的影响,男多女少的地域若是镇或县城,则多出的男性可以选择到农村去寻找对象,若是农村,则多出的男性可能会被迫单身,女多男少的地域若是城市,则多出的女性可能会被迫单身。

从年龄的角度而言,按照同类匹配理论的思路,人们会倾向于在同龄人中选择配偶,即"同龄"择偶,但由于受到年龄性别结构失衡的影响,人们可能会选择梯度择偶或被迫单身。而按照择偶梯度理论的假设,人们可能会在不同年龄或年龄组[2]的人群中寻找对象,在"男高女低"的基本模式下,可能的情况包括:"高龄→中龄"、"中龄→低龄"、"高龄→低龄",但由于受到年龄性别结构失衡的影响,男多女少的年龄或年龄组,多出的大龄男或中龄男可以按照择偶梯度假设寻找配偶,而多出低龄男则被迫等待进入下一阶段的择偶过程,由此可能会导致婚龄推迟,女多男少的年龄或年龄组,多出的大龄女则可能被迫单身,而中龄或低龄女则可以按照择偶梯度的假设选择配偶。

---

[1] 由于在我国城乡二元结构差异较为明显,城市、镇或县城和农村在社会发展程度上具有一定的差异,因此,本研究假设也可以把地域"从高到低"分为三个不同的等级:城市、镇或县城、农村。

[2] 由于本研究所关注的城市在职青年的年龄范围是18~35岁,因而将其"由高到低"划分为了三个不同的年龄组:30~35岁、24~29岁、18~23岁。

从文化程度的角度而言，按照同类匹配理论的思路，人们会倾向于在同一文化程度的人群中寻找伴侣，即"同学历层次"择偶，但由于受到学历性别结构失衡的影响，人们可能会选择梯度择偶或被迫单身。而按照择偶梯度理论的假设，人们可能会在不同层次文化程度[①]的人群中选择配偶，在"男高女低、大多低一层"[②]的基本模式下，可能的情况包括："研究生→本科"、"本科→大专"、"大专→高中或中专"、"高中或中专→初中"，但由于受到学历性别结构失衡的影响，男多女少的学历层次中，多出的高学历或较高学历的男性可以按照择偶梯度假设寻找配偶，而多出的低学历男则可能被迫单身，女多男少的学历层次中，多出的高学历女性则可能被迫单身，而较低学历或低学历的女性可以按照择偶梯度的假设选择对象。

由此，我们可以得到基本的推理结论，即：第一，在行业性别结构失衡的影响下，同类匹配理论的解释力可能会降低，择偶梯度理论的解释力可能会增强，行业内部与行业间的通婚模式将并存，劣势行业的部分男性和优势行业的部分女性可能会被迫单身；第二，在地域性别结构失衡的影响下，同类匹配理论的解释力可能会降低，择偶梯度理论的解释力可能会增强，相同地域内部与城乡通婚的婚配模式将并存，农村的部分男性和城市的部分女性可能会被迫单身；第三，在年龄性别结构失衡的影响下，同类匹配理论的解释力可能会降低，择偶梯度理论的解释力可能会增强，同龄择偶与年龄梯度择偶模式将并存，大龄女性可能会被迫单身，低龄男性可能会推迟婚龄；第四，在学历性别结构失衡的影响下，同类匹配理论的解释力可能会降低，择偶梯度理论的解释力可能会增强，同学历择偶与学历梯度择偶模式将并存，低学历的部分男性和高学历的部分女性可能会被迫单身。

总之，在性别失衡的影响下，同类匹配理论的解释力可能会降低，择偶梯度理论的解释力可能会增强，行业内部与行业间的通婚模式、相同地域内部与城乡通婚的婚配模式、同龄择偶与年龄梯度择偶模式、同学历择

[①] 由于本研究所关注的城市在职青年中文化程度低于初中的很少，因此，将文化程度"由高到低"分为了五个层次：研究生及以上、本科、大专、高中或中专、初中及以下。

[②] 风笑天：《谁和谁结婚：大城市青年的婚配模式及其理论解释》，《广西民族大学学报（哲学社会科学版）》2014年第4期。

偶与学历梯度择偶模式将并存，劣势行业男、优势行业女、农村男、城市女、低龄男、大龄女、低学历男、高学历女的择偶可能会受到影响。诚然，以上结论的得出仅仅是通过逻辑推理所得到的，现实生活中的真实情况如何，还有待验证。

2. 推理阶段二

逻辑前提三：人们在择偶时间、地域范围、形式与途径、条件与标准等方面存在着一定的规律性，会形成一定的模式，而这些模式的形成会影响到人们对于择偶难易程度的判断以及他们最终的择偶结果。

逻辑前提四：不同行业、城乡、年龄、文化程度的人有着不同的择偶模式。

对于上述两个逻辑前提是否成立，前提三本研究通过问卷调查的实证研究方式对其加以分析与证明，前提四本研究在问卷调查数据结果的基础上进行详细的分析，并加以论证。

基于推理阶段一所得到的基本结论，结合第二个推理阶段的两大前提，可以做出如下推理。

从行业的角度而言，行业内部与行业间的通婚模式并存，而不同行业的人又有着不同的择偶模式，这就可能会使得不同行业的人们在择偶形式的接受上产生差异，对于择偶途径的选择会有所不同，与此同时人们在择偶时由于面对的择偶对象不同，对自身择偶条件的评价也不尽相同，而择偶标准也会有所不同或随之发生改变。在这种情况下，人们的择偶时间会受到影响，择偶的范围也会随之扩大。旧有的择偶模式发生变化，在一定程度上也可能会影响到不同行业人群对于择偶难易程度的判断以及他们最终的择偶结果。

从城乡背景的角度而言，相同地域内部与城乡通婚的婚配模式并存，尤其是城乡通婚可能会相比较以往而言更加盛行，而不同地域的人们又有着不同的择偶模式，这就可能会使得不同地域的人们在择偶形式的接受上有差异，对择偶途径的选择也会不同。再加上，城乡通婚意味着二元结构的调和，不同地域的人在择偶条件自评上自然会大不相同，而择偶的标准上也会随之发生变化。这在无形之中就拉长了人们的择偶时间，城乡通婚本身也扩大了人们的择偶地域范围。诚然，旧有择偶模式的变化，也会影响到不同地域人群对于择偶难易程度的判断以及他们最终的择偶结果。

从年龄的角度而言，同龄择偶与年龄梯度择偶模式并存，尤其是年龄梯度择偶可能会相比较以往而言更加流行，而不同年龄或年龄阶段的人们又有着不同的择偶模式，这就可能会使得不同年龄段的人们在择偶形式的接受上有所不同，择偶途径的偏好上也会有所差异。尤其是年龄梯度择偶是不同年龄青年的结合，他们在择偶条件自评以及择偶的标准上自然会有所差异，这种磨合的过程，自然也会延长了他们的择偶时间，扩大他们的择偶范围。此外，旧有择偶模式的变化，自然可能也会影响到不同年龄或年龄组人群对于择偶难易程度的判断以及他们最终的择偶结果。

从文化程度的角度而言，同学历择偶与学历梯度择偶模式并存，尤其是不同学历层次的夫妇组合模式会相比较以往而言更有可能成为现实，而不同文化程度的人们又有着不同的择偶模式，这就可能会使得不同文化程度的人们在择偶形式的接受上有所不同，择偶途径的偏好上也会不尽相同。再加上，不同学历层次的青年受到的文化教育程度不一，使得他们在自身择偶条件评价以及配偶的选择标准上自然会有所差异。受教育程度越高，可能其择偶时间和范围越会受到影响。当然，旧有模式的变化，自然可能也会影响到不同文化程度人群对于择偶难易程度的判断以及他们最终的择偶结果。

总之，我们可以通过推理得到以下基本结论：性别结构失衡可能会通过行业、城乡、年龄、文化程度等因素，影响到人们对择偶形式的接受、择偶途径的偏好、自身择偶条件的评价、配偶的选择标准、择偶时间和范围以及对择偶难易程度的判断与最终择偶结果。

3. 推理阶段三

逻辑前提五：不同行业、城乡、年龄、文化程度的人们，在择偶时会不同程度地受到家庭、资本、心理等因素的影响。

逻辑前提六：家庭、资本、心理等因素会对城市青年择偶产生不同程度的影响。

对于上述两个逻辑前提是否成立，本研究在后续的章节中加以分析与论证。

基于前面两个推理阶段所得到的结论，结合上述两个逻辑前提，我们可以做出如下推理。

从行业和地域的角度而言，青年在不同的行业工作，具有不同的城乡背景，在一定意义上会受到不同家庭背景及其所拥有的社会经济资本的影响，因而青年所在行业不同、城乡背景不同，其所做出的父母家庭背景自评、所拥有社会经济资本也会有所不同。父母家庭背景不同，所拥有的社会经济资本不同，对青年的择偶形式、择偶途径、择偶条件评价等都可能会产生不同程度的影响。因此，在性别结构失衡的影响下，可能会加大父母家庭、社会经济资本对于子女择偶的影响力度，在择偶形式上青年可能会更加倾向于接受父母所认可、能够更直观展示社会经济资本的相亲会，在择偶途径上可能会更加倾向于依靠父母或他人介绍，在择偶条件评价上也可能会有不同的自评结果。

从年龄和文化程度的角度而言，不同年龄和文化程度的青年，其社交心理成熟程度不同。在性别结构失衡的影响下，可能会加重社交心理因素对城市青年择偶的影响和约束程度。因此，青年在择偶形式上，性别失衡的影响作用越大、社交焦虑程度越高的青年可能越不接受相亲的形式，而性格特征自评越好的青年可能越能够接受相亲会；在择偶途径上，社交焦虑程度越高的青年可能越倾向于靠他人介绍，而性格特征自评越好的青年可能越倾向于自己认识；在择偶条件自评上，社交焦虑程度越高的青年可能越倾向于做出越差的自评结果，而性格特征自评越好的青年可能更倾向于做出越好的自评结果。

总之，不同行业、地域、年龄和文化程度的青年，其父母家庭背景、社会经济资本、社交心理因素也不相同。在性别结构失衡的影响下，这些因素会进一步加重其对城市青年择偶的影响，换句话说，即性别结构失衡可能会通过父母家庭影响、各类资本力量、心理因素作用等内在机制对城市青年择偶产生间接影响。

综述所述，按照以上三个阶段的基本逻辑，本研究做的工作主要集中在以下几个方面：第一，对性别结构失衡在行业、地域、年龄、学历等方面的集中表现进行分析与论证，用数据资料证明我国的确存在行业性别结构失衡、地域性别结构失衡、年龄性别结构失衡和学历性别结构失衡，以证明逻辑前提二有效成立；第二，对城市青年在择偶时间、地域范围、形式与途径、条件与标准以及对择偶难易程度的判断和最终的择偶结果的基本情况进行描述与分析，揭示不同行业、地域、年龄、文化程度城市青年择偶的规律性特点，以证明逻辑前提三、四有效成立；第三，对性别失衡通过行业、地域、年龄、文化程度对城市青年择偶产生直接影响加以验证，同时也要验证父母家庭、各类资本、心理因素等影响机制在性别失衡对择偶模式影响模型中的有效性，以证明逻辑前提五、六的有效成立。只有完成了上述工作，才有可能得出本研究的最终结论。

三 具体研究思路与方法

（一）具体思路

通过对研究的基本逻辑进行分析以及对所需完成论证工作的确定，本研究的具体思路便是围绕基本逻辑和主要论证工作来开展与进行。研究的具体思路是：首先，根据对人口普查数据资料分析得到的性别失衡主要表现特征，选择其中可以具体操作的变量，结合对南京大型相亲会的实地研究和分析结论，找出在现实生活中可以进行调查的行业和人群，作为问卷调查方案制定的依据。然后，结合统计资料分析和实地研究结果，确定问卷调查的行业类别、地区和群体，进行抽样设计，制定具体的问卷调查方案，进而展开问卷调查，在现实生活中，寻找经验证据。最后，运用统计软件对数据进行统计分析，用调查数据结果来验证性别失衡对城市青年择偶所造成的影响及其内在机制。

（二）具体方法

在调查研究中，主要运用的是自填问卷法。运用自填问卷法，主要是为了回答性别结构失衡对城市青年择偶产生了哪些方面的影响以及如何产生影响这两个问题。通过将相关概念进行操作化，将所关心的变量和指标转化为若干个问题，由被访者进行填答，并将答案汇总进行统计分析，能够实现这一目的。

鉴于本研究的调查对象选择的是18～35岁的城市在职青年，多数被访者具有一定的文化程度，能看懂问卷并理解问题及答案的含义，且能够以正确的方式填答问卷，再加上由于婚恋择偶的问题有些涉及被调查对象的态度与观念，甚至隐私，因此，采用自填问卷法最为合适。一方面，可以收集到想得到的数据资料；另一方面，还可以避免直接面对面询问其婚恋态度与观念所带来的不便与尴尬，从而得到更为真实有效的信息。

使用自填问卷法，在具体的操作过程中，分别采用了个别发送法和集中填答法，其中以个别发送法为主。针对多数单个的调查对象，本研究采用的是个别发送法，也就是通过将调查问卷一份份地发放到调查对象手中，并按时回收来实现。而在个别单位如某个学校、医院进行调查时，便于将调查对象进行集中时，采用的是集中填答法。

四 问卷调查的实施

本部分研究所采用的数据是课题组于 2014 年 3～5 月在江苏南京、河北保定两地针对"教育业、卫生和社会工作、公共管理和社会组织、住宿餐饮业、批发零售业"等 5 大类行业 18～35 岁的 957 名城市在职青年所进行的"青年发展状况"问卷调查数据。

需要说明的是，本研究尽管选择的是南京和保定两个城市作为调查地，但调查所针对的人群并非是南京市和保定市的户籍人口或常住人口，而是在南京和保定两城市工作的在职青年，这些青年中既包括了南京和保定周边地区的进城务工青年，也包括了从其他省份流入当地的流动青年，还包括了当地城市青年，等等。因此，这些青年身上所带有的群体特征，并非只有南京和保定的本土特征。基于目前性别失衡在全国范围内的影响是普遍的、全面的基本认识，只是在一些地区影响程度深，有些地区影响程度浅。因而，选择南京和保定两地作为调查地，分别代表南方地区和北方地区的城市青年，在一定程度上也能够解释性别失衡对城市青年择偶的影响问题。再加上，本研究在城市地区开展问卷调查，目的并非在于描述，而是在于解释。因此，在城市地区，更具有操作性的方案是在性别失衡行业中选取调查对象，这也是本部分的研究重心所在。

此次问卷调查的行业主要选择的是"教育业、卫生和社会工作、公共管理和社会组织、住宿餐饮业、批发零售业"等 5 大类行业。之所以选择这 5 类行业，一方面是基于对全国 20 大类行业性别失衡状况的研究结果以及对于南京大型相亲会进行实地访谈的研究发现,另一方面也是出于研究经费、课题组的研究时间、精力以及问卷调查的可操作性等方面的考虑。

(一) 抽样设计

样本的抽取采用的是立意抽样。本研究是在前期对于大量的人口统计数据资料分析和大型相亲会实地研究的基础上所进行的,研究者对于研究对象的可能状况,已经有了一个初步的基本判断,需要在现实生活中通过问卷调查的方式加以验证。因此,从本质上讲,样本的抽取是非随机的。但为了能够使得样本在更大程度上代表所选取的5大类行业的总体状况,在实施过程中,问卷调查尽可能做到在立意基础上的随机,以保证样本对于5大类行业更大程度上的代表性。具体而言,研究过程中采用的是多阶段分层整群抽样的方法。具体抽样程序如下。

首先,城区的抽取。在南京和保定两个城市分别简单随机抽取3个城区。

其次,单位的抽取。分别根据5大行业类别,进行分类抽取。由于行业类别的不同,有的单位规模较大,有的单位规模较小,为了更大程度地增加样本的代表性,部分行业在抽取具体单位时,又进行了分层抽样。例如,教育业,在所抽取到的城区内,以区教育局提供的所有教育单位名单为抽样框,简单随机抽取小学、初中、高中和大学等单位,城区内无相关单位的(如城区内无大学),在其他城区抽取时,优先抽取进行补充;卫生和社会工作,根据区卫生局提供的所有医院和卫生服务中心名单,简单随机抽取三甲医院、二甲医院、卫生服务中心等单位,城区内无相关单位的(如城区内无三甲医院),在其他城区抽取时,优先抽取进行补充;公共管理和社会组织,该行业单位的调查以区政府和街道办事处为主,即在所抽取的三个城区内,分别简单随机抽取1个区政府,2~3个街道办事处;餐饮住宿业,根据"去哪儿"网上搜集到的所有酒店或餐厅名单,简单随机抽取五星级、四星级、三星级、无星级酒店或餐厅等单位,城区内无相关单位的(如城区内无五星级酒店),在其他城区抽取时,优先抽取进行补充。而批发零售业,由于其行业特点与其他行业不同,此次调查所采取的抽样方法直接采用简单随机抽样,在城区内选择繁华地段,例如某某步行街或某某市场，对步行街或市场内的零售店面进行逐一访问。

最后，调查对象的选取。对于教育业、卫生和社会工作、公共管理和社会组织以及部分住宿餐饮业的单位（如五星级、四星级酒店），调查对象的选取由调查单位协助完成。在调查进行前，与单位的负责人进行沟通，告知调查目的，说明调查对象要求，即"1979年至1996年出生的在职青年，不论性别、文化程度、婚姻状况，尽可能调查到现在单位上班的所有年轻人"，尽可能做到整群抽取。而对于批发零售业和部分住宿餐饮业的单位（如无星级的餐厅），由负责人直接选取，即对所选取的步行街或市场内的零售店面中所有符合年龄要求的青年全部进行调查。对于规模较大的商场，则采取系统抽样的方法，即进门后从左手边开始，每隔2家调查1家。

（二）调查的组织与开展

此次调查资料收集尽可能采取的是"现场发放问卷，当场填答，当场回收"的方式；部分不能集中填答的单位，则采取了"现场发放问卷，约定时间回收"的方式。调查采用的是自填式问卷，问卷填答的时间约为15~20分钟。调查中，共计发放调查问卷1200份。考虑到城市人口规模因素，在实际调查中，南京比保定问卷调查的规模也稍大。其中，南京700份（每个行业140份），保定500份（每个行业100份），实际回收有效问卷1028份，有效回答率为85.7%。剔除漏答或拒答年龄信息、性别信息、婚姻状况信息以及部分填答不完整、经审核存在胡乱填答嫌疑的问卷后，实际纳入数据库进行分析的问卷为957份。

（三）样本基本情况

问卷调查样本数据的基本情况显示（见表5-1）：出生地为乡村的被访青年约占到44.3%，比城市的比例略高，可见此次调查样本较为符合原初的设计，即可能有大量的农村青年进城务工，并接受了此次调查。从样本的性别和年龄分布上看，24~29岁和30~35岁的青年占比较高，女性较多，这也正是本部分研究的重点人群。从行业分布上看，5大行业类别的在职青年分布较为均匀，教育业稍高，而卫生和社会工作略低。从文化程度而言，此次调查到的样本中，本科文化程度的青年比例较高，这也比较符合研究的设计和预期，高学历人群也恰恰是本部分研究的重点所在。

表 5-1　城市在职青年问卷调查样本基本情况

(n=957)

变量	类别	人数（人）	比例（%）	变量	类别	人数（人）	比例（%）
城市	南京	523	54.6	行业	批发零售业	192	20.1
	保定	434	45.4		住宿餐饮业	171	17.9
出生地	乡村	423	44.3		教育业	228	23.8
	镇或县城	182	19.1		卫生和社会工作	147	15.4
	城市	350	36.6		公共管理	219	22.9
年龄	18~23岁	191	20.0	文化程度	初中及以下	116	12.1
	24~29岁	423	44.2		高中或中专	141	14.7
	30~35岁	343	35.8		大专	201	21.0
性别	男	282	29.5		本科	406	42.5
	女	675	70.5		研究生及以上	92	9.6
政治面貌	中共党员	269	28.4	是否独生	独生子女	443	46.4
	民主党派	10	1.1		非独生子女	512	53.6
	共青团员	285	30.1	婚姻状况	未婚	433	45.3
	群众	384	40.5		已婚	522	54.7

说明：因为在答卷中，有漏填、拒答的情况，所以出现了比957少的状况。下同。

第六章　城市青年择偶基本图景

为了全面、深入研究和分析城市青年面临的择偶问题，在问卷设计中，笔者将"择偶模式"这一概念进行了操作化，分择偶时间、择偶形式、择偶途径、择偶条件自评、择偶标准、择偶参谋、择偶地域范围等多个方面，分别用不同的变量和指标来进行测量。

其中，择偶时间包括"合适恋爱年龄（男）"、"合适恋爱年龄（女）"、"合适结婚年龄（男）"、"合适结婚年龄（女）"以及"自身理想结婚年龄"等5个指标；择偶形式包含"婚姻介绍所、广告征婚、网络交友、电视相亲、大型相亲会"等5个不同取值；择偶途径包含"在一个单位工作、偶然机会相识、原来的同学、同事朋友介绍、父母或家人介绍、工作关系认识、从小就认识、通过互联网认识、通过婚介介绍认识及其他"等10个不同取值；择偶条件自评主要包括"相貌、身材、健康状况、学历、职业、经济收入、脾气性格、事业发展潜力、家务操持能力、父母社会经济地位、综合条件"等11项目，分别用"很差"、"较差"、"一般"、"较好"和"很好"等5不同取值来进行测量；择偶标准包括"身材、年龄、人品、相貌、职业、收入、住房、户口、孝顺、婚史、责任心、事业心、家庭背景、两人感情、能力才干、身体健康、性格脾气、气质修养、文化程度、生活习惯及其他"等21个不同取值；择偶参谋包含"父母、兄弟姐妹、其他亲戚、同事、同行、同学、老师、朋友、其他及自己决定"等10个不同取值；择偶地域范围包含"农村、镇、县城（包括县级市)、城市（地级市及以上）及其他"等 5 个不同取值。对此次问卷调查结果的分析，将主要围绕上述多个方面来进行。

一 择偶时间

择偶时间是青年择偶在时间或年龄上的一种期待、观念或认识。什么时间适合谈恋爱，什么时间适合结婚以及期望自己在多大岁数结婚，这些都属于青年择偶时间的范畴。一般而言，恋爱在前、结婚在后，恋爱年龄要早于结婚年龄，而理想结婚年龄与实际结婚年龄也存在着一定的差异，男女恋爱和结婚年龄也会有所不同。

此次调查结果显示，在青年眼里，女性平均合适恋爱年龄最小，男性平均合适结婚的年龄最大，这在一定程度上表明被访青年可能更能够接受女性要比男性早恋爱、早结婚，这与国家法律、政策规定[①]相一致；然而不一致的地方在于，国家法律规定的结婚年龄要远远低于被访青年所认可的合适结婚年龄。调查结果显示（见表 6-1），青年所认可的男性平均合适结婚年龄高于国家法定结婚年龄大约 5.3 岁，甚至还高于晚婚年龄大约 2.3 岁；而女性平均合适结婚年龄也高于国家法定结婚年龄，大约高出 5.37 岁。不分男女，被访青年的平均理想结婚年龄也处于较高水平。从各个指标的标准差以及值域来看，男性的合适恋爱年龄离散程度最高，女性的合适恋爱年龄值域范围最大，说明青年对合适恋爱年龄的看法较为多样化。

表 6-1 青年对择偶时间的描述性统计

择偶时间	N	平均数	中位数	众数	标准差	最小值	最大值
合适恋爱年龄（男）	914	23.47	24	25	3.152	14	35
合适恋爱年龄（女）	918	22.02	22	20	2.680	13	35
合适结婚年龄（男）	911	27.30	28	28	2.663	19	40
合适结婚年龄（女）	916	25.37	25	25	2.280	17	35
自身理想结婚年龄	840	26.55	26	25	2.539	20	40

通过对城市青年择偶时间的分析可以看出，在青年眼里，不论合适恋爱年龄还是合适结婚年龄，"男大女小"的梯度模式十分明显，由此可以

---

① 根据《中华人民共和国婚姻法》第六条的规定，男方结婚年龄不得早于 22 周岁，女方不得早于 20 周岁；现行计划生育政策鼓励晚婚，男年满 25 周岁、女年满 23 周岁的初婚为晚婚。

判断，青年可能更容易接受"男大女小"的年龄梯度模式，这也反映出择偶梯度理论可能在城市青年择偶时间上的解释力较强。

二 择偶形式

在择偶形式上，目前社会生活中存在着婚姻介绍所、广告征婚、网络交友、电视相亲、大型相亲会等多种形式。相对于婚姻介绍所、广告征婚等传统型的择偶形式而言，网络交友、电视相亲和大型相亲会等现代型的择偶形式不断涌现。随着计算机和网络技术的普及，网络交友逐渐进入了人们的视野，年轻人对于网络的熟练使用和依赖，使得他们在网络上交友的机会和可能性逐渐增大。而电视相亲节目的热播、一些大型相亲会的举办等，使得电视相亲和相亲会等择偶形式也得到人们的关注。然而，对于这些择偶形式，青年是否能够接受？

本次调查结果（见表6-2）发现，对于传统型的择偶形式，青年能够接受"婚姻介绍所"的比例要明显高于"广告征婚"，高出21.4个百分点；而对于现代型的择偶形式，"大型相亲会"的接受度最高，其次是网络交友，最后是电视相亲。总的来看，青年对于"大型相亲会"和"婚姻介绍所"这两种能够直接面对面的现实型择偶形式更为接受，而对于"网络交友"和"广告征婚"这两种虚拟型择偶形式的接受度相对而言较低。值得注意的是，"电视相亲"虽然也有面对面的成分在其中，然而电视相亲节目中蕴含了更多其他的因素（如表演的成分）在其中，因而并未能够得到更多青年的认可与接受。此外，值得关注的是，对于"网络交友"这种现代型、虚拟型的择偶形式，随着网络对现实生活的不断深度介入，以及网络与现实生活的沟通交融，这一择偶形式正在逐渐为青年所接受。

表6-2 青年对不同择偶形式能否接受的描述性统计

（n=957）

择偶形式	接受程度	频 数	有效百分比（％）	能接受度排序
婚姻介绍所	能	331	35.1	2
	不能	611	64.9	
广 告 征 婚	能	128	13.7	5
	不能	807	86.3	

续表

择偶形式	接受程度	频　数	有效百分比（%）	能接受度排序
网络交友	能	259	27.7	3
	不能	676	72.3	
电视相亲	能	174	18.6	4
	不能	760	81.4	
大型相亲会	能	332	35.4	1
	不能	607	64.6	

上述调查结果在一定程度上反映出，在性别失衡的背景下，青年对多样化的择偶形式逐渐有一个接受的过程。多种择偶形式的出现，在某种意义上或许也是对于性别失衡影响的一种应对。尤其是大型相亲会这一择偶形式，得到年轻人的认可，反映出了相亲会这种平台的重要性。

三　择偶途径

在择偶途径上，本研究将目前存在的两类10种途径纳入了研究视野，两类主要包括了自己认识和他人介绍。其中，"自己认识"主要包括：在一个单位工作、偶然机会相识、原来的同学、工作关系认识、从小就认识以及通过互联网认识；"他人介绍"主要包括：同事朋友介绍、父母或家人介绍、婚介介绍。在问卷设计中，还区分出了未婚青年和已婚青年的择偶途径，分别询问了"您和第一个男（女）朋友是如何认识的？"和"您和您爱人是如何认识的？"两个问题，选项中列出了10种择偶途径可供选择。

从298名未婚青年的回答上（见表6-3）来看，一半的被访者表示自己的第一个男（女）朋友是"原来的同学"，排在众多择偶途径的首位；其次是通过"偶然机会相识"，再次是通过"同事朋友介绍"。而"通过互联网认识"的，仅占3.4%，排在第7位。

表6-3　未婚青年择偶途径的描述性统计

（n=298）

择偶途径	频　次	比例（%）	排　序
在一个单位工作	29	9.7	4
偶然机会相识	37	12.4	2
原来的同学	149	50.0	1

续表

择偶途径	频次	比例（%）	排序
同事朋友介绍	32	10.7	3
父母或家人介绍	17	5.7	5
工作关系认识	13	4.4	6
从小就认识	7	2.3	8
通过互联网认识	10	3.4	7
其他	4	1.3	9

而从510名已婚青年的回答上（见表6-4）来看，排在第一位的是"同事朋友介绍"，约占29.2%，这一途径在进入婚姻中的重要性凸显了出来；其次是"原来的同学"，再次是"父母或家人介绍"。而"通过互联网认识"走进婚姻殿堂的，约占2.2%，尽管这一比例很低，但在一定程度上显示出了婚姻恋爱由虚拟世界走向现实生活的可能性。值得关注的是，在初恋时约一半的"原来的同学"，进入婚姻殿堂的比例大打折扣，这一结果与以往的研究结果较为一致。尽管本研究非追踪研究，但这样的统计数据所呈现出来的信息，也非常值得我们进一步深入思考和分析。

表6-4 已婚青年择偶途径的描述性统计

（n=510）

择偶途径	频次	比例（%）	排序
在一个单位工作	46	9.0	5
偶然机会相识	72	14.1	4
原来的同学	99	19.4	2
同事朋友介绍	149	29.2	1
父母或家人介绍	98	19.2	3
工作关系认识	25	4.9	6
从小就认识	5	1.0	8
通过互联网认识	11	2.2	7
通过婚介介绍认识	2	0.4	10
其他	3	0.6	9

在问卷设计中所问到的择偶途径是分婚姻状况的，而且题目中所列出

的择偶途径多达10项，这在一定程度上增加了后续分析的复杂性。为了便于进行更为深入的后续分析，需要将择偶途径进行分类整合。按照前述分类方法，将10种择偶途径中除"其他"以外的9种，概括为"自己认识"、"他人介绍"两大类。

由表6-5可见，在未婚青年的择偶途径中，"自己认识"的比例大大高于"他人介绍"，这表明未婚青年在恋爱的自主性上较强；而已婚青年的择偶途径中，"他人介绍"的比例与"自己认识"的比例相当，这在一定程度上反映出了已婚青年在婚姻的安排上有着很大的被动性。而从整体来看，801名全体青年被访者在择偶途径上，"自己认识"的比例要大大高于"他人介绍"，高出25.6个百分点，当然这一高出部分的比例主要来自未婚青年的"贡献"。

表6-5 整合后青年择偶途径的描述性统计

择偶途径	未婚青年（n=294）		已婚青年（n=507）		全体青年（n=801）	
	频次	比例（%）	频次	比例（%）	频次	比例（%）
自己认识	245	30.6	258	32.2	503	62.8
他人介绍	49	6.1	249	31.1	298	37.2

从上述对于择偶途径的分析结果，可以看出青年由未婚到已婚，由恋爱到婚姻，并不是一个全由自己做主的过程。已婚青年他人介绍比例大大高于未婚青年的事实，在某种程度上可能也是青年对结构因素对抗的一种无奈与妥协。

四 择偶条件自评

择偶条件，在这里是指青年对自己在择偶时自身条件的主观评价。在问卷调查中，共涉及了包括相貌、身材、健康状况、学历、职业、经济收入、脾气性格、事业发展潜力、家务操持能力、父母社会经济地位以及综合条件等11项条件的主观评价，评价级别从"很差"、"较差"、"一般"到"较好"、"很好"共分五个等级。

从表6-6的统计结果来看，被调查青年对自身条件的评价，大致呈正态分布。回答"一般"的所占比例最高，其次是"较好"和"很好"，再次是"较差",最后是"很差"。其中,在"很好"和"较好"中,健康状况的比例最高,其次是脾气性格,这表明,青年在这两个方面对于自身的状况有着较为自信的评价;而在"很差"中,分别排在前四位的是:经济收入、家务操持能力、事业发展潜力和父母社会经济地位。由于家务操持能力和事业发展潜力带有较为明显的社会性别色彩,在未做性别差异分析之前,不好做出笼统的判断,但可以看出的是有些青年在经济收入和父母社会经济地位上的评价较为不自信。

表6-6 青年对择偶时自身条件评价分布状况的统计

单位:%

自我评价 择偶时自身条件	很差	较差	一般	较好	很好
相貌	0.7	1.4	64.3	26.2	7.4
身材	0.6	3.1	59.8	27.9	8.5
健康状况	0.4	0.9	26.6	39.7	32.4
学历	0.9	3.8	55.7	31.5	8.2
职业	0.7	2.4	57.0	30.6	9.2
经济收入	2.2	6.5	59.7	24.3	7.2
脾气性格	1.2	4.6	39.2	36.4	18.7
事业发展潜力	1.6	4.3	53.0	29.2	11.9
家务操持能力	2.1	6.0	46.5	30.5	14.9
父母社会经济地位	1.5	6.6	64.5	21.8	5.6
综合条件	1.0	1.9	57.6	31.2	8.3

为了对各个择偶条件能够有一个更明确清晰的对比结果,以及进行后续的统计分析,权且将自评的五个等级转化为不同的分值。很差=1,较差=2,一般=3,很好=4,较好=5。由表6-7的结果,可以看出,青年在健康状况上的评价最为自信,评价分为4.03,其次是脾气性格(3.67),再次是家务操持能力(3.50)、事业发展潜力(3.46)、职业(3.45),评价分最低的是经济收入(3.28)和父母社会经济地位(3.23)。

表 6-7 青年对择偶时自身条件评价的描述性统计

择偶时自身条件	N	平均数	中位数	众数	标准差	方差	最小值	最大值	排序
相貌	943	3.38	3.00	3	0.676	0.457	1	5	9
身材	941	3.41	3.00	3	0.715	0.512	1	5	8
健康状况	941	4.03	4.00	4	0.814	0.662	1	5	1
学历	941	3.42	3.00	3	0.732	0.536	1	5	7
职业	941	3.45	3.00	3	0.726	0.527	1	5	5
经济收入	941	3.28	3.00	3	0.781	0.610	1	5	10
脾气性格	942	3.67	4.00	3	0.870	0.757	1	5	2
事业发展潜力	941	3.46	3.00	3	0.871	0.667	1	5	4
家务操持能力	940	3.50	3.00	3	0.892	0.796	1	5	3
父母社会经济地位	941	3.23	3.00	3	0.717	0.514	1	5	11
综合条件	926	3.44	3.00	3	0.714	0.510	1	5	6

五 择偶标准

在择偶标准的测量上，本研究借鉴了国内多项现有研究成果，结合对南京大型相亲会上择偶标准的内容分析结果，选取了 20 项青年在择偶时所看重的具体条件或要求，并设置了开放题目"其他"，进行了问卷调查。在问卷中，设置的问题是"人们选择对象时会考虑下列因素，您认为最重要的是哪些"。

调查结果显示（见表 6-8），948 名青年中，平均每人选择了 5.88 个择偶时会考虑的重要因素。其中，排在前五位的分别是人品、责任心、两人感情、性格脾气和孝顺，这五个因素的被选中次数占到总选次数的 44.0%，而平均选择这五项的人数也占到总人数的 51.7%，也就是说平均有一半以上的被访者在回答这一题目时选择了这五项因素，这在一定程度上反映了这五项因素在青年择偶时的重要性。

表 6-8 青年择偶标准的描述性统计

（n = 948）

择偶标准	个案百分比（%）	排 序
身 材	20.1	14
年 龄	27.6	9
人 品	73.3	1

续表

择偶标准	个案百分比（%）	排　序
相　貌	26.9	10
职　业	34.9	6
收　入	28.3	8
住　房	21.4	13
户　口	4.9	20
孝　顺	44.7	5
婚　史	14.3	18
责任心	48.9	2
事业心	25.4	11
家庭背景	17.3	16
两人感情	46.3	3
能力才干	17.8	15
身体健康	34.1	7
性格脾气	45.3	4
气质修养	16.5	17
文化程度	12.8	19
生活习惯	25.2	12
其　他	1.9	21
合　计	588.0	—

具体分析来看，人品是对人品质品德方面的一种综合性评价，这是对一个人在本质上的一种判断，人品的好坏直接关系生活中的方方面面事情的处理以及与他人的关系，因此，多数青年在择偶时最看重这一因素，73.3%的被访青年选择了这一因素。对于这一因素，在问卷其他题目的回答中，也反映了父母对人品的重视，调查发现在 326 名"父母对自己找对象提出过条件"的青年中，有 46.0%的被访者表示"父母最看重的是对方的人品"。再来看责任心，这一指标更多测量的是青年对于家庭方面的责任心，是与事业心相对而言的，从被访者的选择来看，48.9%的青年更看重的是对方对家庭方面的责任心，比事业心的选择比例高出了 23.5 个百分点。排在第 3 位的是两人感情，有 46.3%的被访青年选择了这一因素，这表明感情在青年婚姻恋爱中也是非常看重的，而非一切都物质化，相较于收入、住房等物质条件，近一半的青年表示更注重两人感情。性格脾气是

排在第 4 位的选择，由于性格脾气是否相投，是否相容互补等，是直接关系两个人相处的重要因素，因此，这一因素自然也受到重视，有 45.3% 的青年表示看重这一因素。而对于孝顺，这是中华民族的优秀传统文化所积淀下来的伦理观念，择偶恋爱是要进入婚姻家庭的，在家庭中是否孝顺父母，也在一定程度上反映着一个人的品质，从此次调查结果来看，有 44.7% 的青年选择了这一因素，这表明，青年在择偶时，是否孝顺也是一个比较重要的考虑因素。值得注意的是，户口这一在二十世纪八九十年代传统择偶中较为看重的因素，在此次调查中已经被排在了最后一位，这表明户口在当代城市青年择偶中的影响作用微乎其微了。

六 择偶参谋

在择偶参谋的测量上，本研究选取了青年在择偶时最希望与之商量的 8 类人群，并设置了开放题目"其他"以及"自己决定，无须商量"等选项，进行了问卷调查。在问卷中，设置的问题是"您选择恋爱对象时最希望与谁商量或请谁做参谋"。

调查结果显示（见表 6-9），945 名青年中，平均每人选择了 1.59 个择偶参谋。其中，排在前两位的分别是父母和朋友，有 57.5% 的被访者选择了父母做择偶参谋，35.7% 的选择朋友做择偶参谋，这在一定程度上反映了他们在青年择偶时的重要性。而"自己决定，无须商量"排在了第三位，可见尽管如今"婚姻自主，恋爱自由"的观念已经深入人心，但是大约 3/4 的青年在选择对象时依然会听取他人的意见、建议，完全自主决定的仅占 1/4。

表 6-9 青年择偶参谋的描述性统计

(n=945)

择偶参谋	个案百分比（%）	排　序
父　　母	57.5	1
兄弟姐妹	16.9	4
其他亲戚	6.6	6
同　　事	6.0	7
同　　行	1.6	8

续表

择偶参谋	个案百分比（%）	排　序
同　　学	7.8	5
老　　师	1.1	9
朋　　友	35.7	2
其　　他	0.6	10
自己决定	25.4	3
合　　计	159.2	—

七　择偶地域范围

择偶地域范围，亦可称为择偶半径。这是一个关系通婚圈的问题，而通婚圈是一个人类学研究更为关注、研究也更为深刻的问题，作为定量研究问卷调查可能不能够对其进行更为深入的分析。本研究对于这一概念，主要设计了未婚者择偶地域范围期望和已婚青年择偶地域范围实践两个方面的题目，分别询问了"您希望未来结婚对象的家庭所在地最好是？"和"您爱人的出生地当时是？"两个问题。选项中列出了"农村"、"镇"、"县城（包括县级市）"、"城市（地级市及以上）"以及"其他"等5个选项，供被访者选择。

由表6-10可见，在393名未婚青年的回答中，有一半以上的被访者表示希望自己未来结婚对象的家庭所在地为"城市"，排在众多选择中的第1位，可见在城市中工作的青年，不论是否出生在城市，大多有着与城市人共结连理的意愿。而只有7.6%的被访者希望与出生于农村的青年结婚。另有9.9%的被访者，表示无所谓。

表6-10　未婚者择偶地域范围选择的描述性统计

(n=393)

未来结婚对象家庭所在地	频　次	比例（%）	排　序
农村	30	7.6	4
镇	23	5.9	5
县城（包括县级市）	64	16.3	2
城市（地级市及以上）	215	54.7	1
其他（无所谓）	39	9.9	3
没回答	22	5.6	6

而从 522 名已婚青年的回答来看（见表 6-11），在婚姻实践中，约 40% 的被访者是与出生自农村家庭的青年结了婚，排在了第 1 位；其次是"城市"，再次是"县城（包括县级市）"，最后是"镇"。对比发现，未婚青年的择偶地域范围期望与已婚青年的择偶地域范围实践之间存在着明显的不同，期望与城市人结婚的比例要高于实际，而实践中与农村人结婚的比例要大大高于期望。这一问题，也值得进一步思考与探讨。

表 6-11 已婚者择偶地域范围选择的描述性统计

（n = 522）

结婚对象的家庭所在地	频次	比例（%）	排序
农村	205	39.3	1
镇	46	8.8	4
县城（包括县级市）	55	10.5	3
城市（地级市及以上）	203	38.9	2
没回答	13	2.5	5

为了便于进行后续的分析，笔者对这一问题的回答进行了进一步处理。处理如下：由于选择"镇"、"县城（包括县级市）"的个案数不多，可以考虑将其合并为"镇或县城"；其他选项中，只有部分未婚青年填写了"无所谓"，而已婚青年此项没有人选取，可以考虑暂不做分析或只对未婚青年的这一项进行分析，本文选择了前一种做法；进一步的分析中略去了"没回答"的个案。整合后择偶地域范围的基本情况见表 6-12。从 841 名青年的选择来看，期望与城市人结婚和实际与城市人结婚的比例，大大高于"农村"和"镇或县城"，可见在城市里工作的青年有近一半的人期望或已经在城市中扎根。

表 6-12 整合后青年择偶地域范围的描述性统计

择偶地域范围	未婚青年（n = 332）		已婚青年（n = 509）		全体青年（n = 841）	
	频次	比例（%）	频次	比例（%）	频次	比例（%）
农村	30	9.0	205	40.3	235	27.9
镇或县城	87	26.2	101	19.8	188	22.4
城市	215	64.8	203	39.9	418	49.7

从对青年择偶地域范围的分析来看，在性别结构失衡的背景下，有城乡通婚意愿或城乡通婚的比例越来越高。随着新型城镇化进程的加速，这种婚配模式可能会更加流行。

八 择偶难易程度

此外，为了衡量性别失衡对青年择偶的影响，研究还专门设计了两个变量来进行考察，分别是择偶难易程度和择偶结果。

本研究所称择偶难易程度，是指青年对择偶拥挤情况的一种感受。对于个体而言，这在某种意义上也体现着性别失衡对青年所造成的择偶拥挤感受情况如何。对于这一概念，本研究将其操作化为两个方面：一方面主要考察青年对于周围大龄未婚青年多少和他们大龄未婚原因的看法，另一方面主要了解青年是否曾遭遇择偶烦恼以及对于烦恼原因的认识。

男女青年多大年龄不结婚，就算大龄青年了？对这一问题，人们有着不同的看法和认识，在了解青年对于他人大龄未婚看法之前，需要对人们心目中的大龄未婚青年的年龄界限做一初步分析。

此次调查结果发现（见表6-13），在对大龄未婚男性年龄标准的890个有效回答中，最小值为20岁，最大值为50岁，标准差为4.351。其中，认为男性35岁就算大龄未婚青年的占比最高，约为33.4%；其次是认为30岁的，约占31.3%；再次是认为40岁的，约占10.9%。总体而言，认为大龄未婚男性的年龄标准平均为32.67岁。而在对大龄未婚女性年龄标准的914个有效回答中，最小值为20岁，最大值为40岁，标准差为3.145。其中，认为女性30岁就算大龄未婚青年的占比最高，约为44.2%；其次是认为28岁的，约占18.1%；再次是认为35岁的，约占9.0%。总体而言，认为大龄未婚女性的年龄标准平均为29.52岁。

表6-13 大龄未婚青年年龄标准的描述性统计

单位：岁

性别	N	最小值	最大值	标准差	众数	均值
男性	890	20	50	4.351	35	32.67
女性	914	20	40	3.145	30	29.52

问卷调查中，通过询问"您周围的大龄未婚青年多吗?"，结果发现，在943名被访者中，认为自己周围大龄未婚青年"很多"的约占3.6%，"比较多"的占到18.6%，认为"一般"的最多，占到43.2%，另有21.7%和12.9%的被访者认为"比较少"和"很少"。可见，在被访者眼里，两个样本城市的大龄未婚青年比例并不太高，择偶拥挤程度并不太严重。当然，这只是被访青年的主观感受，并不一定能够反映客观实际。真实的婚姻挤压状况需要通过其他更为有效的方法来进行测量。

为了便于进行后续分析，研究中对于周围大龄未婚青年多少的程度进行了赋值，设"很少=1，比较少=2，一般=3，比较多=4，很多=5"，进行描述性分析，得出943名被访青年对择偶拥挤感评估的平均值为2.78，标准差为1.009。

调查中进一步询问了青年对于周围青年大龄未婚原因的看法。调查结果显示，在932名青年中，平均每人选择了1.62个周围大龄青年未婚的原因。其中，排在第一位的是"很多人认为单身挺好，没有必要结婚"，有43.0%的被访者认为自己周围的大龄未婚青年是否结婚是其个人的事情，是他们个人观念的问题，是否结婚主要还是由青年个人自己来决定的。其次，30.7%的被访者认为是"社会对人们是否结婚越来越宽容了"，这表明整体的社会氛围或风气以及社会的进步与发展成为影响大龄青年是否结婚的第二（主观认识）因素。而排在第三位的选择是"结婚的成本和代价太高，很多人结不起婚"，这表明外在的物质经济条件也是人们考虑是否结婚的因素之一，约有28.9%的被访者持此观点。而本研究所关心的性别失衡这一因素，在青年被访者的选择中排在了第四位，表明也有部分青年意识到性别结构失衡对青年择偶也会产生一定的影响，约有24.7%的被访者有此认识。而认为"他们个人性格或心理有问题"的选择排在了第五位，这表明，在22.4%的被访青年看来，性格心理因素也有一定的影响，但这一因素排在了前述因素之后。此外，还有一部分青年选择了"其他"因素，统计分析后发现，多数人的回答集中在"没有找到合适的"这一答案上。我们认为，"合适"这一概念中包含了太多的内涵，包括青年自身、家庭等各方面的匹配，因此它属于一个综合性的概念，而"没有找到合适的"这一原因，也应当属于一种综合性的认识与判断。

在了解了青年对周围大龄青年未婚的看法之后，本研究还从青年自身的角度，询问了其是否曾因为找不到合适的对象而烦恼以及烦恼的原因等问题。

调查结果发现，18.6%的被访者表示自己曾因为找不到合适的对象而烦恼，由此可以间接地看出适龄青年遭受婚姻挤压的程度。尽管相较于不曾烦恼而言，这一比例并不算高。然而，若将其扩大化到样本所代表的总体中去，实际受到影响的青年人口数量和规模却不是一个小数字。接近1/5的青年面临或曾经面临择偶烦恼，这是学界研究不可忽视的一个重要群体。

而具体问到烦恼的原因时，调查结果显示，在395名被访青年中，平均每人选择了1.50个烦恼的原因。其中，排在第1位的是"工作太忙了，没时间找对象"，约35.4%的青年在工作和择偶上存在着一定程度的时间冲突，工作忙也成为这些青年找对象的客观障碍或主观借口。而"个人要求比较高，一直没有遇到合适的"排在了第2位，个人要求与择偶的标准、观念紧密相关，这也在一定程度上意味着面临择偶烦恼的青年被访者，他们可能有着更高的择偶标准或更多的择偶要求，调查中约有32.7%的被访者持此观点。排在第3位的是"周围年龄相当的异性比较少"，可见年龄性别结构也成为青年找对象的一道客观障碍，由于工作后的择偶范围狭窄，与周围年龄相当的异性接触较少，因而也在一定程度上影响了青年个体的择偶机会和择偶成功率，调查中约有32.4%的被访者有此认识。排在第4和第5位的是"性格比较内向，不善于交往"、"曾经失恋过，一直不愿意再找"，性格因素和过去生活事件对于青年个体择偶而言，相比较来讲，排在了后面。这表明，在人们的主观认识中，这些因素可能并非像心理学所分析的那样，对青年择偶有着至关重要的影响作用。而从客观实际情况来看，这些心理性格因素究竟发挥着多大的影响作用，尚有待进一步分析。

九 择偶结果

对于择偶结果的测量，本研究通过了解青年的婚姻状况、是否有男女朋友以及是否有恋爱经历等情况，做出了综合判断。按照婚姻状况分为已婚和未婚，按照是否有男女朋友分为有和没有，按照是否谈过恋爱分为是和否，综合分析之后，将择偶结果分为了两大类四种情况：一类没有对象，分为"没有对象，也没有谈过恋爱"和"没有对象，但以前谈过恋爱"，另一类有对象，分为"有对象，正在恋爱中"以及"有对象，已经结婚"。

调查数据汇总结果发现，有对象的占到76.3%，其中73.0%的被访青年已经结婚，27.0%的人尚未结婚；而没有对象的占到23.8%，其中53.8%的表示"以前谈过恋爱"，46.2%的"没有对象，也没有谈过恋爱"。

按照这样的描述统计结果，我们可以大致地判断出，样本群体所受到的婚姻挤压程度。以往有学者直接将未婚和已婚作为区分是否受到婚姻挤压的依据，课题组认为略有不妥。因为那些虽然未婚，但是有恋爱对象的人，并不能够归入受婚姻挤压的群体之中，将这部分人区分出来就是为了更加准确地找到那些受到婚姻挤压的人。而将没有对象的群体当作受到婚姻挤压的群体，在实践中可能也会受到质疑，但是这样的分析可能会给我们带来一些有益启示。而在没有对象的群体中，如果细分的话，我们权且可以将那些"没有对象，也没有谈过恋爱"的看作受到婚姻挤压程度较重的群体，而那些"没有对象，但以前谈过恋爱"的可以看作受到婚姻挤压程度较轻的群体。当然这样的划分和认识，在一定意义上，可能是存在问题和缺陷的，因此，有必要做出更进一步的深入分析。

第七章　不同城市青年群体择偶模式差异与表现

当代城市青年的择偶状况如何，具有怎样的群体差异和表现特征，这是本研究关心的基本问题。只有全面了解和掌握城市青年的择偶现状，才能进行后续更为深入的分析。在前一章中，笔者已经对城市青年择偶现状调查的基本结果进行了呈现。本章将根据"青年发展状况"问卷调查的数据结果，运用SPSS18.0软件，分行业、地域、年龄组和文化程度，对城市青年择偶状况所涉及的各个变量做交互统计，进行卡方检验、均值比较或方差分析，从而对性别失衡与城市青年择偶状况之间的关系做出初步探讨。

一　不同行业青年的择偶模式差异与表现状况

如前所述，我国性别结构失衡的重要特征之一即行业性别结构失衡。在不同行业，行业性质、特点等方面的原因，造成了行业之间的社会性别角色分工差异。也就是说，一些行业被标签化为某种特定性别的人所从事，而这些行业大量地聚集了该性别的人群。如卫生、教育等行业，在传统的性别角色分工中，被标签化为女性行业，因此，这类行业也就聚集了大量的女性工作人员。本研究所选取的这些行业，批发零售业、住宿餐饮业、教育业、卫生和社会工作、公共管理等，不同程度地带有着性别失衡的色彩。本研究所关心的问题是，城市青年的择偶状况是否因行业的不同而存在差异？

（一）不同行业青年的择偶时间选择

通过对不同行业的青年在择偶时间选择上进行方差分析（见表7-1），

结果显示，青年在合适恋爱年龄（男）、合适恋爱年龄（女）、合适结婚年龄（男）、合适结婚年龄（女）和自身理想结婚年龄上，均存在统计意义上的显著性差异。主要表现为：在男性合适恋爱年龄、女性合适恋爱年龄、男性合适结婚年龄的回答上，从事卫生和社会工作青年的平均数最高，住宿餐饮业最低；在女性合适结婚年龄、自身理想结婚年龄的回答上，从事公共管理业青年的平均数最高，住宿餐饮业最低。这在一定程度上反映出，青年所从事的行业不同，其对择偶时间的选择也有所差异，这也意味着不同行业青年在择偶时间选择上各有各的想法。

表7-1 不同行业青年在择偶时间选择上的方差分析

择偶时间	所在行业	N	平均数	标准差	F	多重比较
合适恋爱年龄（男）	批发零售业	184	23.35	3.302	6.377***	卫生＞住餐
	住宿餐饮业	166	22.57	3.036		教育＞住餐
	教育业	217	23.76	2.989		
	卫生和社会工作	141	24.28	2.859		
	公共管理	206	23.47	3.299		
合适恋爱年龄（女）	批发零售业	185	22.04	2.698	4.586**	卫生＞住餐
	住宿餐饮业	167	21.38	2.541		教育＞住餐
	教育业	217	22.36	2.639		
	卫生和社会工作	140	22.49	2.358		
	公共管理	209	21.85	2.917		
合适结婚年龄（男）	批发零售业	184	26.90	2.524	9.580***	卫生＞批零
	住宿餐饮业	165	26.39	3.010		公管＞批零
	教育业	217	27.50	2.361		卫生＞住餐
	卫生和社会工作	139	27.83	2.485		公管＞住餐
	公共管理	206	27.79	2.689		教育＞住餐
合适结婚年龄（女）	批发零售业	183	25.07	2.248	9.916***	公管＞批零
	住宿餐饮业	166	24.55	2.443		公管＞住餐
	教育业	217	25.64	2.091		卫生＞住餐
	卫生和社会工作	141	25.68	2.008		教育＞住餐
	公共管理	209	25.81	2.347		

续表

择偶时间	所在行业	N	平均数	标准差	F	多重比较
自身理想结婚年龄	批发零售业	173	26.14	2.602	7.516***	公管＞批零
	住宿餐饮业	152	25.82	2.877		教育＞批零
	教育业	200	26.82	2.102		公管＞住餐
	卫生和社会工作	126	26.75	2.138		教育＞住餐
	公共管理	189	27.11	2.684		卫生＞住餐

注：＊p＜0.05；＊＊p＜0.01；＊＊＊p＜0.001；n.s.（未达到显著水平）p＞0.05。

多重比较的结果发现：在男性合适恋爱年龄、女性合适恋爱年龄的均值比较上，从事卫生和社会工作、教育业的青年均显著高于从事住宿餐饮业的；在男性合适结婚年龄的均值比较上，从事卫生和社会工作、公共管理的青年均显著高于从事批发零售业的，从事卫生和社会工作、公共管理、教育业的青年均显著高于从事住宿餐饮业的；在女性合适结婚年龄的均值比较上，从事公共管理的青年显著高于从事批发零售业的，从事公共管理、卫生和社会工作、教育业的青年均显著高于从事住宿餐饮业的；在自身理想结婚年龄上，从事公共管理、教育业的青年均显著高于从事批发零售业的，从事公共管理、教育、卫生和社会工作的青年均显著高于从事住宿餐饮业的。

（二）青年对不同择偶形式接受感的行业差异

通过对不同行业的青年在择偶形式接受感上进行交互统计和卡方检验（见表7-2），结果显示，不同行业的青年对婚姻介绍所、大型相亲会这两种面对面的现实型择偶形式存在着接受上的显著差异，但在能否接受广告征婚、网络交友、电视相亲上差异不大。具体来看，可以发现：在婚姻介绍所能接受的比例上，从事教育行业青年的选择显著高于住宿餐饮业，高出15.1个百分点，明显高于从事公共管理和批发零售业的，分别高出9.4和8.4个百分点，与从事卫生和社会工作的比例相差不多；在大型相亲会能接受的比例上，从事卫生和社会工作青年的选择显著高于从事住宿餐饮业的，高出16.9个百分点，明显高于从事公共管理和批发零售业的，分别高出8.8和6.9个百分点，而与教育业的比例几乎相当。

表 7-2 青年对不同择偶形式接受感与所在行业的交互统计

单位:%

行业	婚姻介绍所 (N=942) 能	婚姻介绍所 不能	广告征婚 (N=935) 能	广告征婚 不能	网络交友 (N=935) 能	网络交友 不能	电视相亲 (N=934) 能	电视相亲 不能	大型相亲会 (N=939) 能	大型相亲会 不能
批发零售业	33.9	66.1	11.0	89.0	30.5	69.5	20.5	79.5	35.1	64.9
住宿餐饮业	27.2	72.8	10.7	89.3	21.6	78.4	14.9	85.1	25.1	74.9
教育业	42.3	57.7	16.9	83.1	28.3	71.7	20.5	79.5	41.2	58.8
卫生和社会工作	38.5	61.5	15.4	84.6	28.7	71.3	22.4	77.6	42.0	58.0
公共管理	32.9	67.1	14.0	86.0	28.7	71.3	15.4	84.6	33.2	66.8
合计	35.1	64.9	13.7	86.3	27.7	72.3	18.6	81.4	35.4	64.6

注:婚姻介绍所:$\chi^2=11.025$ $df=4$ $P<0.05$;广告征婚:$\chi^2=4.704$ $df=4$ $P>0.05$;网络交友:$\chi^2=4.121$ $df=4$ $P>0.05$;电视相亲:$\chi^2=5.319$ $df=4$ $P>0.05$;大型相亲会:$\chi^2=14.070$ $df=4$ $P<0.01$。

(三) 青年所在行业与择偶途径

通过对青年所在行业与择偶途径进行交互统计和卡方检验(见表7-3),结果显示,不同行业的青年在择偶途径上存在着显著差异。具体表现为:在择偶途径为"在一个单位工作"的选择上,从事住宿餐饮业的比例最高,显著高于其他行业,分别高出教育业、公共管理、卫生和社会工作、批发零售业16.2、14.7、13.8、12个百分点;在"偶然机会相识"这一择偶途径的选择上,从事公共管理的比例最高,明显高于批发零售业、教育业,高出5.6、5.2个百分点,略高于卫生和社会工作,大约3.7个百分点;在"原来的同学"上,从事教育业的选择比例最高,明显高于从事卫生和社会工作的,高出5.8个百分点,略高于从事批发零售业的,高出4.8个百分点;在"同事朋友介绍"这一择偶途径的选择上,从事卫生和社会工作的比例最高,大大高于从事住宿餐饮业的,高出23.1个百分点,显著高于从事批发零售业的,高出13.0个百分点,明显高于从事教育业和公共管理的,高出8.0个百分点;在"父母或家人介绍"这一择偶途径的选择上,从事教育业的比例最高,显著高于从事住宿餐饮业的,高出11.1个百分点,明显高于从事公共管理、卫生和社会工作的,高出8.4、6.8个百分点。因"工作关系认识"和"网络或其他方式"认识的比例总体上比例较低，故不再做进一步分析。

表7-3 青年所在行业与择偶途径的交互统计

单位:%

择偶途径\所在行业	批发零售业	住宿餐饮业	教育业	卫生和社会工作	公共管理	合 计
在一个单位工作	9.1	21.1	4.9	7.3	6.4	9.3
偶然机会相识	10.9	16.2	11.3	12.8	16.5	13.5
原来的同学	28.5	32.4	33.3	27.5	30.3	30.7
同事朋友介绍	20.0	9.9	25.0	33.0	25.0	22.4
父母或家人介绍	17.0	8.5	19.6	12.8	11.2	14.2
工作关系认识	6.7	6.3	2.0	3.7	5.3	4.7
网络或其他方式	7.9	5.6	3.9	2.8	5.3	5.2
（n）	（165）	（142）	（204）	（109）	（188）	（808）

Pearson Chi-Square = 69.529　df = 24　Sig. = .000

此外，值得一提的是，通过"原来的同学"认识，发展成为恋人或结婚对象的，除卫生和社会工作外，所占比例均排在其他途径之前，可见这一择偶途径的重要性。而卫生和社会工作行业的青年通过"同事朋友介绍"的比例最高。

（四）不同行业青年的择偶条件自评

通过对不同行业的青年在择偶条件自评上进行方差分析（见表7-4），结果显示，青年在相貌、身材、健康状况、学历、职业和家务操持能力上，均存在统计意义上的显著性差异。多重比较的结果发现：从事教育业和公共管理行业的青年在相貌的自评上，显著高于从事卫生和社会工作的；从事批发零售业的青年在身材的自评上，显著高于从事卫生和社会工作的；从事批发零售业的青年在健康状况的自评上，显著高于从事教育业和公共管理的；从事教育业的青年在学历的自评上，显著高于从事住宿餐饮业和批发零售业的，而从事公共管理的青年在学历的自评上也显著高于从事住宿餐饮业的；从事教育业的青年在职业的自评上，也显著高于从事住宿餐饮业和批发零售业的；从事住宿餐饮业的青年在家务操持能力的自评上，略高于从事公共管理的。

表7-4 不同行业青年在择偶条件自评上的方差分析

择偶时自身条件	所在行业	N	平均数	标准差	F	多重比较
相貌	批发零售业	191	3.40	0.665	2.755*	教育＞卫生
	住宿餐饮业	168	3.33	0.672		公管＞卫生
	教育业	222	3.42	0.673		
	卫生和社会工作	146	3.24	0.555		
	公共管理	216	3.46	0.752		
身材	批发零售业	191	3.52	0.717	2.901*	批零＞卫生
	住宿餐饮业	167	3.32	0.721		
	教育业	222	3.41	0.672		
	卫生和社会工作	145	3.30	0.657		
	公共管理	216	3.44	0.775		
健康状况	批发零售业	190	4.22	0.806	4.294**	批零＞教育
	住宿餐饮业	167	4.07	0.830		批零＞公管
	教育业	222	3.95	0.806		
	卫生和社会工作	146	4.01	0.788		
	公共管理	216	3.92	0.808		
学历	批发零售业	191	3.26	0.757	12.532**	教育＞批零
	住宿餐饮业	167	3.21	0.718		教育＞住餐
	教育业	221	3.66	0.712		公管＞住餐
	卫生和社会工作	146	3.45	0.665		
	公共管理	216	3.47	0.708		
职业	批发零售业	189	3.39	0.747	5.558**	教育＞批零
	住宿餐饮业	168	3.31	0.734		教育＞住餐
	教育业	222	3.63	0.698		
	卫生和社会工作	146	3.47	0.716		
	公共管理	216	3.43	0.705		
经济收入	批发零售业	191	3.37	0.796	0.873n.s.	
	住宿餐饮业	166	3.25	0.842		
	教育业	222	3.28	0.715		
	卫生和社会工作	146	3.23	0.752		
	公共管理	216	3.25	0.803		

续表

择偶时自身条件	所在行业	N	平均数	标准差	F	多重比较
脾气性格	批发零售业	190	3.73	0.895	1.008n.s.	
	住宿餐饮业	168	3.73	0.982		
	教育业	222	3.67	0.787		
	卫生和社会工作	146	3.63	0.847		
	公共管理	216	3.59	0.853		
事业发展潜力	批发零售业	191	3.57	0.867	2.255n.s.	
	住宿餐饮业	167	3.50	0.943		
	教育业	222	3.46	0.709		
	卫生和社会工作	146	3.45	0.770		
	公共管理	215	3.33	0.790		
家务操持能力	批发零售业	188	3.57	0.883	3.265*	住餐>公管
	住宿餐饮业	168	3.67	0.899		
	教育业	222	3.49	0.886		
	卫生和社会工作	146	3.39	0.905		
	公共管理	216	3.39	0.872		
父母社会经济地位	批发零售业	191	3.26	0.722	0.755n.s.	
	住宿餐饮业	168	3.16	0.712		
	教育业	221	3.28	0.703		
	卫生和社会工作	146	3.23	0.724		
	公共管理	215	3.22	0.728		
综合条件	批发零售业	186	3.47	0.744	0.474n.s.	
	住宿餐饮业	165	3.44	0.752		
	教育业	218	3.45	0.630		
	卫生和社会工作	143	3.45	0.709		
	公共管理	214	3.38	0.746		

注：*$p<0.05$；**$p<0.01$；***$p<0.001$；n.s.（未达到显著水平）$p>0.05$。

（五）青年所在行业与择偶标准

通过对青年所在行业与择偶标准进行交互统计（见表7-5），结果显示，不同行业的青年在择偶标准所看重的项目上，存在着一定程度的差异。如前所述，由于人品、责任心、两人感情、性格脾气和孝顺这五项的选择比例，占据了前五位，因此，这里我们再着重分析一下这五项选择上的行业差异。调查结果显示，青年在择偶标准的选择上，看重人品的高达695人。对比发现，从事教育业的青年最看重人品，高出选择比例最低的卫生和社会工作青年7.8个百分点；看重责任心的多达464人，其中，最看重的是从事批发零售业的，高出选择比例最低的住宿餐饮业青年6.9个百分点；看重两人感情的有439人，其中，选择比例最高的是从事公共管理行业的青年，高出选择比例最低的卫生和社会工作青年5.9个百分点；看重性格脾气的为429人，其中，从事教育业的青年最为看重，高出选择比例最低的卫生和社会工作青年8.4个百分点；看重孝顺的有424人，其中，从事住宿餐饮业的青年最为看重，高出选择比例最低的卫生和社会工作青年8.5个百分点。但由于调查样本中各行业青年在人数上存在差异，上述百分比结果可能仅仅反映的是表面现象。

表7-5 青年所在行业与择偶标准的交互统计

单位：%

择偶标准\所在行业	批发零售业	住宿餐饮业	教育业	卫生和社会工作	公共管理	合计（人）
身材	23.6	22.0	16.2	14.1	24.1	191
年龄	22.1	19.1	23.3	14.9	20.6	262
人品	19.6	18.3	24.3	16.5	21.3	695
相貌	22.7	22.0	17.6	14.9	22.7	255
职业	16.3	12.7	32.0	16.3	22.7	331
收入	16.8	17.9	22.0	17.5	25.7	268
住房	22.2	13.8	16.3	18.7	29.1	203
户口	23.9	21.7	10.9	17.4	26.1	46
孝顺	21.9	24.5	17.9	16.0	19.6	424
婚史	21.3	22.1	19.1	19.1	18.4	136
责任心	23.9	17.0	23.3	17.5	18.3	464
事业心	28.2	16.6	19.9	15.8	19.5	241
家庭背景	15.9	14.0	20.1	18.9	31.1	164
两人感情	21.9	17.5	20.5	17.1	23.0	439
能力才干	23.7	14.2	18.9	20.7	22.5	169

续表

所在行业 择偶标准	批发零售业	住宿餐饮业	教育业	卫生和社会工作	公共管理	合计（人）
身体健康	22.6	17.3	21.1	13.9	25.1	323
性格脾气	19.8	18.9	23.3	14.9	23.1	429
气质修养	23.7	12.8	14.7	18.6	30.1	156
文化程度	19.8	9.9	32.2	16.5	21.5	121
生活习惯	20.5	21.3	18.4	14.6	25.1	239
其他	27.8	11.1	11.1	22.2	27.8	18
（n）	（192）	（171）	（224）	（146）	（215）	（948）

此外，不同行业的青年所看重的择偶标准项目也各不相同。如：批发零售业的青年看重的项目中，相较于其他项目而言，选择比例排在前三位的是：事业心、责任心、户口；住宿餐饮业的青年看重的项目中，相较于其他项目而言，排在前三位的是：孝顺、婚史、身材和相貌（并列）；教育业的青年看重的项目中，相较于其他项目而言，排在前三位的是：文化程度、职业和人品；卫生和社会工作的青年看重的项目中，相较于其他项目而言，排在前三位的是：能力才干、婚史和家庭背景；公共管理的青年看重的项目中，相较于其他项目而言，排在前三位的是：家庭背景、气质修养和住房。从上述行业所看重的项目上，我们不难发现，不同行业的青年择偶标准看重的项目，在一定程度上也反映出了该行业的特点。由于从事批发零售业，需要富有事业心和责任心，因此该行业的青年更为看重这两个方面；而住宿餐饮业的青年，很多来自农村和周边镇或县城，受传统文化观念的影响更深，因此较为看重孝顺；教育业的青年大多有着较高的文化程度，职业稳定性较强，且为人师表，因此，更为看重文化程度、职业和人品；从事卫生和社会工作行业，最需要的是能力才干，在卫生医疗技术上要高人一等，因此，从事卫生和社会工作行业的青年更为看重的是对方的能力才干；而从事公共管理行业，需要有一定的家庭背景作为支撑或后盾，且该行业本身代表着政府形象，因此，对于家庭背景和气质修养较为看重。总之，从择偶标准的行业差异来看，青年所看重的往往是该行业所具有的特点或要求，青年的择偶标准与行业的要求、

特点等具有较高的一致性。

(六) 青年所在行业与择偶参谋

通过对青年所在行业与择偶参谋进行交互统计（见表 7-6），结果显示，不同行业的青年在不同择偶参谋的选择上，存在着一定程度的差异。如前所述，由于父母、朋友和自己决定这三项的选择比例，占据了前三位，因此，这里我们着重分析这三项选择上的行业差异。

表 7-6 青年所在行业与择偶参谋的交互统计

单位：%

择偶参谋＼所在行业	批发零售业	住宿餐饮业	教育业	卫生和社会工作	公共管理	合计（人）
父　　母	19.0	18.2	24.1	18.0	20.6	543
兄弟姐妹	23.8	21.3	22.5	20.6	11.9	160
其他亲戚	21.0	16.1	19.4	21.0	22.6	62
同　　事	14.0	12.3	22.8	21.1	29.8	57
同　　行	0.0	0.0	6.7	33.3	60.0	15
同　　学	17.6	12.2	18.9	20.3	31.1	74
老　　师	10.0	10.0	20.0	30.0	30.0	10
朋　　友	19.9	16.0	23.7	12.5	27.9	337
其　　他	16.7	16.7	16.7	33.3	16.7	6
自己决定	20.0	16.3	24.2	13.3	26.3	240
（n）	(192)	(169)	(222)	(146)	(216)	(945)

调查结果显示，找对象时选择父母商量的青年，高达 543 人，这在一定意义上，反映出了择偶这件事情与父母高度、密切相关。对比发现，从事教育业的青年最听父母的话，选择与父母商量的比例最高，高出最不愿意找父母商量的卫生和社会工作青年 6.1 个百分点。而找对象时选择朋友商量的青年，多达 337 人，这在一定程度上，也反映出了朋友在择偶参谋上的重要性。对比发现，从事公共管理行业的青年，最乐意找朋友来商量找对象的事情，听取朋友的意见或建议，大约高出最不愿意找朋友商量的卫生和社会工作青年 15.4 个百分点。而在择偶的自主性上，选择"自我决定、无须商量"的青年，也多达 240 人。其中，从事公共管理行业的青

年，在择偶这件事情上自主性最强，大约高出自主性最不强的卫生和社会工作青年13个百分点。需要说明的是，由于调查样本中各行业青年在人数上存在差异，上述百分比结果可能仅仅反映的是表面现象。

（七）青年所在行业与择偶地域范围

通过对青年所在行业与择偶地域范围进行交互统计和卡方检验（见表7-7），结果显示，不同行业的青年在择偶地域范围的选择（包括期望选择和现实选择）上存在显著差异。其中，最为突出的差别是：在从事公共管理的青年中，选择"农村"的比例最低，选择"镇或县城"的比例也最低，而选择"城市"的比例则显著高于其他行业。与此同时，在从事教育、卫生和社会工作的青年中，选择"城市"的比例也很高。这种情况反映出从事公共管理、教育、卫生和社会工作的青年，由于其较好的职业地位和声望，可能更倾向于选择地域上更占优势的城市青年作为自己的伴侣。此外，从事批发零售业青年的情况与公共管理的恰恰相反，在他们的选择中，"农村"的比例最大，而从事住宿餐饮业青年也表现出了类似的特点，所不同的是，住宿餐饮业青年选择"城市"的比例最低。

表7-7 青年所在行业与择偶地域范围的交互统计

单位：%

择偶地域范围 \ 所在行业	批发零售业	住宿餐饮业	教育业	卫生和社会工作	公共管理	合计
农村	41.7	37.9	24.9	26.4	13.1	27.9
镇或县城	23.2	35.2	20.6	19.0	16.2	22.4
城市	35.1	26.9	54.5	54.5	70.7	49.7
(n)	(168)	(145)	(209)	(121)	(198)	(841)

Pearson Chi-Square = 89.351　df = 8　Sig. = .000

基于上述分析，从青年择偶地域范围的选择上可以看出，从事公共管理行业的青年七成左右愿意选择城市的作为自己的另一半，而教育、卫生和社会工作的青年也有半数以上的人愿意选择城市的恋爱或结婚对象，而从事批发零售业和住宿餐饮业的青年，由于工作在城市，他们其中也有相当比例的人愿意选择城市的作为自己的另一半，在城市中扎根、继续生活下去。但批发零售业和住宿餐饮业集中着大量农村还有周边镇或县城的年轻人，一些原本是农村出来的青年受到种种现实条件和情况的限制，更倾向于选择与自己有着相同或相类似生活背景的人，共同经营未来的生活。不同行业青年在择偶地域范围上的选择，也在某种意义上反映了不同行业人群的城乡构成，这种构成在一定程度上也影响着青年的择偶地域范围选择。

（八）不同行业青年的择偶拥挤感

通过对不同行业的青年在择偶拥挤感上进行方差分析（见表7-8），结果显示，不同行业间青年择偶拥挤感差异显著，尤其以从事教育业的青年最为强烈，其次是从事公共管理的，再次是从事卫生和社会工作的，第四是从事批发零售业的，感受最弱的是从事住宿餐饮业的。通过多重比较可以发现，从事教育业的青年择偶拥挤感评分显著高于从事住宿餐饮业和批发零售业的，高出0.37和0.35；从事公共管理的青年择偶拥挤感评分也显著高于从事住宿餐饮业和批发零售业的，高出0.36和0.34。

表7-8 不同行业青年在择偶拥挤感上的方差分析

所在行业	N	平均数	标准差	F	Sig.	多重比较
批发零售业	191	2.59	1.032	6.275	0.000	教育＞住餐
住宿餐饮业	169	2.57	1.143			公管＞住餐
教育业	223	2.94	0.908			教育＞批零
卫生和社会工作	143	2.82	0.924			公管＞批零
公共管理	217	2.93	0.981			

也就是说，从事教育业的青年在问卷调查中表示自己周围遇到的大龄未婚青年最多，其次是从事公共管理的，再次是从事卫生和社会工作的。这也恰恰符合和证实了笔者在南京大型相亲会上的调查结果。在南京大型相亲会的实地研究结果发现，通过参加相亲会来寻找另一半的青年或其父母中，青年所属行业主要集中在教育业、公共管理以及卫生和社会工作行业。这些行业的大龄未婚青年在相亲会上表现得较为集中，也得到父母家庭以及社会的高度关注。

此外，对于青年择偶烦恼与所在行业的交互统计，结果发现，不同行业的青年在是否有过择偶烦恼上不存在显著差异。这也就是说，青年是否曾经面临择偶烦恼，不同行业的青年在回答上没什么差别。这一结果，也可能恰恰意味着行业性别结构失衡对青年择偶烦恼的影响是普遍存在、不分行业的。

（九）青年所在行业与择偶结果现状

通过对青年的所在行业与择偶结果现状进行交互统计（见表7－9），结果发现，不同行业的青年在择偶结果现状的回答上存在统计意义上的显著差异。其中，最为突出的差别在于：在从事卫生和社会工作的青年中，回答"有对象"的比例最低，而回答"没有对象"的比例最高，住宿餐饮业的青年也表现出类似的特点。这种情况提示我们，相比较其他行业而言，从事卫生和社会工作、住宿餐饮业的青年可能更难找到理想的另一半。究其原因可能在于，从事卫生和社会工作行业的青年，由于行业本身的特点，工作紧张、时间有限，经常值班、加班、倒班等，在一定程度上会影响其寻找理想伴侣。而从事住宿餐饮业等服务业的青年，由于职业地位和声望较低，其个人择偶问题也可能会受到影响。此外，由表可见，938位被访中，有23.8%的青年表示自己尚没有对象，占到五类行业全体的近1/4。相对而言，这是一个不小的比例，当然其中有着年龄因素的影响等，但这一比例也是我们考虑未婚青年福利的一个有益参考。

表7－9 青年所在行业与择偶结果现状的交互统计

单位:%

择偶结果现状＼所在行业	批发零售业	住宿餐饮业	教育业	卫生和社会工作	公共管理	合　计
没有对象	26.3	32.1	12.8	34.2	19.4	23.8
有　对　象	73.7	67.9	87.2	65.8	80.6	76.2
（n）	(190)	(165)	(226)	(146)	(211)	(938)

Pearson Chi－Square = 32.985　df = 4　Sig. = .000

对比前面择偶拥挤感的分析，我们可以发现一个有趣的现象，从实际的择偶结果状况来看，教育业的青年"没有对象"的比例在五大类行业中最低，但其择偶拥挤感却最强，认为在其周围的大龄未婚青年最多。这在某种程度上，反映出了人们和社会对这一群体的关注，加上新闻媒体的渲染和报道，在某种意义上可能制造出了该行业青年择偶困难的"假象"，从而造成了该行业青年较为强烈的择偶拥挤感。可能一位或几位从事教育行业的青年由于各种原因暂时尚未找到合适的对象，被渲染之后，似乎成了整个教育行业的青年都面临择偶难题。但事实的情况可能却并非如此。而大量从事卫生和社会工作的青年，由于其工作性质和特点的要求与限制，交往范围较窄，且工作紧张，其择偶问题似乎更为值得关注。

二 不同所属地域青年的择偶模式差异与表现状况

如前所述，我国性别结构失衡的第二个重要特征即地域性别结构失衡，其中尤为突出的是城乡性别结构失衡。城乡二元体制的分离，以及各地区社会经济发展的不同步性、不均衡性，导致了城乡之间、各个地区之间在众多方面都存在较大差异。根据历年人口普查及其他各个年份的出生性别比相关数据，我们可以笼统地认为，男多女少的性别失衡状况主要集中在农村地区，相对而言女多男少的性别失衡状况则主要集中在城市。这种状况在一个社会流动相对停滞的时期，体现得更为明显。但近年来人们的社会流动频繁，大量的进城务工农民和其他流动人口涌入城市，使得这种性别失衡的状况正在发生改观。为了进行这项探索性研究，本研究权且将不同城市和不同出生地作为两个测量指标来进行分析，根据被调查对象是哪个城市，出生于农村还是城市，来判断其是受到男多女少性别结构失衡的影响大，还是受女多男少性别结构失衡的影响大。本节所关心的问题是城市在职青年的择偶状况是否会因为地域的不同而存在差异。

（一）不同地域青年的择偶时间选择

通过对不同城市的青年在择偶时间认识上进行均值比较（见表7-10），结果显示，青年在合适恋爱年龄（男）、合适恋爱年龄（女）、合适结婚年龄（男）、合适结婚年龄（女）和自身理想结婚年龄上，均存在统计意义上的显著性差异。主要表现在：在男性合适恋爱年龄、女性合适恋爱年龄的回答上，均表现为保定青年的平均数显著高于南京青年，这在一定程度上显示出了保定青年在恋爱方面比南京要略为保守；在男性合适结婚年龄、女性合适结婚年龄、自身理想结婚年龄的回答上，均表现为南京青年的平均数显著高于保定青年，这表明南京青年在结婚年龄上比保定青年更倾向于晚婚。

表 7-10 不同城市青年在择偶时间上的均值比较

择偶时间	所在城市	N	平均数	标准差	t 值
合适恋爱年龄（男）	南京	504	23.24	3.201	-2.461*
	保定	410	23.76	3.071	
合适恋爱年龄（女）	南京	502	21.77	2.767	-3.144**
	保定	416	22.33	2.543	
合适结婚年龄（男）	南京	499	27.53	2.602	2.878**
	保定	412	27.02	2.711	
合适结婚年龄（女）	南京	499	25.52	2.249	2.178*
	保定	417	25.19	2.308	
自身理想结婚年龄	南京	464	26.78	2.443	2.859**
	保定	376	26.28	2.629	

注：* $p<0.05$；** $p<0.01$；*** $p<0.001$；n.s.（未达到显著水平）$p>0.05$。

通过对不同出生地的青年在择偶时间认识上进行方差分析（见表 7-11），结果显示，青年在合适恋爱年龄（男）、合适恋爱年龄（女）上，不存在统计意义上的显著性差异，也就是说，不同出生地的青年在男性合适恋爱年龄、女性合适恋爱年龄的认识上没什么大的差别。这在一定意义上反映出，不论出生于城市还是镇或县城或是农村，同在城市工作的被访青年对于恋爱年龄的认识没有什么太大的差异。但在合适结婚年龄（男）、合适结婚年龄（女）和自身理想结婚年龄上，均存在统计意义上的显著性差异。主要表现为：在男性合适结婚年龄、自身理想结婚年龄的回答上，出生于城市青年的回答均值最高；在女性合适结婚年龄的回答上，出生于镇或县城青年的回答均值最高；而出生于农村青年在男性合适结婚年龄、女性合适结婚年龄、自身理想结婚年龄的回答上，均值都是最低。这在一定程度上反映出了出生于农村的青年可能更倾向于早婚。

表 7-11　不同出生地青年在择偶时间上的方差分析

择偶时间	出生地	N	平均数	标准差	F	多重比较
合适恋爱年龄（男）	农　村	405	23.48	3.037	0.046n.s.	
	镇或县城	172	23.54	3.159		
	城　市	335	23.45	3.294		
合适恋爱年龄（女）	农　村	407	22.12	2.554	1.922n.s.	
	镇或县城	172	22.24	2.653		
	城　市	337	21.8	2.837		
合适结婚年龄（男）	农　村	403	26.89	2.674	8.429***	城市 > 农村 镇 > 农村
	镇或县城	171	27.56	2.497		
	城　市	335	27.64	2.673		
合适结婚年龄（女）	农　村	405	25.03	2.302	8.456***	镇 > 农村 城市 > 农村
	镇或县城	172	25.75	2.271		
	城　市	337	25.58	2.211		
理想结婚年龄	农　村	370	26.16	2.509	9.256***	城市 > 农村
	镇或县城	159	26.61	2.224		
	城　市	310	26.99	2.658		

注：*$p<0.05$；**$p<0.01$；***$p<0.001$；n.s.（未达到显著水平）$p>0.05$。

多重比较的结果发现：在男性合适结婚年龄、女性合适结婚年龄的均值比较上，出生于城市、镇或县城的青年均显著高于农村的；在自身理想结婚年龄的回答上，出生于城市的青年显著高于农村的，而镇或县城与农村的差异不显著。

（二）青年对不同择偶形式接受感的地域差异

通过对不同城市的青年在择偶形式接受感上进行交互统计和卡方检验（见表 7-12），结果显示，不同城市的青年在对婚姻介绍所和大型相亲会两种现实型的择偶形式存在着接受上的显著差异，但在能否接受广告征婚、网络交友、电视相亲上不存在显著差异。具体表现为：在婚姻介绍所能接受的比例上，南京青年的接受比例显著高于保定青年，高出 10.7 个百分点；在大型相亲会能接受的比例上，南京青年也表现出比保定青年较高的接受比例，高出 9.4 个百分点。

表 7-12 青年对不同择偶形式接受感与所在城市的交互统计

单位:%

所在城市	婚姻介绍所 (N=942) 能	婚姻介绍所 不能	广告征婚 (N=935) 能	广告征婚 不能	网络交友 (N=935) 能	网络交友 不能	电视相亲 (N=934) 能	电视相亲 不能	大型相亲会 (N=939) 能	大型相亲会 不能
南 京	40.0	60.0	15.2	84.8	29.1	70.9	19.7	80.3	39.6	60.4
保 定	29.3	70.7	11.9	88.1	26.1	73.9	17.4	82.6	30.2	69.8
合 计	35.1	64.9	13.7	86.3	27.7	72.3	18.6	81.4	35.4	64.6

注：婚姻介绍所：$\chi^2=11.821$ $df=1$ $P<0.01$；广告征婚：$\chi^2=2.028$ $df=1$ $P>0.05$；网络交友：$\chi^2=1.056$ $df=1$ $P>0.05$；电视相亲：$\chi^2=0.819$ $df=1$ $P>0.05$；大型相亲会：$\chi^2=9.073$ $df=1$ $P<0.01$。

从青年对不同择偶形式接受感与不同出生地的交互统计和卡方检验结果来看（见表 7-13），不同出生地的青年在广告征婚上呈现出显著差异，而对于其他择偶形式不存在统计意义上的显著性差异。具体表现为：出生于镇或县城的青年，能够接受广告征婚的比例最高，明显高于乡村青年，高出 7.8 个百分点，略高于城市青年，高出 3 个百分点。

表 7-13 青年对不同择偶形式接受感与不同出生地的交互统计

单位:%

出生地	婚姻介绍所 (N=940) 能	婚姻介绍所 不能	广告征婚 (N=933) 能	广告征婚 不能	网络交友 (N=933) 能	网络交友 不能	电视相亲 (N=932) 能	电视相亲 不能	大型相亲会 (N=937) 能	大型相亲会 不能
乡 村	33.1	66.9	10.4	89.6	26.6	73.4	19.3	80.7	35.1	64.9
镇或县城	35.0	65.0	18.2	81.8	29.0	71.0	17.0	83.0	32.8	67.2
城 市	37.6	62.4	15.2	84.8	28.2	71.8	18.4	81.6	36.9	63.1
合 计	35.1	64.9	13.6	96.4	27.7	72.3	18.6	81.4	35.3	64.7

注：婚姻介绍所：$\chi^2=1.666$ $df=2$ $P>0.05$；广告征婚：$\chi^2=7.488$ $df=2$ $P<0.05$；网络交友：$\chi^2=0.419$ $df=2$ $P>0.05$；电视相亲：$\chi^2=0.431$ $df=2$ $P>0.05$；大型相亲会：$\chi^2=0.886$ $df=2$ $P>0.05$。

（三）青年所属地域与择偶途径

通过对青年所在城市与择偶途径进行交互统计，结果显示：不同城市的青年在择偶途径上不存在统计意义上的显著差异。也就是说，南京、保定两城市的青年在通过什么样的途径进行择偶上没有什么太大的差别。

而从青年出生地与择偶途径的交互统计和卡方检验结果来看（见表7-14），不同出生地的青年在择偶途径上存在着显著差异。主要表现为：通过"在一个单位工作"认识的，出生于乡村的青年选择比例最高，明显高于城市、镇或县城，高出7.8、7.3个百分点；通过"偶然机会相识"的，出生于城市的青年选择比例最高，明显高于镇或县城5.9个百分点，略高于乡村4.6个百分点；而"原来的同学"，出生于镇或县城的青年选择比例最高，显著高于城市，高出11.3个百分点，明显高于乡村8.4个百分点；通过"同事朋友介绍"的，出生于城市的青年选择比例最高，分别明显高于乡村、镇或县城青年9.1、8.6个百分点；通过"父母或家人介绍"的，出生于镇或县城的青年最多，略高于乡村、城市青年，分别高出4.0、2.3个百分点。

表7-14 青年出生地与择偶途径的交互统计

单位：%

择偶途径 \ 出生地	乡村	镇或县城	城市	合计
在一个单位工作	13.4	6.1	5.6	9.3
偶然机会相识	12.1	10.8	16.7	13.5
原来的同学	30.1	38.5	27.2	30.6
同事朋友介绍	19.1	19.6	28.2	22.4
父母或家人介绍	12.9	16.9	14.6	14.3
工作关系认识	5.1	4.7	4.2	4.7
网络或其他方式	7.3	3.4	3.5	5.2
(n)	(372)	(148)	(287)	(807)

Pearson Chi-Square = 34.296 df = 12 Sig. = .001

而对比不同出生地青年的情况，可以发现：出生于"乡村"和"镇或县城"的青年，通过"原来的同学"认识的比例，显著高于其他择偶途径。这种情况提示我们，原本出生于"乡村"与"镇或县城"的青年可能通过在城市中上学，与同学结识并结婚，从而留在了城市中。而出生于

"城市"的青年，通过"同事朋友介绍"的比例最高，与"原来的同学"比例相当，明显高于其他择偶途径。

（四）不同地域青年的择偶条件自评

通过对不同城市青年在择偶条件自评上进行均值比较（见表7-15），结果显示，不同城市的青年在健康状况、家务操持能力和综合条件的自评上存在显著差异，而在其他择偶条件的自评上不存在显著性差异。在达到显著性水平的变量中，从平均数得知：保定青年的健康状况自评（M = 4.18）显著优于南京青年（M = 3.90）；在家务操持能力方面，保定青年的自评得分（M = 3.59）也显著优于南京青年（M = 3.43）；在综合条件自评上，保定青年的自评得分（M = 3.50）也比南京青年（M = 3.39）略高。基于上述分析，在择偶条件的自评上，似乎保定青年显得比南京青年更为自信一些。

表7-15 不同城市青年在择偶条件自评上的均值比较

择偶时自身条件	所在城市	N	平均数	标准差	t值
相貌	南京	512	3.35	0.644	-1.676n.s.
	保定	431	3.42	0.711	
身材	南京	510	3.36	0.690	-1.915n.s.
	保定	431	3.45	0.742	
健康状况	南京	511	3.90	0.803	-5.275**
	保定	430	4.18	0.801	
学历	南京	511	3.44	0.705	0.703n.s.
	保定	430	3.4	0.763	
职业	南京	512	3.43	0.710	-0.924n.s.
	保定	429	3.48	0.744	
经济收入	南京	511	3.27	0.777	-0.442n.s.
	保定	430	3.29	0.785	
脾气性格	南京	512	3.63	0.856	-1.31n.s.
	保定	430	3.71	0.886	
事业发展潜力	南京	512	3.43	0.781	-1.146n.s.
	保定	429	3.49	0.858	

续表

择偶时自身条件	所在城市	N	平均数	标准差	t值
家务操持能力	南京	511	3.43	0.900	-2.655**
	保定	429	3.59	0.876	
父母社会经济地位	南京	511	3.22	0.661	-0.811n.s.
	保定	430	3.26	0.778	
综合条件	南京	503	3.39	0.676	-2.484*
	保定	423	3.50	0.754	

注：*$p<0.05$；**$p<0.01$；***$p<0.001$；n.s.（未达到显著水平）$p>0.05$。

通过对不同出生地的青年在择偶条件自评上进行方差分析（见表7-16），结果显示，青年在相貌、健康状况、学历、职业、家务操持能力和父母社会经济地位上，均存在统计意义上的显著性差异。多重比较的结果发现：出生于城市的青年在相貌的自评上，显著高于镇或县城的；出生于农村的青年在健康状况的自评上，显著高于镇或县城和城市的；出生于城市的青年在学历、职业和父母社会经济地位的自评上，均显著高于农村的；出生于农村的青年在家务操持能力的自评上，显著高于城市的。

表7-16 不同出生地青年在择偶条件自评上的方差分析

择偶时自身条件	出生地	N	平均数	标准差	F	多重比较
相貌	农村	416	3.35	0.666	4.781**	城市>镇或县城
	镇或县城	177	3.29	0.616		
	城市	348	3.47	0.709		
身材	农村	415	3.38	0.718	1.971n.s.	
	镇或县城	176	3.36	0.652		
	城市	348	3.47	0.741		
健康状况	农村	414	4.14	0.841	7.531**	农村>镇或县城 农村>城市
	镇或县城	177	3.89	0.797		
	城市	348	3.97	0.774		
学历	农村	415	3.29	0.755	13.882**	城市>农村
	镇或县城	177	3.44	0.681		
	城市	347	3.57	0.703		

续表

择偶时自身条件	出生地	N	平均数	标准差	F	多重比较
职业	农村	414	3.38	0.743	5.146**	城市>农村
	镇或县城	177	3.42	0.687		
	城市	348	3.55	0.717		
经济收入	农村	414	3.24	0.792	1.346n.s.	
	镇或县城	177	3.26	0.699		
	城市	348	3.33	0.805		
脾气性格	农村	416	3.68	0.955	0.500n.s.	
	镇或县城	177	3.61	0.805		
	城市	347	3.68	0.796		
事业发展潜力	农村	414	3.47	0.871	0.260n.s.	
	镇或县城	177	3.42	0.765		
	城市	348	3.46	0.779		
家务操持能力	农村	414	3.59	0.934	4.771**	农村>城市
	镇或县城	177	3.50	0.860		
	城市	347	3.39	0.848		
父母社会经济地位	农村	415	3.14	0.733	6.925**	城市>农村
	镇或县城	177	3.25	0.608		
	城市	347	3.33	0.736		
综合条件	农村	405	3.41	0.735	1.705n.s.	
	镇或县城	174	3.39	0.718		
	城市	345	3.49	0.687		

注：* $p<0.05$；** $p<0.01$；*** $p<0.001$；n.s.（未达到显著水平）$p>0.05$。

（五）青年所属地域与择偶标准

通过对青年所属地域与择偶标准进行交互统计（见表7-17），可以看出，不同地域的青年在择偶标准所看重的项目上，存在着一定程度的百分比差异。这里我们着重分析一下选择比例排在前五位的人品、责任心、两人感情、性格脾气和孝顺方面的所在城市及出生地差异。

调查结果显示，青年在择偶标准的选择上，不同城市和出生地的青年看重人品的分别高达695人和693人，看重责任心的分别多达464人和463人，

表7-17　青年所属地域与择偶标准的交互统计

单位:%

地域 择偶标准	南京	保定	合计（人）	乡村	镇或县城	城市	合计（人）
身　材	52.4	47.6	191	42.4	22.5	35.1	191
年　龄	48.1	51.9	262	50.8	16.8	32.4	262
人　品	53.8	46.2	695	44.9	18.5	36.7	693
相　貌	57.3	42.7	255	40.9	22.4	36.6	254
职　业	52.3	47.7	331	40.5	19.6	39.9	331
收　入	51.1	48.9	268	43.7	17.2	39.2	268
住　房	46.8	53.2	203	45.3	18.2	36.5	203
户　口	43.5	56.5	46	47.8	15.2	37.0	46
孝　顺	50.5	49.5	424	49.4	20.8	29.8	423
婚　史	47.1	52.9	136	41.9	20.6	37.5	136
责 任 心	51.3	48.7	464	50.3	19.9	29.8	463
事 业 心	46.1	53.9	241	50.0	21.7	28.3	240
家庭背景	51.2	48.8	164	30.7	23.9	45.4	163
两人感情	51.0	49.0	439	46.1	18.0	35.8	438
能力才干	52.7	47.3	169	49.1	20.7	30.2	169
身体健康	49.8	50.2	323	46.4	15.8	37.8	323
性格脾气	55.0	45.0	429	44.5	19.0	36.5	427
气质修养	54.5	45.5	156	37.8	24.4	37.8	156
文化程度	45.5	54.5	121	30.6	23.1	46.3	121
生活习惯	52.7	47.3	239	41.4	18.0	40.6	239
其　他	22.2	77.8	18	44.4	33.3	22.2	18
（n）	(517)	(431)	(948)	(419)	(180)	(347)	(946)

看重两人感情的分别有439人和438人，看重性格脾气的分别为429人和427人，看重孝顺的有424人和423人。对比发现，在这些择偶标准的选择上，呈现出大致相同的特点，即南京青年的选择比例略高于保定，出生于乡村青年的选择比例略高于城市，出生于镇或县城的青年选择比例最低。然而，这仅仅是显示出了不同地域的青年在择偶标准选择百分比上的差异，并不意味着不同地域的青年之间在择偶标准的选择上存在统计意义上的显著性差异。这有待于日后进一步地深入研究与分析。此外，需要说

明的是，由于调查样本中各行业青年在人数上存在差异，表格中所呈现的百分比结果可能仅仅反映的是表面现象。

（六）青年所属地域与择偶参谋

通过对青年所属地域与择偶参谋进行交互统计（见表7-18），可以看出，不同地域的青年在择偶参谋的不同选择上存在着一定程度的差异。这里我们着重分析父母、朋友和自己决定这三项选择比例排在前三位的情况。调查结果显示，不同城市的青年在找对象时选择父母、朋友商量的，高达543人和337人，而自己决定的约有240人。对比发现，南京青年在选择父母、朋友商量和自己决定上的比例均高于保定青年；而不同出生地的青年在找对象时选择父母、朋友商量的，也高达542人和336人，而自己决定的约为240人，其中，找父母商量和自己决定的比例，出生于乡村的比例最高，其次是城市的，镇或县城的比例最低。但在找朋友商量的比例上，出生于城市的比例最高，其次是乡村的，镇或县城的比例最低。但这种百分比上的差异并不意味着统计意义上的显著性差异，这有待于进一步研究与验证。此外，需要说明的是，由于调查样本中各行业青年在人数上存在差异，表格中所呈现的百分比结果可能仅仅反映的是表面现象。

表7-18 青年所属地域与择偶参谋的交互统计

单位:%

择偶参谋\地域	南京	保定	合计(人)	乡村	镇	城市	合计(人)
父母	51.7	48.3	543	44.5	18.6	36.9	542
兄弟姐妹	45.6	54.4	160	54.7	27.0	18.2	159
其他亲戚	37.1	62.9	62	43.5	19.4	37.1	62
同事	35.1	64.9	57	43.9	12.3	43.9	57
同行	20.0	80.0	15	33.3	20.0	46.7	15
同学	37.8	62.2	74	41.9	17.6	40.5	74
老师	30.0	70.0	10	30.0	30.0	40.0	10
朋友	57.3	42.7	337	39.3	18.2	42.6	336
其他	66.7	33.3	6	33.3	33.3	33.3	6
自己决定	60.4	39.6	240	41.7	20.4	37.9	240
(n)	(518)	(427)	(945)	(415)	(180)	(348)	(943)

（七）青年所属地域与择偶地域范围

通过对青年所在城市与择偶地域范围进行交互统计和卡方检验（见表 7-19），结果显示，不同城市的青年在择偶地域范围的选择上存在统计意义上的显著性差异。具体表现为：在农村的选择上，保定青年的选择比例显著高于南京，高出 18.2 个百分点；在镇或县城的选择上，南京青年的选择比例大大高于保定，高出 34.0 个百分点；在城市的选择上，南京青年的选择比例同样高于保定，高出 11 个百分点。从中可以看出，相比较而言，南京青年比保定青年更愿意选择非农村出生的对象或另一半。

表 7-19 青年所在城市与择偶地域范围的交互统计

单位:%

择偶地域范围 \ 所在城市	南 京	保 定	合 计
农 村	40.9	59.1	27.9
镇或县城	67.0	33.0	22.4
城 市	55.5	44.5	49.7
(n)	(454)	(387)	(841)

Pearson Chi-Square = 29.567　df = 2　Sig. = .000

通过对青年出生地与择偶地域范围进行交互统计和卡方检验（见表 7-20），结果显示，不同出生地的青年对于择偶地域范围的选择存在着统计意义上的显著性差异。在择偶地域范围为农村的选择上，出生地为"乡村"的最多，高达七成，大大多于出生地为"镇或县城"和"城市"的；在镇或县城的选择上，出生于"乡村"和"镇或县城"的比例明显高于"城市"；而在城市的选择上，出生地为"城市"的比例最高，显著高于"乡村"和"镇或县城"。从中可以看出，择偶地域范围的选择与青年的出生地具有较为明显的一致性。

表 7-20 青年出生地与择偶地域范围的交互统计

单位:%

择偶地域范围 \ 出生地	乡 村	镇或县城	城 市	合 计
农 村	70.2	13.2	16.6	28.0
镇或县城	43.6	40.4	16.0	22.4
城 市	26.6	14.1	59.2	49.6
(n)	(358)	(166)	(316)	(840)

Pearson Chi-Square = 222.321　df = 4　Sig. = .000

（八）不同地域青年的择偶拥挤感

通过对不同城市青年的择偶拥挤感进行均值比较（见表 7-21），结果显示，不同城市青年在择偶拥挤感上的回答存在着统计意义上的显著性差异。相比较而言，南京青年的择偶拥挤感要强于保定，平均高出 0.20。这在一定程度上表明，相对而言，在大城市大龄未婚青年的比重要略高于中小城市，越是在大城市，人们感受到择偶拥挤的可能性越大。

表 7-21 不同城市青年在择偶拥挤感上的均值比较

所在城市	N	平均数	标准差	t 值	Sig.
南 京	516	2.87	0.984	3.096	0.002
保 定	427	2.67	1.028		

通过对不同出生地青年的择偶拥挤感进行方差分析（见表 7-22），结果显示，不同出生地的青年在择偶拥挤感上也存在着显著性差异。具体表现为：城市出生的青年择偶拥挤感最强，其次是镇或县城的，最后是乡村的。多重比较的结果发现，城市出生青年的择偶拥挤感要强于乡村出生的，高出 0.26，镇或县城出生的青年择偶拥挤感也强于乡村，高出 0.24，而生于城市的青年与生于镇或县城的择偶拥挤感差别不大。

表 7-22 不同出生地青年在择偶拥挤感上的方差分析

出生地	N	平均数	标准差	F	Sig.	多重比较
乡 村	415	2.64	1.049	7.422	0.001	城市 > 乡村
镇或县城	179	2.88	0.975			镇或县城 > 乡村
城 市	347	2.90	0.958			

（九）青年所属地域与择偶结果现状

通过对青年所属地域与择偶结果现状进行交互统计（见表 7-23 和表 7-24），结果显示，南京青年与保定青年，出生于乡村、镇或县城、城市的青年在择偶结果现状上并不存在统计意义上的显著性差异。也就是说，从择偶结果上来看，不同城市、不同出生地的青年之间差别不大。这在一定程度上，可能意味着青年所属地域与择偶结果现状之间可能不存在直接的相关关系。出现这种情况可能的原因在于青年是否找到对象更多可能与家庭、自身等因素相关。同在一个城市，宏观背景相当，对于所有青年而言，都几乎是相同的；而出生地更多表明的是青年在出生时期的地域归属，对于当下的择偶结果而言，影响可能并不太大。

表 7-23　青年所在城市与择偶结果现状的交互统计

单位：%

所在城市 择偶结果现状	南　京	保　定	合　计
没有对象	24.7	22.7	23.8
有　对象	75.3	77.3	76.2
（n）	（511）	（427）	（938）

Pearson Chi - Square = 0.484　df = 1　Sig. = .487

表 7-24　青年出生地与择偶结果现状的交互统计

单位：%

出生地 择偶结果现状	乡　村	镇或县城	城　市	合　计
没有对象	22.7	25.6	24.0	23.7
有　对象	77.3	74.4	76.0	76.3
（n）	（415）	（180）	（341）	（936）

Pearson Chi - Square = 0.618　df = 2　Sig. = .734

三　不同年龄组青年的择偶模式差异与表现状况

如前所述，我国性别结构失衡的第三个特征即年龄性别结构失衡。鉴于本研究所关注的青年群体为 18～35 岁的年轻人，按每隔 6 年一个时间段，可以将其划分为 18～23 岁、24～29 岁、30～35 岁三个年龄组。本节所关心的问题是，城市青年的择偶状况是否因年龄组的不同而存在差异？

（一）不同年龄组青年的择偶时间选择

通过对不同年龄组的青年在择偶时间认识上进行方差分析（见表 7-25），结果显示，青年在合适恋爱年龄（男）、合适恋爱年龄（女）、合适结婚年龄（男）、合适结婚年龄（女）和自身理想结婚年龄上，均存在统计意义上的显著性差异。主要表现在：在男性合适恋爱年龄、女性合适恋爱年龄、男性合适结婚年龄的回答上，均表现为 30～35 岁青年的平均数最高，18～23 岁青年最低；在女性合适结婚年龄、自身理想结婚年龄的回答上，均表现为 24～29 岁青年的平均数最高，18～23 岁青年最低。

表 7-25 不同年龄组青年在择偶时间上的方差分析

择偶时间	年龄组	N	平均数	标准差	F	多重比较
合适恋爱年龄（男）	18～23 岁	185	22.15	2.783	23.955***	高龄＞低龄 中龄＞低龄
	24～29 岁	401	23.59	3.227		
	30～35 岁	328	24.08	3.042		
合适恋爱年龄（女）	18～23 岁	182	21.05	2.233	17.102***	高龄＞低龄 中龄＞低龄
	24～29 岁	405	22.11	2.850		
	30～35 岁	331	22.46	2.563		
合适结婚年龄（男）	18～23 岁	184	26.23	2.604	19.405***	高龄＞低龄 中龄＞低龄
	24～29 岁	401	27.52	2.622		
	30～35 岁	326	27.62	2.600		
合适结婚年龄（女）	18～23 岁	182	24.52	2.148	16.759***	中龄＞低龄 高龄＞低龄
	24～29 岁	405	25.63	2.385		
	30～35 岁	329	25.53	2.107		
自身理想结婚年龄	18～23 岁	168	25.67	2.265	13.552***	中龄＞低龄 高龄＞低龄
	24～29 岁	368	26.86	2.473		
	30～35 岁	304	26.66	2.655		

注：*$p<0.05$；**$p<0.01$；***$p<0.001$；n.s.（未达到显著水平）$p>0.05$。

多重比较的结果发现：在男性合适恋爱年龄、女性合适恋爱年龄、男性合适结婚年龄、女性合适结婚年龄、自身理想结婚年龄的均值比较上，30~35 岁和 24~29 岁的青年均显著高于 18~23 岁的。

(二) 青年对不同择偶形式接受感的年龄组差异

从青年对不同择偶形式接受感与所属年龄组的交互统计结果来看（见表 7-26），不同年龄组的青年在能否接受广告征婚和大型相亲会上存在统计意义上的显著性差异，而对于婚姻介绍所、网络交友和电视相亲则不存在显著差异。具体表现为：年龄组越高，对广告征婚和大型相亲会能够接受的比例越高。30~35 岁的青年能接受广告征婚和大型相亲会的比例最高，其次是 24~29 岁的，18~23 岁的青年能接受的比例最低。出现这种差异的原因，可能在于不同年龄组的青年有着不同的社会阅历。岁数越大，社会阅历越丰富，对于不同择偶形式的接受度可能就越高。

表 7-26 青年对不同择偶形式接受感与所属年龄组的交互统计

单位：%

年龄组	婚姻介绍所 (N=942) 能	婚姻介绍所 (N=942) 不能	广告征婚 (N=935) 能	广告征婚 (N=935) 不能	网络交友 (N=935) 能	网络交友 (N=935) 不能	电视相亲 (N=934) 能	电视相亲 (N=934) 不能	大型相亲会 (N=939) 能	大型相亲会 (N=939) 不能
18~23 岁	29.9	70.1	8.6	91.4	23.1	76.9	17.2	82.8	29.2	70.8
24~29 岁	33.7	66.3	13.8	86.2	26.9	73.1	20.1	79.9	33.1	66.9
30~35 岁	39.8	60.2	16.4	83.6	31.3	68.8	17.6	82.4	41.5	58.5
合　计	35.1	64.9	13.7	86.3	27.7	72.3	18.6	81.4	35.4	64.6

注：婚姻介绍所：$\chi^2=5.878$　df=2　$P>0.05$；广告征婚：$\chi2=6.187$　$df=2$　$P<0.05$；网络交友：$\chi^2=4.204$　df=2　$P>0.05$；电视相亲：$\chi^2=1.065$　df=2　$P>0.05$；大型相亲会：$\chi2=9.569$　$df=2$　$P<0.01$。

(三) 青年所属年龄组与择偶途径

从青年所属年龄组与择偶途径的交互统计和卡方检验结果来看（见表 7-27），三类不同年龄组的青年在择偶途径上存在着显著差异。主要表现为：随着年龄组的提高，"在一个单位工作"和"原来的同学"的比例均逐渐降低，而"偶然机会相识"、"同事朋友介绍"和"父母或家人介绍"

的比例均逐渐提高;"工作关系认识"的比例相当,24~29岁的青年略高于18~23岁和30~35岁的;通过"网络或其他方式"认识的,18~23岁的青年选择比例最高。

表7-27 青年所属年龄组与择偶途径的交互统计

单位:%

择偶途径＼年龄组	18~23岁	24~29岁	30~35岁	合　计
在一个单位工作	10.6	9.9	8.1	9.3
偶然机会相识	11.3	13.1	14.9	13.5
原来的同学	48.6	34.6	18.6	30.7
同事朋友介绍	12.0	18.0	31.7	22.4
父母或家人介绍	5.6	14.2	18.0	14.2
工作关系认识	4.2	5.5	4.0	4.7
网络或其他方式	7.7	4.7	4.7	5.2
(n)	(142)	(344)	(322)	(808)

Pearson Chi-Square = 69.548　df = 12　Sig. = .000

从年龄组上看,18~23岁和24~29岁的青年,通过"原来的同学"认识的比例最高,均大大高于其他途径;而30~35岁的青年,通过"同事朋友介绍"的比例最高,显著高于其他途径。这在一定程度上反映出,高龄组青年可能比中低龄组青年在择偶上更为"被动"。

(四) 不同年龄组青年的择偶条件自评

通过对不同年龄组的青年在择偶条件自评上进行方差分析(见表7-28),结果显示,不同年龄组的青年在学历、事业发展潜力、家务操持能力等方面的自评上存在统计意义上的显著性差异,而在其他择偶条件的自评上没什么大的差别。多重比较的结果表明,在学历的自评上,30~35岁和24~29岁年龄组的青年自评得分都显著高于18~23岁年龄组的;但在事业发展潜力、家务操持能力的自评上,18~23岁年龄组的青年自评得分显著高于30~35岁年龄组的。

表 7-28 不同年龄组青年在择偶条件自评上的方差分析

择偶时自身条件	年龄组	N	平均数	标准差	F	多重比较
相貌	18~23 岁	189	3.30	0.625	1.892n.s.	
	24~29 岁	417	3.40	0.673		
	30~35 岁	337	3.40	0.705		
身材	18~23 岁	187	3.34	0.695	1.101n.s.	
	24~29 岁	417	3.43	0.711		
	30~35 岁	337	3.42	0.732		
健康状况	18~23 岁	188	4.00	0.814	0.347n.s.	
	24~29 岁	417	4.05	0.810		
	30~35 岁	336	4.01	0.819		
学历	18~23 岁	189	3.29	0.709	4.726**	高龄 > 低龄
	24~29 岁	416	3.43	0.694		中龄 > 低龄
	30~35 岁	336	3.49	0.780		
职业	18~23 岁	189	3.40	0.749	1.563n.s.	
	24~29 岁	416	3.43	0.698		
	30~35 岁	336	3.51	0.745		
经济收入	18~23 岁	189	3.34	0.820	0.949n.s.	
	24~29 岁	416	3.28	0.761		
	30~35 岁	336	3.24	0.783		
脾气性格	18~23 岁	189	3.72	0.999	0.567n.s.	
	24~29 岁	416	3.67	0.862		
	30~35 岁	337	3.64	0.801		
事业发展潜力	18~23 岁	189	3.58	0.881	3.69*	低龄 > 高龄
	24~29 岁	416	3.46	0.817		
	30~35 岁	336	3.38	0.771		
家务操持能力	18~23 岁	188	3.63	0.930	4.128*	低龄 > 高龄
	24~29 岁	416	3.52	0.870		
	30~35 岁	336	3.40	0.889		
父母社会经济地位	18~23 岁	189	3.31	0.700	2.351n.s.	
	24~29 岁	416	3.25	0.709		
	30~35 岁	336	3.17	0.733		
综合条件	18~23 岁	185	3.43	0.742	0.451n.s.	
	24~29 岁	410	3.46	0.696		
	30~35 岁	331	3.41	0.723		

注：*p<0.05；**p<0.01；***p<0.001；n.s.（未达到显著水平）p>0.05。

（五）青年所属年龄组与择偶标准

通过对青年所属年龄组与择偶标准进行交互统计（见表7-29），可以看出，不同年龄组的青年在择偶标准所看重的项目上存在着一定程度的百分比差异。这里我们仍然只着重分析一下选择比例排在前五位的人品、责任心、两人感情、性格脾气和孝顺方面的年龄组差异。

表7-29 青年所属年龄组与择偶标准的交互统计

单位:%

择偶标准＼年龄组	18~23岁	24~29岁	30~35岁	合计（人）
身　　材	21.5	42.9	35.6	191
年　　龄	21.8	41.6	36.6	262
人　　品	19.3	44.0	36.7	695
相　　貌	21.6	47.5	31.0	255
职　　业	15.4	39.6	45.0	331
收　　入	21.6	42.5	35.8	268
住　　房	16.3	47.3	36.5	203
户　　口	19.6	50.0	30.4	46
孝　　顺	24.3	46.0	29.7	424
婚　　史	20.6	47.8	31.6	136
责 任 心	21.1	44.4	34.5	464
事 业 心	23.7	45.2	31.1	241
家庭背景	15.2	51.8	32.9	164
两人感情	20.5	44.9	34.6	439
能力才干	18.3	46.7	34.9	169
身体健康	20.7	42.7	36.5	323
性格脾气	21.9	47.1	31.0	429
气质修养	19.9	48.1	32.1	156
文化程度	12.4	44.6	43.0	121
生活习惯	21.8	42.7	35.6	239
其　　他	16.7	44.4	38.9	18
（n）	(190)	(418)	(340)	(948)

调查结果显示，青年在择偶标准的选择上，看重人品的高达695人，看重责任心的多达464人，看重两人感情的有439人，看重性格脾气的为429人，看重孝顺的有424人。对比发现，在这些择偶标准的选择上呈现出较为一致的特点，即24～29岁年龄组的选择比例最高，略高于30～35岁年龄组的，18～23岁年龄组的青年选择比例最低。然而，这仅仅是显示出了不同年龄组的青年在择偶标准选择百分比上的差异，由于各个年龄组的样本量不同，这种百分比上的差异并不意味着不同年龄组的青年之间在择偶标准的选择上存在统计意义上的显著性差异。这也有待于日后进一步地深入研究与分析。此外，需要说明的是，由于调查样本中各行业青年在人数上存在差异，表格中所呈现的百分比结果可能仅仅反映的是表面现象。

（六）青年所属年龄组与择偶参谋

通过对青年所属年龄组与择偶参谋进行交互统计（见表7-30），可以看出，不同年龄组的青年在择偶参谋的不同选择上存在着一定程度的差异。这里我们仍然只着重分析父母、朋友和自己决定这三项选择比例排在前三位的情况。根据调查结果，不同年龄组的青年在找对象时选择父母、朋友商量的，高达543人和337人，而自己决定的约有240人。对比发现，24～29岁年龄组的青年在选择父母、朋友商量和自己决定上的比例均高于30～35岁年龄组的，18～23岁年龄组的选择比例最低。同样，这种百分比上的差异，尚无法确定为统计意义上的显著性差异，有待于日后进一步地研究与验证。此外，需要说明的是，由于调查样本中各行业青年在人数上存在差异，表格中所呈现的百分比结果可能仅仅反映的是表面现象。

表7-30 青年所属年龄组与择偶参谋的交互统计

单位:%

择偶参谋 \ 年龄组	18～23岁	24～29岁	30～35岁	合计（人）
父母	21.0	42.5	36.5	543
兄弟姐妹	25.6	38.8	35.6	160
其他亲戚	11.3	45.2	43.5	62

续表

年龄组 择偶参谋	18~23 岁	24~29 岁	30~35 岁	合计（人）
同　事	14.0	35.1	50.9	57
同　行	0.0	73.3	26.7	15
同　学	14.9	41.9	43.2	74
老　师	10.0	40.0	50.0	10
朋　友	20.5	43.6	35.9	337
其　他	50.0	33.3	16.7	6
自己决定	15.0	48.8	36.3	240
（n）	（189）	（414）	（342）	（945）

（七）青年所属年龄组与择偶地域范围

通过对青年所属年龄组与择偶地域范围进行交互统计和卡方检验（见表 7-31），结果显示，不同年龄组的青年在择偶地域范围的选择上存在统计意义上的显著性差异。其中，最为突出的差别是：在 24~29 岁青年中，选择"城市"的比例最高，显著高于其他年龄组青年，这在一定程度上反映出了这个年龄段的青年可能更有意愿扎根在城市，与生于城市的青年共同生活。而在 30~35 岁青年中，选择"镇或县城"的比例最低，大大低于其他年龄组青年。这一结果的出现，可能与不同年龄组的青年各自的生活背景以及自身所从事的行业等因素相关。

表 7-31 青年所属年龄组与择偶地域范围的交互统计

单位:%

年龄组 择偶地域范围	18~23 岁	24~29 岁	30~35 岁	合　计
农　村	17.3	23.4	38.2	27.9
镇或县城	37.3	22.8	14.7	22.4
城　市	45.3	53.8	47.0	49.7
（n）	（150）	（372）	（319）	（841）

Pearson Chi - Square = 46.576　df = 4　Sig. = .000

此外，还可以看到，在841名被访青年中，约有一半左右的人选择了城市，占比最高，这在一定程度上表明在城市工作的这些在职青年有着较为强烈的留城意愿或已经扎根在城市。

（八）不同年龄组青年的择偶拥挤感

通过对不同年龄组青年的择偶拥挤感进行方差分析（见表7-32），结果显示，不同年龄组青年在择偶拥挤感上可能不存在统计意义上的显著性差异。尽管24~29岁、30~35岁两个年龄组的青年，在择偶拥挤感的评分上，平均分略高于18~23岁组，但F检验的结果表明，在0.05的显著性水平下，未通过统计检验。这表明，此次问卷调查的结果不能让我们做出不同年龄组之间的青年在择偶拥挤感上存在显著差异的结论。这一结果的出现可能跟样本量有关，这有待于日后的进一步研究与分析。

表7-32 不同年龄组青年在择偶拥挤感上的方差分析

年龄组	N	平均数	标准差	F	Sig.
18~23岁	189	2.63	1.072	2.692	0.068
24~29岁	415	2.82	0.988		
30~35岁	339	2.82	0.993		

此外，在是否有过择偶烦恼这一问题的回答上，不同年龄组的青年之间也不存在统计意义上的显著性差异，这在某种意义上也可能反映出性别结构失衡对青年是否面临择偶烦恼上的影响是普遍存在、不分年龄阶段的。

（九）青年所属年龄组与择偶结果现状

通过对青年所属年龄组与择偶结果现状进行交互统计（见表7-33），结果显示，不同年龄组的青年在择偶结果现状上存在着显著性差异。其中，最突出的表现是：在30~35岁的青年中，有对象的比例最高，显著高于其他；而在18~23岁的青年中，没有对象的比例最高，显著高于其他。这在一定程度上反映出，随着年龄的增加，青年有对象的比例会越来越高，而没有对象的比例则越来越低。

表7-33 青年所属年龄组与择偶结果现状的交互统计

单位:%

择偶结果现状 \ 年龄组	18~23岁	24~29岁	30~35岁	合　　计
没有对象	52.2	26.3	5.6	23.8
有　对　象	47.8	73.7	94.4	76.2
(n)	(182)	(414)	(342)	(938)

Pearson Chi - Square = 145.269　df = 2　Sig. = .000

这里，有对象的人群并不是本研究所关心和关注的重点，而重点在于那些没有对象的。由调查结果可以看出，在30~35岁年龄组中，依然有着一定比例的青年尚未找到对象，这部分人可能是受到择偶拥挤影响最严重的。而24~29岁年龄组的青年中，没有对象的比例达到1/4以上，这也需要我们引起重视。这两类群体已经超过国家法定的结婚年龄而尚未找到对象，无疑会在一定程度上影响到整体人群的平均婚育年龄，造成婚龄推迟，相应的繁衍后代推迟，劳动力供给推迟。在高生育率时代，这种担心可以忽略，但我国已经步入低生育率时代，大规模人口的推迟婚育，甚至不生育，无疑将会对整个社会经济带来严重的影响与后果。

四　不同文化程度青年的择偶模式差异与表现状况

如前所述，我国性别结构失衡的第四个特征即学历性别结构失衡。我国长期以来所形成的教育体制，使得人们对教育的投入、受教育的机会以及教育获得可能会因性别不同而有所差异。体现在人口结构上，便有可能造成低文化程度的男性较为集中，而高学历层次的女性偏多。本节所关心的问题是，城市青年的择偶状况是否因文化程度的不同而存在差异？

（一）不同文化程度青年的择偶时间选择

通过对不同文化程度的青年在择偶时间认识上进行方差分析（见表7-34），结果显示，青年在合适恋爱年龄（女）上不存在统计意义上的显著性差异，但在合适恋爱年龄（男）、合适结婚年龄（男）、合适结婚年龄（女）和自身理想结婚年龄上均存在统计意义上的显著性差异。主要表现在：在男性合适恋爱年龄的回答上，研究生及以上和大专文化程度青年的平均数最高，初中及以下的最低；在男性合适结婚年龄、女性合适结婚年龄、自身理想结婚年龄的回答上，均表现为研究生及以上文化程度青年的平均数最高，初中及以下的最低。

表 7-34　不同文化程度青年在择偶时间上的方差分析

择偶时间	文化程度	N	平均数	标准差	F	多重比较
合适恋爱年龄（男）	初中及以下	112	22.73	2.777	2.420*	两两比较差异不显著
	高中或中专	136	23.21	3.216		
	大专	187	23.74	3.174		
	本科	389	23.58	3.202		
	研究生及以上	89	23.74	3.106		
合适恋爱年龄（女）	初中及以下	112	21.5	2.274	1.540n.s.	
	高中或中专	137	21.96	2.592		
	大专	189	22.23	2.796		
	本科	390	22.04	2.700		
	研究生及以上	89	22.26	2.906		
合适结婚年龄（男）	初中及以下	113	25.79	2.795	15.631***	研>初，本>初 专>初 研>高，本>高
	高中或中专	134	26.66	2.667		
	大专	186	27.54	2.558		
	本科	388	27.69	2.466		
	研究生及以上	89	27.91	2.704		
合适结婚年龄（女）	初中及以下	111	24.10	2.339	16.065***	研>初，本>初 专>初 研>高，本>高 专>高
	高中或中专	135	24.76	2.377		
	大专	189	25.63	2.068		
	本科	391	25.68	2.146		
	研究生及以上	89	25.98	2.335		
自身理想结婚年龄	初中及以下	104	24.81	2.509	22.062***	研>初，本>初 专>初，高>初 研>高，本>高
	高中或中专	122	25.89	2.577		
	大专	178	26.61	2.368		
	本科	356	27.11	2.376		
	研究生及以上	80	27.23	2.365		

注：*p<0.05；**p<0.01；***p<0.001；n.s.（未达到显著水平）p>0.05。

多重比较的结果发现：在男性合适恋爱年龄的均值比较上，两两比较并不显著；而在男性合适结婚年龄的均值比较上，研究生及以上、本科和大专文化程度青年均显著高于初中，研究生及以上、本科文化程度青年均显著高于高中；在女性合适结婚年龄的均值比较上，研究生及以上、本科和大专文化程度青年均显著高于初中和高中；在自身理想结婚年龄的均值比较上，研究生及以上、本科、大专和高中文化程度青年均显著高于初中，研究生及以上、本科文化程度青年均显著高于高中。这在一定程度上表明学历较低的青年可能更倾向于早婚。

（二）青年对不同择偶形式接受感的文化程度差异

从青年对不同择偶形式接受感与文化程度的交互统计结果来看（见表7-35），不同文化程度的青年在婚姻介绍所、广告征婚和大型相亲会等择偶形式的接受感上存在着统计意义上的显著性差异，而在网络交友和电视相亲上差异不显著。具体表现为：研究生及以上文化程度的青年对于婚姻介绍所、广告征婚和大型相亲会能接受的比例均高于其他文化程度的青年。其中，在能否接受婚姻介绍所这一择偶形式上，研究生及以上文化程度的青年能接受的比例大大高于高中或中专、初中及以下青年，大约分别

表7-35 青年对不同择偶形式接受感与文化程度的交互统计

单位：%

文化程度	婚姻介绍所 (N=941)		广告征婚 (N=934)		网络交友 (N=934)		电视相亲 (N=933)		大型相亲会 (N=938)	
	能	不能	能	不能	能	不能	能	不能	能	不能
初中及以下	29.3	70.7	10.3	89.7	25.2	74.8	15.5	84.5	23.5	76.5
高中或中专	28.6	71.4	7.3	92.7	25.5	74.5	16.2	83.8	31.9	68.1
大专	31.6	68.4	12.2	87.8	24.5	75.5	17.3	82.7	30.6	69.4
本科	37.4	62.6	15.9	84.1	29.4	70.7	19.2	80.8	38.8	61.2
研究生及以上	49.5	50.5	21.3	78.7	34.4	65.6	26.7	73.3	51.1	48.9
合计	35.1	64.9	13.7	86.3	27.7	72.3	18.6	81.4	35.4	64.6

注：婚姻介绍所：$\chi^2 = 14.547$ $df = 4$ $P < 0.01$；广告征婚：$\chi^2 = 12.237$ $df = 4$ $P < 0.05$；网络交友：$\chi^2 = 4.222$ $df = 4$ $P > 0.05$；电视相亲：$\chi^2 = 5.421$ $df = 4$ $P > 0.05$；大型相亲会：$\chi^2 = 21.647$ $df = 4$ $P < 0.01$。

高出20.9、20.2个百分点,显著高于大专、本科文化程度的青年,大约分别高出17.9、12.1个百分点;在对广告征婚能否接受上,研究生及以上文化程度的青年能接受的比例显著高于高中或中专、初中及以下的,大约分别高出14.0、11.0个百分点,明显高于大专、本科文化程度的,大约高出9.1、5.4个百分点;而对于大型相亲会能够接受,研究生及以上文化程度的青年能接受的比例大大高于初中及以下、大专的,大约高出27.6、20.5个百分点,显著高于高中或中专、本科的,大约高出19.2、12.3个百分点。总体而言,随着文化程度的升高,青年对择偶形式能接受的回答比例也越来越高。

(三) 青年的文化程度与择偶途径

从青年的文化程度与择偶途径的交互统计和卡方检验结果来看(见表7-36),不同文化程度的青年在择偶途径上存在着显著差异。其中,最为突出的表现是:在研究生及以上文化程度的青年中,选择"原来的同学"的比例最高,显著高于其他择偶途径,其次是"同事朋友介绍"。与此同时,在高中、大专、本科文化程度的青年中,也呈现出较为一致的特点。可见,"原来的同学"是青年婚恋的一条重要途径,而"同事朋友介绍"排在其次。但是,在初中及以下文化程度的青年中,"在一个单位工作"的比例最高。究其原因可能在于,初中及以下文化程度的青年由于毕业较早,投入工作的时间也较早,因而在工作中与另一半结识的可能性也就越大。

表7-36 青年文化程度与择偶途径的交互统计

单位:%

择偶途径 \ 文化程度	初中及以下	高中或中专	大专	本科	研究生及以上	合计
在一个单位工作	25.2	9.8	8.6	5.4	6.2	9.3
偶然机会相识	13.6	15.6	13.2	14.0	8.6	13.5
原来的同学	12.6	34.4	31.6	31.2	44.4	30.7
同事朋友介绍	16.5	17.2	22.4	25.8	23.5	22.4
父母或家人介绍	17.5	13.9	11.2	15.5	9.9	14.1
工作关系、网络或其他方式认识	14.6	9.0	13.2	8.0	7.4	9.9
(n)	(103)	(122)	(152)	(349)	(81)	(807)

Pearson Chi-Square = 67.034　df = 20　Sig. = .000

此外，我们还可以看到，在众多择偶途径中，"原来的同学"比例最高，其次是"同事朋友介绍"，"父母或家人介绍"和"偶然机会相识"的比例相当，其他择偶途径只是作为补充而存在。

（四）不同文化程度青年的择偶条件自评

通过对不同文化程度的青年在择偶条件自评上进行方差分析（见表7-37），结果显示，不同文化程度的青年在健康状况、学历、职业、经济收入和家务操持能力上存在统计意义上的显著性差异，而在其他择偶条件的自评上不存在显著差异。多重比较的结果表明，在健康状况的自评上，高中或中专文化程度的青年自评得分显著高于本科；在学历的自评上，除高中或中专与大专不存在显著差异外，其他文化程度的青年之间均存在显著差异；在职业的自评方面，除本科外，研究生及以上文化程度的青年自评得分均高于其他文化程度的，本科文化程度的青年自评得分显著高于大专、初中及以下文化程度的；在经济收入的自评上，高中或中专文化程度的青年自评得分显著高于初中及以下的；而在家务操持能力方面，高中或中专文化程度的青年自评得分显著高于本科文化程度的青年。

表7-37　不同文化程度青年在择偶条件自评上的方差分析

择偶时自身条件	文化程度	N	平均数	标准差	F	多重比较
相貌	初中及以下	114	3.29	0.620	0.866n.s.	
	高中或中专	140	3.39	0.652		
	大专	199	3.36	0.695		
	本科	399	3.41	0.699		
	研究生及以上	90	3.42	0.636		
身材	初中及以下	114	3.30	0.690	1.150n.s.	
	高中或中专	138	3.45	0.716		
	大专	199	3.43	0.714		
	本科	399	3.43	0.729		
	研究生及以上	90	3.33	0.687		

续表

择偶时自身条件	文化程度	N	平均数	标准差	F	多重比较
健康状况	初中及以下	113	4.12	0.874	3.405**	高中或中专>本科
	高中或中专	139	4.22	0.796		
	大专	199	4.05	0.815		
	本科	399	3.95	0.788		
	研究生及以上	90	3.94	0.826		
学历	初中及以下	113	2.89	0.699	29.701**	除高中或中专与大专无差异外,其他均差异显著
	高中或中专	140	3.29	0.705		
	大专	199	3.37	0.682		
	本科	398	3.56	0.678		
	研究生及以上	90	3.83	0.738		
职业	初中及以下	115	3.18	0.67	8.980**	研究生及以上>其他(除本科外) 本科>大专、初中及以下
	高中或中专	137	3.39	0.751		
	大专	199	3.37	0.704		
	本科	399	3.54	0.707		
	研究生及以上	90	3.69	0.759		
经济收入	初中及以下	113	3.11	0.76	2.505*	高中或中专>初中及以下
	高中或中专	139	3.40	0.814		
	大专	199	3.27	0.757		
	本科	399	3.27	0.806		
	研究生及以上	90	3.36	0.659		
脾气性格	初中及以下	114	3.65	0.912	0.624n.s.	
	高中或中专	140	3.75	0.997		
	大专	199	3.62	0.913		
	本科	398	3.69	0.796		
	研究生及以上	90	3.61	0.831		
事业发展潜力	初中及以下	114	3.32	0.936	1.181n.s.	
	高中或中专	139	3.54	0.836		
	大专	199	3.44	0.819		
	本科	398	3.47	0.802		
	研究生及以上	90	3.46	0.673		

续表

择偶时自身条件	文化程度	N	平均数	标准差	F	多重比较
家务操持能力	初中及以下	113	3.51	0.803	2.901*	高中或中专>本科
	高中或中专	139	3.73	0.937		
	大专	199	3.46	0.869		
	本科	398	3.45	0.907		
	研究生及以上	90	3.46	0.876		
父母社会经济地位	初中及以下	114	3.11	0.721	2.017n.s.	
	高中或中专	140	3.21	0.666		
	大专	198	3.25	0.75		
	本科	398	3.29	0.721		
	研究生及以上	90	3.14	0.68		
综合条件	初中及以下	113	3.36	0.757	0.825n.s.	
	高中或中专	133	3.48	0.775		
	大专	197	3.40	0.747		
	本科	393	3.47	0.678		
	研究生及以上	89	3.42	0.654		

注：*$p<0.05$；**$p<0.01$；***$p<0.001$；n.s.（未达到显著水平）$p>0.05$。

（五）青年的文化程度与择偶标准

通过对青年的文化程度与择偶标准进行交互统计（见表7-38），可以看出，不同文化程度的青年在择偶标准所看重的项目上存在着一定程度的百分比差异。这里我们仍然只着重分析一下选择比例排在前五位的人品、责任心、两人感情、性格脾气和孝顺方面的文化程度差异。

表7-38 青年文化程度与择偶标准的交互统计

单位：%

择偶标准＼文化程度	初中及以下	高中或中专	大专	本科及以上	合计（人）
身　材	12.1	19.5	22.6	45.8	190
年　龄	13.8	18.0	18.8	49.4	261

续表

择偶标准 \ 文化程度	初中及以下	高中或中专	大专	本科及以上	合计（人）
人　　品	11.5	15.1	22.5	50.9	694
相　　貌	11.8	19.3	21.7	47.2	254
职　　业	9.4	10.0	23.3	57.3	330
收　　入	12.3	15.7	26.5	45.5	268
住　　房	11.3	17.7	28.1	42.9	203
户　　口	23.9	17.4	28.3	30.4	46
孝　　顺	15.4	19.9	22.5	42.3	423
婚　　史	15.6	15.6	21.5	47.4	135
责 任 心	11.9	17.1	20.3	50.8	463
事 业 心	16.3	16.7	26.7	40.4	240
家庭背景	6.7	13.4	22.0	57.9	164
两人感情	13.9	14.6	21.2	50.2	438
能力才干	12.4	14.8	19.5	53.3	169
身体健康	13.0	17.1	21.7	48.1	322
性格脾气	11.9	15.7	17.5	54.9	428
气质修养	7.1	17.4	21.9	53.5	155
文化程度	5.8	11.7	24.2	58.3	120
生活习惯	10.9	18.9	18.9	51.3	238
其　　他	5.6	16.7	22.2	55.6	18
（n）	（116）	（141）	（199）	（491）	（947）

调查结果显示，青年在择偶标准的选择上，不同文化程度的青年看重人品的高达694人，看重责任心的多达463人，看重两人感情的有438人，看重性格脾气的为428人，看重孝顺的有423人。对比发现，在这些择偶标准的选择上，呈现出大致相同的特点，即随着文化程度的提高，选择看重人品、责任心、两人感情、性格脾气和孝顺等因素的选择比例也越来越高，其中本科及以上的选择比例最高，初中及以下的选择比例最低。这也在一定程度上反映出：学历越高，对择偶标准的要求可能也越高，看重的择偶标准项目可能也就越多。然而，这仅仅显示出了不同文化程度的青年在择偶标准选择上的百分比差异，可能并不意味着不同文化程度的青年之

间在择偶标准的选择上存在统计意义上的显著性差异。此外，需要说明的是，由于调查样本中各行业青年在人数上存在差异，表格中所呈现的百分比结果可能仅仅反映的是表面现象。

（六）青年的文化程度与择偶参谋

通过对青年文化程度与择偶参谋进行交互统计（见表 7-39），可以看出，不同文化程度的青年在不同择偶参谋的选择上存在着一定程度的差异。这里我们仍然只着重分析父母、朋友和自己决定这三项选择比例排在前三位的情况。调查结果显示，不同文化程度的青年在找对象时选择父母、朋友商量的，高达 542 人和 336 人，而自己决定的约有 240 人。对比发现，本科及以上的青年在选择父母、朋友商量和自己决定上的比例均最高，均高于其他文化程度的，初中及以下文件程度的选择比例最低。同样，这种百分比上的差异，尚无法确定为统计意义上的显著性差异，有待于日后进一步研究与验证。此外，需要说明的是，由于调查样本中各行业青年在人数上存在差异，表格中所呈现的百分比结果可能仅仅反映的是表面现象。

表 7-39 青年文化程度与择偶参谋的交互统计

单位:%

择偶参谋 \ 文化程度	初中及以下	高中或中专	大专	本科及以上	合计（人）
父　　母	12.7	14.2	21.8	51.3	542
兄弟姐妹	14.5	17.0	21.4	47.2	159
其他亲戚	11.5	13.1	18.0	57.4	61
同　　事	3.5	17.5	24.6	54.4	57
同　　行	0.0	6.7	26.7	66.7	15
同　　学	5.4	9.5	21.6	63.5	74
老　　师	20.0	0.0	10.0	70.0	10
朋　　友	8.9	14.3	20.5	56.3	336
其　　他	0.0	33.3	33.3	33.3	6
自己决定	11.7	12.5	23.8	52.1	240
(n)	(116)	(141)	(199)	(491)	(947)

（七）青年文化程度与择偶地域范围

通过对青年文化程度与择偶地域范围进行交互统计和卡方检验（见表7-40），结果显示，不同文化程度的青年在择偶地域范围的选择倾向上存在着统计意义上的显著性差异。其中，最为突出的表现是：在初中及以下文化程度的青年中，选择"农村"的比例最高，显著高于其他文化程度的；而在本科文化程度的青年中，选择"城市"的比例最高，显著高于其他文化程度的。与此同时，还可以发现，高中或中专文化程度青年的选择呈现出与初中及以下的选择较为一致的特点，大专文化程度青年的选择呈现出与本科的选择较为一致的特点。而研究生及以上文化程度青年的选择，介于两类之间。

表7-40 青年文化程度与择偶地域范围的交互统计

单位：%

择偶地域范围 \ 文化程度	初中及以下	高中或中专	大专	本科	研究生及以上	合计
农村	51.9	41.7	17.5	19.1	37.5	28.0
镇或县城	25.0	27.5	28.1	17.5	20.0	22.3
城市	23.1	30.8	54.4	63.4	42.5	49.8
(n)	(108)	(120)	(171)	(361)	(80)	(840)

Pearson Chi-Square = 96.955　df = 8　Sig. = .000

（八）不同文化程度青年的择偶拥挤感

通过对不同文化程度的青年在择偶拥挤感上进行方差分析（见表7-41），结果显示，不同文化程度的青年在择偶拥挤感上存在着显著性差异。具体表现为：随着文化程度的提高，青年的择偶拥挤感逐渐增强。其中，研究生及以上文化程度的青年择偶拥挤感的评分最高，最低的是初中及以下的。多重比较的结果发现，研究生及以上文化程度的青年评分显著高于初中及以下、高中或中专、大专、本科文化程度的，分别大约高出0.82、0.62、0.32、0.28；本科文化程度的青年评分显著高于初中及以下、高中或中专文化程度的，分别大约高出 0.54、0.34；大专文化程度的青年评分显著高于初中及以下文化程度的，大约高出 0.50。

表 7-41　不同文化程度青年在择偶拥挤感上的方差分析

文化程度	N	平均数	标准差	F	Sig.	多重比较
初中及以下	115	2.34	1.091	12.489	0.000	研究生>其他
高中或中专	139	2.54	1.058			本科>初中
大专	197	2.84	1.027			本科>高中
本科	400	2.88	0.932			大专>初中
研究生及以上	91	3.16	0.860			

上述分析表明，青年的择偶拥挤感可能与文化程度之间存在着一定程度的正相关关系，即学历越高，周围大龄未婚青年的比例越高，择偶拥挤的感受越强烈。

(九) 青年的文化程度与择偶结果现状

通过对青年文化程度与择偶结果现状进行交互统计（见表 7-42），结果显示，不同文化程度的青年在择偶结果现状上存在着统计意义上的显著性差异。具体表现为：在没有对象的回答上，大专文化程度青年的比例最高，其次是高中或中专的，再次是初中及以下的，第四是本科的，研究生及以上的比例最低；而在有对象的回答上，则恰恰相反。这在一定程度上反映出，在性别失衡的背景下，受到择偶挤压影响更为严重的可能是较低学历的青年。

表 7-42　青年择偶结果现状与文化程度的交互统计

单位:%

择偶地域范围＼文化程度	初中及以下	高中或中专	大专	本科	研究生及以上	合计
没有对象	25.0	25.7	31.6	21.0	15.2	23.8
有 对 象	75.0	74.3	68.4	79.0	84.8	76.2
(n)	(116)	(136)	(193)	(400)	(92)	(937)

Pearson Chi-Square = 12.324　df = 4　Sig. = .015

因此，在不同文化程度的青年中，在择偶问题上最应当关注的是进城务工的较低学历的青年。这些青年在城市中生存，不仅面临着工作和就业的问题，而且还要应对生活与婚恋问题。婚恋问题解决不好，不仅对于父母和家庭而言是一个沉重的压力和负担，而且在一定程度上也可能会影响到整个国家和社会的安定与秩序。

第八章 性别失衡对城市青年择偶模式的直接影响

性别失衡是否以及通过怎样的方式或途径影响城市青年择偶呢？按照研究目的的类型来说，本书应当属于解释性研究。这种研究的主要目的在于发现自变量与因变量间的因果关系，即因变量是否以及在何种程度上受到自变量的影响而发生变化。然而，在现实生活中，社会学的问卷调查研究往往不能够像实验研究那样明确地得到自变量与因变量之间较为确定的因果关系。而本研究所关注的城市青年择偶，由于受到社会生活中如父母家庭背景、社会经济资本及社交心理因素等多种变量的影响，几乎不大可能通过问卷调查研究的方式，明确得出性别失衡与城市青年择偶之间的确定因果关系。基于此，在本研究中，权且将性别失衡界定为"自变量"，而其他中间变量如"父母家庭背景"、"社会经济资本"、"社交心理因素"等界定为"解释变量"，而将所要考察的受到"自变量"和其他"解释变量"影响的变量——择偶模式称为"因变量"。本章着重考察性别失衡对城市青年择偶的直接影响，也就是说性别失衡可能会直接给城市青年择偶带来哪些问题，即在不加入其他解释变量的前提下，对性别失衡在城市青年择偶过程中的影响进行研究与分析。

一 变量的设置与处理

在进行实证检验前，要对涉及的相关变量及其测量指标进行设置与处理。

（一）因变量

本研究的因变量为：择偶模式。鉴于择偶问题的复杂性，在本研究中，将其操作化为：择偶时间、择偶形式、择偶途径、择偶条件自评、择偶标准、择偶参谋、择偶地域范围、择偶难易程度以及择偶结果等多个方面，本章着重考察的是性别失衡影响较为明显的四个方面，即择偶时间、择偶途径、择偶地域范围以及择偶结果。在研究中，选择了理想婚龄、择偶途径、通婚范围以及婚恋状态等四个变量或指标来进行具体分析。

1. 理想婚龄

在对青年择偶时间的分析上，本研究主要考察的是青年对合适恋爱时间、合适结婚时间、大龄未婚标准以及理想婚龄等方面的认识或看法。对合适恋爱时间、合适结婚时间和大龄未婚标准又分男女两种情况进行了考察。在前面的章节中，已经对上述指标做了一些概要和基本的分析。本章将着重选择"理想婚龄"这一指标进行深入分析。理想婚龄，即青年对自己的理想结婚年龄的一种认识与判断，在调查中通过询问"您希望自己在多少岁时结婚最为理想"而获得数据。该变量为定距变量，数据结果显示该变量呈正态分布，分析时采用最小二乘法（OLS）进行估计。

2. 择偶途径

对择偶途径的分析，本研究主要关注的是青年在择偶时更倾向于选择什么样的途径或方式来寻找对象，其中包括在一个单位工作、偶然机会相识、原来的同学、同事朋友介绍、父母或家人介绍、工作关系认识、从小就认识、通过互联网认识等。按照大类划分，可以简单分为"自己认识"和"他人介绍"两类。其中，"自己认识"主要包括：在一个单位工作、偶然机会相识、原来的同学、工作关系认识、从小就认识以及通过互联网认识；"他人介绍"主要包括：同事朋友介绍、父母或家人介绍、婚介介绍。由于按大类划分后的择偶途径为二分类变量，因而采用二元 Logistic 回归分析。

3. 通婚范围

对择偶地域范围的分析，本研究主要考察了青年对"乡村"、"镇"、"县城（包括县级市）"以及"城市（地级市及以上）"四类地域范围的选择情况。在问卷调查中，由于将择偶地域范围按照未婚和已婚分别进行了调查，这里将择偶地域范围期望和择偶地域范围实际进行了整合，统一纳入之后的分析。需要说明的是，对于"镇"和"县城（包括县级市）"的回答，由于频数都不太多，同时为了与统计数据中的划分保持一致，以便于作对比分析，因此将这两类回答进行了合并。同时，为了在样本量有限的情况下能够进行进一步的深入分析，本研究将青年通婚范围进行了进一步类别整合，分为"城市"和"非城市"（包括乡村、镇或县城）两类，这样整合后的通婚范围为二分类变量，因而可以对其进行二元 Logistic 回归分析。

4. 婚恋状态

在对青年择偶结果现状的分析上，研究通过询问调查对象是否有恋爱对象，是否谈过恋爱，是否结婚等问题，获得了青年婚恋状态的基本情况。根据以上问题，将青年择偶的结果可以分为"没有对象，也没有谈过恋爱"、"没有对象，但以前谈过恋爱"、"有对象，正在恋爱中"、"有对象，已经结婚"等四种情况，按大类来划分，主要包括："有恋爱对象"和"无恋爱对象"两类。整合后的婚恋状态为二分类变量，因而也可以对其进行二分类 Logistic 回归分析。

（二）自变量

本研究所关心的主要问题在于性别失衡对城市青年择偶的影响，因此核心自变量是：性别失衡。然而，性别失衡作为一种宏观的人口结构背景，必须要将其操作化为具体的、可以感受到的社会现实变量，才能观测到其对城市青年择偶的影响。因此，对于这一核心自变量的分析，本研究设计了专门的章节，利用大量的人口统计数据资料，对我国性别结构失衡的基本情况与表现特征进行详细分析（详见第四章）。基于统计数据分析的结果，研究将性别失衡这一核心自变量，操作化为：行业性别结构失衡、地域性别结构失衡、年龄组性别结构失衡和学历性别结构失衡，因此，相应地就有了行业类别、地域类别（分所在城市和出生地）、年龄组类别和文化程度类别等四个具体指标。

1. 行业类别

由于受到现实生活中多种因素的影响和困扰，本研究主要选择了五大类行业的青年作为调查对象，其中包括：住宿餐饮业、批发零售业、教育业、卫生和社会工作、公共管理和社会组织。基于对我国行业性别结构失衡状况的分析，本研究在第六章的分析中，以住宿餐饮业和批发零售业为参照，将行业类别大致归为三类，其中，教育业、卫生和社会工作属"女性偏多的行业"，公共管理和社会组织为"男性偏多的行业"，住宿餐饮业和批发零售业为"中间行业"。由于行业类别属于定类变量，在回归分析中，需要转换为虚拟变量。具体操作：以"中间行业"为参照，设"女性偏多的行业为1，其他为0"，"男性偏多的行业为1，其他为0"。

2. 地域类别

对于地域的考察，本研究分为所在城市和出生地两个方面。限于人力、经费、精力等方面的制约，调查的城市选择了南京和保定两个城市。出生地，主要通过询问调查对象的出生地是："农村"、"镇"、"县城（包括县级市）"、"城市（地级市及以上）"，还是"其他"，通过对调查结果的整合，主要分为"乡村"、"镇或县城"以及"城市"等三类。基于对我国地域性别结构失衡状况的分析，本研究在第六章的分析中，以镇或县城为参照，出生于城市代表的是"低程度性别失衡地域"，出生于乡村代表的是"高程度性别失衡地域"。由于地域类别属于定类变量，在回归分析中，需要转换为虚拟变量。具体操作：以"南京"为参照，设"保定为1，南京为0"；以"镇或县城"为参照，设"低程度性别失衡地域为1，其他为0"，"高程度性别失衡地域为1，其他为0"。

3. 年龄组类别

如前所述，本研究所关心的青年是18~35岁之间的年轻人。按照每6年一组，可以将年龄组划分为三组，分别为：18~23岁、24~29岁、30~35岁。根据对我国年龄组性别结构失衡状况的分析，本研究在第六章中，以24~29岁年龄组为参照，将18~23岁界定为"低程度性别失衡年龄组"，30~35岁界定为"高程度性别失衡年龄组"。由于年龄组类别属于定类变量，在回归分析中，需要转换为虚拟变量。具体操作：以"24~29

岁"为参照，设"低程度性别失衡年龄组为1，其他为0"，"高程度性别失衡年龄组为1，其他为0"。

4. **文化程度类别**

对于文化程度的考察，调查中分为了"小学及以下"、"初中"、"高中或中专"、"大专"、"本科"、"研究生及以上"等6类。根据对我国学历性别结构失衡状况的分析，本研究在第六章中，以高中或中专为参照，将"大专及以上"界定为"低性别失衡文化程度类别"，"初中及以下"界定为"高性别失衡文化程度类别"。由于文化程度类别属于定类变量，在回归分析中，需要转换为虚拟变量。具体操作：以"高中或中专"为参照，设"低性别失衡文化程度类别为1，其他为0"，"高性别失衡文化程度类别为1，其他为0"。

（三）控制变量

性别、婚姻状况、政治面貌不同以及是否独生子女对城市青年择偶可能会有一定的影响，因此，需要明确不同群体之间在性别失衡的背景下对城市青年择偶的影响是否有显著差异。故本研究将性别、婚姻状况、政治面貌和是否独生等四个变量纳入控制变量，研究不同性别、婚姻状况、政治面貌和是否独生子女对城市青年择偶的影响。这四个变量均属于定类变量，需要将其转换为虚拟变量。具体的操作情况如下。

性别，将"女性设为1，男性为0"，以男性为参照。

婚姻状况[①]，将"已婚设为1，未婚为0"，以未婚为参照。

政治面貌[②]，以中共党员和民主党派为参照，分别将"共青团员设为1，其他为0"，将"群众设为1，其他为0"。

是否独生子女，以独生子女为参照，将"非独生子女设为1，独生子女为0"。

[①] 需要说明的是，在问卷调查中还设计了"离婚"、"丧偶"等备选项，但"离婚"的频数为2，"丧偶"的频数为0，不足以作为一个类别来进行分析，故未将其纳入回归分析。

[②] 需要说明的是，由于在实际调查资料中民主党派的频数为10，不足以单独作为一个类别来进行分析，若作为单独类别，因频数太少、比例太低，可能会对回归的结果产生较大偏误，而加之与中共党员均属于党派系列，故将其与中共党员进行合并，纳入回归分析。

表 8-1 变量描述统计

变量名称	均 值	标准差	最小值	最大值
理想婚龄	26.5500	2.5390	20	40
教育卫生行业（批零住餐业=0）	0.3918	0.4884	0	1
公共管理行业（批零住餐业=0）	0.2288	0.4203	0	1
所在城市（保定=0）	0.4535	0.4981	0	1
城市（镇或县城=0）	0.3665	0.4821	0	1
乡村（镇或县城=0）	0.4429	0.4970	0	1
18~23岁组（24~29岁组=0）	0.1996	0.3999	0	1
30~35岁组（24~29岁组=0）	0.3584	0.4798	0	1
大专及以上组（高中或中专=0）	0.7312	0.4436	0	1
初中及以下组（高中或中专=0）	0.1213	0.3267	0	1
性别（男性=0）	0.7053	0.4561	0	1
婚姻状态（未婚=0）	0.5466	0.4981	0	1
共青团员（中共和民主=0）	0.3006	0.4588	0	1
群众（中共和民主=0）	0.4051	0.4912	0	1
是否独生（独生=0）	0.5361	0.4990	0	1

二 性别失衡对青年理想婚龄的影响

（一）性别失衡对青年理想婚龄的影响假设

性别失衡在年龄结构上的表现所带来的直接影响即是推迟适龄青年的结婚年龄。在性别结构失衡的背景下，由于在同龄群体中，部分"多余"青年无法找到与自己相匹配的同龄人作为结婚对象，因此可能会选择向上或向下年龄阶段的青年作为备选对象，这就在一定程度上造成了通婚年龄范围的扩大。而根据择偶梯度理论的假设，"男大女小"的年龄梯度模式可能就会导致男性更倾向于找比自己小的女性，而女性则更倾向于找比自己大的男性，但性别结构的失衡，在传统的择偶梯度模式下，必然会导致出现结构性的"过剩"。这种长时间的"过剩"，将必然会导致青年婚龄的推迟。基于此，本研究做出如下假设：

假设1：性别失衡对青年理想婚龄具有直接的影响作用。性别失衡程度越高的行业、地域、年龄组、文化程度类别的青年，越倾向于推迟其理想结婚年龄，即理想婚龄越大；性别失衡程度越低的行业、地域、年龄组、文化程度类别的青年，则越倾向于早点恋爱、早点结婚，即理想婚龄越小。

(二) 性别失衡对青年理想婚龄影响的实证检验

从性别失衡对青年理想婚龄的影响模型中（见表8-2），可以看到，行业类别、所在城市、出生地类别、年龄组类别、文化程度类别等5个自变量对青年理想婚龄影响的回归模型整体回归效果检验的F值等于10.805，p值为0.000，小于0.05，达到显著性水平，表明多元相关系数不等于0，以这5个自变量，可以有效预测青年的理想婚龄。5个自变量与因变量的多元相关系数为0.324，R Square为0.105，表明这5个自变量可解释因变量总变异量的10.5%。从回归系数中可以发现：18~23岁组与24~29岁组的对比中，在理想婚龄方面的差异显著，Beta = -0.122（p = 0.002），由于回归系数为负，表明18~23岁组的理想婚龄较低；大专及以上组与高中或中专组的对比中，在理想婚龄方面的差异显著，Beta = 0.190（p = 0.000），由于回归系数为正，表明大专及以上组的理想婚龄较高；初中及以下组与高中或中专组的对比中，在理想婚龄方面的差异也显著，Beta = -0.130（p = 0.002），由于回归系数为负，表明初中及以下组的理想婚龄较低。加入性别、婚姻状况、政治面貌以及是否独生等4个控制变量后，5个自变量和4个控制变量所建立的回归模型，整体回归效果检验的F值等于22.345，p值为0.000，小于0.05，也达到显著性水平，表明多元相关系数不等于0，以这5个自变量和4个控制变量，可以有效预测青年的理想婚龄。5个自变量和4个控制变量与因变量的多元相关系数为0.527，R Square达到0.278，表明这5个自变量和4个控制变量可解释因变量总变异量的27.8%。可见加入控制变量后，大大提高了模型的解释力。

从回归系数中则可以发现：18~23岁组与24~29岁组的对比，大专及以上组与高中或中专组的对比，初中及以下组与高中或中专组的对比，均依然显著。与此同时，30~35岁组与24~29岁组对比的影响显现出来，从回归系数来看：30~35岁组与24~29岁组的对比中，青年理想婚龄的差异达到显著，Beta = 0.147（p = 0.000），由于回归系数为正，

表8-2 性别失衡对青年理想婚龄的影响（OLS）

投入变量名称	理想婚龄模型1a B	Beta	Sig.	理想婚龄模型1b B	Beta	Sig.
行业类别[a]						
教育卫生	-0.423	-0.081	0.113	-0.315	-0.061	0.196
公共管理	-0.239	-0.039	0.424	-0.175	-0.029	0.526
所在城市[b1]	-0.259	-0.051	0.144	-0.16	-0.031	0.324
出生地类别[b2]						
城市	0.153	0.029	0.530	-0.073	-0.014	0.755
乡村	-0.015	-0.003	0.952	-0.054	-0.011	0.807
年龄组类别[c]						
18~23岁	-0.771	-0.122	0.002	-1.814	-0.287	0.000
30~35岁	-0.156	-0.030	0.420	0.776	0.147	0.000
文化程度类别[d]						
大专及以上	1.087	0.190	0.000	0.836	0.146	0.002
初中及以下	-1.001	-0.130	0.002	-0.82	-0.105	0.008
性别[e]				-1.025	-0.185	0.000
婚姻状况[f]				-2.32	-0.456	0.000
政治面貌[g]						
共青团员				-0.339	-0.062	0.129
群众				-0.088	-0.017	0.666
是否独生子女[h]				-0.426	-0.084	0.029
常数项	26.375		0.000	28.767		0.000
F	10.805		0.000	22.345		0.000
R	0.324			0.527		
R^2	0.105			0.278		

注：[a]"批零住餐业"为参照，[b1]"南京"、[b2]"镇或县城"为参照，[c]"24~29岁"为参照，[d]"高中或中专"为参照，[e]"男性"为参照，[f]"未婚"为参照，[g]"中共党员和民主党派"为参照，[h]"独生子女"为参照。（下同）

表明30~35岁组青年的理想婚龄较高。此外，性别、婚姻状况以及是否独生子女的影响也十分显著，从回归系数来看：女性与男性的对比中，青年理想婚龄的差异达到显著，Beta=-0.185（p=0.000），由于回归系数为负，表明女性青年的理想婚龄较低一些；已婚与未婚的对比中，青年理想婚龄的差异也达到显著，Beta = -0.456（p=0.000），由于回归系数为负，表明已婚青年的理想婚龄较低一些；非独生与独生的对比中，青年理想婚龄的差异也达到显著，Beta = -0.084（p=0.029），由于回归系数为负，表明非独生子女的理想婚龄较低。

总的来说，从数据结果上看，在性别失衡的影响下，年龄越低，青年的理想婚龄越小；学历越高，青年的理想婚龄越大；女性比男性、已婚青年比未婚青年、非独生子女比独生子女的理想婚龄更低一些。研究假设1中，年龄组类别和文化程度类别假设得到部分验证。

三 性别失衡对青年择偶途径的影响

（一）性别失衡对青年择偶途径的影响假设

理论上讲，在性别结构失衡的背景下，不同行业、地域、年龄、文化程度的青年，其择偶途径也可能有所不同。一般而言，性别失衡程度较高的行业、地区，年龄较大、文化程度较高的青年，为了更好地找到合适的结婚对象，会倾向于接受他人介绍的方式，来选择配偶。而相反，性别失衡程度较低的，可能会利用结构上的现存优势，自己主动去结识另一半。基于此，本研究做出如下假设。

假设2：性别失衡对青年择偶途径有直接的影响作用。性别失衡程度高的行业、地域、年龄组、文化程度类别的青年，更能够接受"他人介绍"；性别失衡程度低的行业、地域、年龄组、文化程度类别的青年，则更倾向于"自己认识"。

（二）性别失衡对青年择偶途径的实证检验

由前面章节的分析，我们可以发现，不同行业、地域、年龄组、文化程度的青年在择偶途径上分别存在着不同程度的差异，这为我们进行深入分析做了初步的探索。根据以往的研究表明，青年的择偶途径从大类上可以划分为"自己认识"和"他人介绍"两类，因此，在这里我们着重分析性别失衡对这两类择偶途径的影响。

为了检验性别失衡对青年择偶途径选择是否存在直接效应，我们对青年"自己认识"和"他人介绍"这两类择偶途径进行 Logistic 回归分析。研究过程中,先将行业类别、所在城市、出生地类别、年龄组类别、文化程度类别等5个变量,纳入回归方程,然后在此基础上将被访者的性别、婚姻状况、政治面貌、是否独生子女等控制变量纳入回归方程,通过比较两个回归模型的解释力以及回归系数的显著性来考察性别失衡对青年择偶途径的直接效应。

从表8-3可以发现,行业类别、所在城市、出生地类别、年龄组类别、文化程度类别5个自变量对能、不能接受大型相亲会组别预测的回归模型中,其整体模型显著性检验的 $X^2=63.361$（p值小于0.001）,达到显著性水平;而 Hosmer - Lemeshow 检验值 $=14.129$（$p>0.05$）,未达到显著性水平,表示这5个自变量所建立的回归模型拟合优度（Goodness of Fit）较为理想。就关联强度系数而言,Cox - Snell 关联强度值和 Nagelkerke 关联强度指标值分别为0.076和0.104,表明这5个自变量,与因变量之间存在着一定程度的相关性,但这也意味着可能还有更多相关性更强的变量存在,需要我们进一步研究与挖掘。就个别参数的显著性指标来看,只有年龄组类别这一个自变量的 Wald 指标值为30.606,达到0.05的显著性水平,表明青年所在的年龄组类别可能与其择偶途径是自己认识还是他人介绍之间存在着显著关联。

表8-3 性别失衡对青年择偶途径的影响（BLR）

投入变量名称	B	S. E.	Wald 值	Df	Exp（B）
行业类别[a]			5.025	2	
教育卫生	0.527	0.272	3.743	1	1.693
公共管理	0.208	0.297	0.491	1	1.231
所在城市[b1]	0.219	0.160	1.885	1	1.245
出生地类别[b2]			4.025	2	
城市	0.127	0.226	0.315	1	1.135
乡村	-0.263	0.224	1.379	1	0.769
年龄组类别[c]			30.606***	2	
18～23 岁	-0.788	0.268	8.636**	1	0.455
30～35 岁	0.616	0.167	13.569***	1	1.851

续表

投入变量名称	B	S. E.	Wald 值	Df	Exp（B）
文化程度类别[d]			3.544	2	
大专及以上	-0.418	0.296	1.991	1	0.658
初中及以下	0.186	0.303	0.376	1	1.204
常数项	-0.690	0.299	5.320*	1	0.502
关联强度	Cox – Snell R^2 = 0.076 Nagelkerke R^2 = 0.104				
整体拟合优度检验	X^2 = 63.361*** Hosmer – Lemeshow 检验值 = 14.129n. s.				

注：* $p<0.05$；** $p<0.01$；*** $p<0.001$；n. s. $p>0.05$。（下同）

具体来看[1]，年龄组类别（18~23岁）的偏回归系数为 -0.788，OR值为0.455；年龄组类别（30~35岁）的偏回归系数为0.616，OR值为1.851。基于上述分析，青年对于择偶途径是自己认识还是他人介绍，18~23岁组青年比24~29岁组青年更倾向于不通过他人介绍而是自己认识，而30~35岁青年比24~29岁青年更有可能通过他人介绍。研究假设2中，年龄组类别的假设得到部分验证。

接下来，我们再看加入控制变量后的回归模型结果。

表8-4 性别失衡对青年择偶途径的影响：加控制变量后（BLR）

投入变量名称	B	S. E.	Wald 值	Df	Exp（B）
行业类别[a]			3.592	2	
教育卫生	0.525	0.292	3.246	1	1.691
公共管理	0.318	0.320	0.983	1	1.374
所在城市[b1]	0.197	0.170	1.339	1	1.218
出生地类别[b2]			3.669	2	
城市	0.218	0.247	0.781	1	1.244
乡村	-0.237	0.237	1.002	1	0.789
年龄组类别[c]			0.813	2	

---

[1] 由于在Logistic回归分析中，SPSS拟合模型时默认"他人介绍"为阳性结果，因此本研究拟合的模型是logit（P | y = 他人介绍），特此说明。

续表

投入变量名称	B	S. E.	Wald 值	Df	Exp（B）
18~23 岁	0.066	0.310	0.046	1	1.069
30~35 岁	0.172	0.193	0.791	1	1.187
文化程度类别[d]			0.292	2	
大专及以上	-0.153	0.316	0.235	1	0.858
初中及以下	0.018	0.319	0.003	1	1.018
性别[e]	0.507	0.184	7.569**	1	1.660
婚姻状况[f]	1.323	0.233	32.21***	1	3.756
政治面貌[g]			4.098	2	
共青团员	0.066	0.242	0.074	1	1.068
群众	0.383	0.203	3.552	1	1.467
是否独生子女[h]	0.178	0.208	0.736	1	1.195
常数项	-2.428	0.450	29.16***	1	0.088
关联强度	Cox - Snell R^2 = 0.135 Nagelkerke R^2 = 0.184				
整体拟合优度检验	X^2 = 114.681*** Hosmer - Lemeshow 检验值 = 8.104n. s.				

从表 8-4 可以发现，在加入性别、婚姻状况、政治面貌和是否独生子女等 4 个控制变量后，5 个自变量和 4 个控制变量对自己认识、他人介绍组别预测的回归模型中，其整体模型显著性检验的 X^2 = 114.681（p 值小于 0.001），达到显著性水平；而 Hosmer - Lemeshow 检验值 = 8.104（p > 0.05），未达到显著性水平，表示这 5 个自变量和 4 个控制变量所建立的回归模型拟合优度（Goodness of Fit）较为理想。就关联强度系数而言，Cox - Snell 关联强度值为 0.135，比未加控制变量前增加了 0.059，Nagelkerke 关联强度指标值为 0.184，比未加控制变量前增加了 0.080。可见，加入控制变量后，大大提高了整体模型的解释力，使得模型中的各个变量与因变量之间的关联强度大幅增加。就个别参数的显著性指标来看，只有性别和婚姻状况这 2 个控制变量的 Wald 指标值分别为 7.569、32.21，达到 0.05 的显著性水平，而在原来模型中达到显著性水平的年龄组类别变量的影响作用消失。这在一定程度上反映出，性别、婚姻状况可能与青年

的择偶途径是自己认识还是他人介绍之间显著相关。

具体来看,性别的偏回归系数为 0.507,OR 值为 1.660;婚姻状况的偏回归系数为 1.323,OR 值为 3.756。从数据结果来看,对于择偶途径是自己认识还是他人介绍,女青年比男青年更倾向于通过他人介绍,已婚青年比未婚青年也更有可能通过他人介绍而非自己认识。

四 性别失衡对青年通婚范围的影响

(一) 性别失衡对青年通婚范围的影响假设

性别失衡在地域结构上的表现所带来的直接影响即是导致不同地域的青年之间会进行通婚,在某种程度上也就意味着必然会扩大青年的通婚范围。在性别结构失衡的背景下,由于在相同地域背景的群体中,部分"多余"青年无法找到与自己相匹配的相同地域背景青年作为结婚对象,因此可能会选择在其他地域范围内寻找合适的对象,这就在一定程度上造成了通婚地域范围的扩大。我国长期以来的城乡二元结构,再加上非城市地区长时间的出生性别比失衡,这样就可能导致非城市地区的青年会进入城市地区中来寻找对象,而城市地区的青年也有可能会选择非城市地区的青年结婚,在大量农村青年进城务工的人口流动背景下,这种大规模人口流动可能会对城市青年的婚恋市场造成一定的冲击。我国最近三十多年农村地区出生性别比的严重失衡,必然会导致农村地区适龄青年的"过剩",人口迁移流动的加剧,青年农民工进城务工,在城市中工作、生活、扎根,这就可能会带来非城市青年与城市青年之间的通婚现象。基于此,本研究做出如下假设。

假设 3:性别失衡对青年通婚范围具有直接的影响作用。性别失衡程度越高的行业、地域、年龄组、文化程度类别的青年,越倾向于扩大其通婚范围,即非城市青年倾向于找城市青年作为结婚对象;性别失衡程度越低的行业、地域、年龄组、文化程度类别的青年,则越有可能倾向于延续同类婚,即城市青年更倾向于找城市青年作为结婚对象。

(二) 性别失衡对青年通婚范围影响的实证检验

为了检验性别失衡对青年通婚范围是否存在直接效应,我们对青年通婚地域范围分"城市"和"非城市"两类进行 Logistic 回归分析。研究过程中,先将行业类别、所在城市、出生地类别、年龄组类别、文化程度类别等 5 个变量,纳入回归方程,然后在此基础上将被访者的性别、婚姻状况、政治面貌、是否独生子女等控制变量纳入回归方程,通过比较两个回归模型的解释力以及回归系数的显著性来考察性别失衡对青年通婚范围的直接效应。

从表 8-5 可以发现,行业类别、所在城市、出生地类别、年龄组类别、文化程度类别 5 个自变量对通婚范围城市、非城市组别预测的回归模型中,其整体模型显著性检验的 X^2 = 210.889(p 值小于 0.001),达到显著性水平;而 Hosmer-Lemeshow 检验值 = 6.774(p > 0.05),未达到显著性水平,表示这 5 个自变量所建立的回归模型拟合优度(Goodness of Fit)较为理想。就关联强度系数而言,Cox-Snell 关联强度值和 Nagelkerke 关联强度指标值分别为 0.222 和 0.296,表明这 5 个自变量与因变量之间存在着一定程度的相关性。就个别参数的显著性指标来看,行业类别、出生地类别、年龄组类别这 3 个自变量的 Wald 指标值分别为 7.279、91.049、18.051,都达到 0.05 的显著性水平,表明所在行业类别、出生地类别、年龄组类别可能与通婚范围城市、非城市组别间显著关联。

表 8-5 性别失衡对青年通婚范围的影响(BLR)

投入变量名称	B	S.E.	Wald 值	Df	Exp(B)
行业类别[a]			7.279*	2	
教育卫生	0.503	0.252	3.985*	1	1.653
公共管理	0.759	0.282	7.224**	1	2.136
所在城市[b1]	0.143	0.166	0.745	1	1.154
出生地类别[b2]			91.049***	2	
城市	1.771	0.223	62.807***	1	5.876
乡村	0.035	0.212	0.028	1	1.036
年龄组类别[c]			18.051***	2	
18~23 岁	0.483	0.242	3.991*	1	1.621
30~35 岁	-0.575	0.185	9.677**	1	0.563
文化程度类别[d]			5.945	2	

续表

投入变量名称	B	S. E.	Wald 值	Df	Exp (B)
大专及以上	0.490	0.278	3.098	1	1.632
初中及以下	-0.251	0.323	0.605	1	0.778
常数项	-1.306	0.300	18.995***	1	0.271
关联强度	Cox – Snell R^2 = 0.222 Nagelkerke R^2 = 0.296				
整体拟合优度检验	X^2 = 210.889*** Hosmer – Lemeshow 检验值 = 6.774n. s.				

具体来看[1],行业类别（教育卫生）的偏回归系数为0.503,OR值为1.653；行业类别（公共管理）的偏回归系数为0.759,OR值为2.136。可见,在通婚范围的选择上,教育卫生、公共管理比批零住餐业青年更倾向于选择"城市"。而出生地类别（城市）的偏回归系数为1.771,OR值为5.876,这表明出生在城市的青年在择偶范围上选择"城市"的可能性更大。而年龄组类别（18～23岁）的偏回归系数为0.483,OR值为1.621；年龄组类别（30～35岁）的偏回归系数为-0.575,OR值为0.563。可见,18～23岁组青年比24～29岁组青年更有可能选择"城市",而30～35岁青年比24～29岁青年更有可能选择"非城市"。研究假设3中,行业类别、出生地类别和年龄组类别的假设得到部分验证。

接下来,我们再看加入控制变量后的回归模型结果。

表8-6 性别失衡对青年通婚范围的影响：加控制变量后（BLR）

投入变量名称	B	S. E.	Wald 值	Df	Exp (B)
行业类别[a]			11.439**	2	
教育卫生	0.671	0.274	6.012*	1	1.956
公共管理	1.065	0.315	11.415**	1	2.901
所在城市[b1]	0.055	0.180	0.094	1	1.057
出生地类别[b2]			64.133***	2	
城市	1.748	0.249	49.454***	1	5.745

---

[1] 由于在Logistic回归分析中,SPSS拟合模型时默认"城市"为阳性结果,因此本研究拟合的模型是logit（P｜y=城市）,特此说明。

续表

投入变量名称	B	S.E.	Wald 值	Df	Exp（B）
乡村	0.011	0.233	0.002	1	1.011
年龄组类别[c]			4.129	2	
18~23 岁	-0.505	0.285	3.146	1	0.604
30~35 岁	0.212	0.225	0.885	1	1.236
文化程度类别[d]			3.910	2	
大专及以上	0.476	0.300	2.511	1	1.610
初中及以下	-0.174	0.355	0.240	1	0.840
性别[e]	0.526	0.194	7.375**	1	1.691
婚姻状况[f]	-2.075	0.253	67.488***	1	0.126
政治面貌[g]			5.037	2	
共青团员	0.308	0.248	1.541	1	1.361
群众	0.502	0.224	5.008**	1	1.652
是否独生子女[h]	-0.108	0.210	0.262	1	0.898
常数项	-0.855	0.426	4.028*	1	0.425
关联强度	Cox - Snell R^2 = 0.302 Nagelkerke R^2 = 0.403				
整体拟合优度检验	X^2 = 298.985*** Hosmer - Lemeshow 检验值 = 14.599n. s.				

从表 8-6 可以发现，在加入性别、婚姻状况、政治面貌和是否独生子女等 4 个控制变量后，5 个自变量和 4 个控制变量对城市、非城市组别预测的回归模型中，其整体模型显著性检验的 X^2 = 298.985（p 值小于 0.001），达到显著性水平；而 Hosmer - Lemeshow 检验值 = 14.599（p > 0.05），未达到显著性水平，表示这 5 个自变量和 4 个控制变量所建立的回归模型拟合优度（Goodness of Fit）较为理想。就关联强度系数而言，Cox - Snell 关联强度值为 0.302，比未加控制变量前增加了 0.080，Nagelkerke 关联强度指标值为 0.403，比未加控制变量前增加了 0.107。可见，加入控制变量后，大大提高了整体模型的解释力，使得模型中的各个自变量与因变量之间的关联强度大幅增加。

就个别参数的显著性指标来看，行业类别、出生地类别这 2 个自变量以及性别、婚姻状况这 2 个控制变量的 Wald 指标值分别为 11.439、

64.133、7.375、67.488，达到0.05的显著性水平，而在原来模型中达到显著性水平的年龄组类别变量的影响作用消失。这在一定程度上反映出，行业类别、出生地类别以及性别、婚姻状况、政治面貌可能与青年的通婚范围是城市还是非城市之间显著相关。

具体来看，行业类别（教育卫生）的偏回归系数为0.671，OR值为1.956；行业类别（公共管理）的偏回归系数为1.065，OR值为2.901。这一数据结果表明，在通婚范围的选择上，教育卫生、公共管理比批零住餐业青年更倾向于选择"城市"，加入控制变量后，其可能性也得到提高。而出生地类别（城市）的偏回归系数为1.748，OR值为5.745，这表明出生在城市的青年在择偶范围上选择"城市"的可能性更大，加入控制变量后，其可能性有了十分微小的降低。此外，性别的偏回归系数为0.526，OR值为1.691；婚姻状况的偏回归系数为-2.075，OR值为0.126。从数据结果来看，对于通婚范围是城市还是非城市，女青年比男青年更倾向于选择城市，已婚青年比未婚青年更有可能选择的是"非城市"。

五　性别失衡对青年婚恋状态的影响

（一）性别失衡对青年婚恋状态的影响假设

从理论上讲，在性别结构失衡的背景下，不同行业、地域、年龄、文化程度的青年在择偶结果现状上会存在不同程度的差异。一般而言，性别失衡程度较高的行业、来自性别失衡较为严重地区的青年，其择偶也会面临更多的困难，因而更有可能会处于没有对象的状态；而多数年龄较大、文化程度较高的青年，到婚恋年龄，利用自身优势，多数已经找到另一半，因而更有可能处于有对象的状态，但也有少部分文化程度较高的大龄未婚青年，由于受到性别结构失衡的影响以及其他种种原因，而处于没有对象的状态。基于此，本研究提出如下假设。

假设4：性别失衡对青年择偶结果有直接的影响作用。性别失衡程度高的行业、地域、年龄组、文化程度类别的青年，更有可能处于没有对象的状态；性别失衡程度低的行业、地域、年龄组、文化程度类别的青年，则更有可能处于有对象的状态。

(二) 性别失衡对青年婚恋状态影响的实证检验

由前面章节的分析，我们可以发现，不同行业、地域、年龄组、文化程度的青年在婚恋状态上也分别存在着不同程度的差异，这为我们进行更为深入的分析，做了初步的探索。按照有无对象，我们可以将青年的婚恋状态分为"没有对象"和"有对象"两类。这里我们主要分析性别失衡对这两种婚恋状态的影响。

为了检验性别失衡对青年婚恋状态是否存在直接效应，我们对青年"没有对象"和"有对象"这两类婚恋状态进行 Logistic 回归分析。研究过程中，先将行业类别、所在城市、出生地类别、年龄组类别、文化程度类别等 5 个变量，纳入回归方程，然后在此基础上将被访者的性别、婚姻状况、政治面貌、是否独生子女等控制变量纳入回归方程，通过比较两个回归模型的解释力以及回归系数的显著性来考察性别失衡对青年婚恋状态的直接效应。

表 8-7 性别失衡对青年婚恋状态的影响（BLR）

投入变量名称	B	S.E.	Wald 值	Df	Exp（B）
行业类别[a]			2.572	2	
教育卫生	-0.259	0.257	1.013	1	0.772
公共管理	0.101	0.298	0.114	1	1.106
所在城市[b1]	-0.174	0.179	0.952	1	0.840
出生地类别[b2]			3.823	2	
城市	-0.294	0.246	1.424	1	0.745
乡村	0.135	0.237	0.324	1	1.145
年龄组类别[c]			112.535***	2	
18~23 岁	-1.452	0.224	42.194***	1	0.234
30~35 岁	1.928	0.268	51.674***	1	6.879
文化程度类别[d]			3.357	2	
大专及以上	-0.380	0.287	1.758	1	0.684
初中及以下	0.177	0.323	0.300	1	1.193
常数项	1.546	0.325	22.654***	1	4.693

续表

投入变量名称	B	S. E.	Wald 值	Df	Exp（B）
关联强度	Cox – Snell R² = 0.167 Nagelkerke R² = 0.251				
整体拟合优度检验	X² = 170.664＊＊＊ Hosmer – Lemeshow 检验值 = 3.801 n. s.				

从表 8 – 7 可以发现，行业类别、所在城市、出生地类别、年龄组类别、文化程度类别 5 个自变量对没有对象、有对象组别预测的回归模型中，其整体模型显著性检验的 X^2 = 170.664（p 值小于 0.001），达到显著性水平；而 Hosmer – Lemeshow 检验值 = 3.801（p > 0.05），未达到显著性水平，表示这 5 个自变量所建立的回归模型拟合优度（Goodness of Fit）较为理想。就关联强度系数而言，Cox – Snell 关联强度值和 Nagelkerke 关联强度指标值分别为 0.167 和 0.251，表明这 5 个自变量与因变量之间存在着一定程度的相关性。就个别参数的显著性指标来看，只有年龄组类别这一个自变量的 Wald 指标值为 112.535，达到 0.05 的显著性水平，表明青年所在的年龄组类别可能与其婚恋状态是否有对象之间存在着显著关联。

具体来看[①]，年龄组类别（18 ~ 23 岁）的偏回归系数为 – 1.452，OR 值为 0.234；年龄组类别（30 ~ 35 岁）的偏回归系数为 1.928，OR 值为 6.879。基于上述分析，青年的婚恋状态是没有对象还是有对象，18 ~ 23 岁组青年比 24 ~ 29 岁组青年更不可能处于有对象的状态，而 30 ~ 35 岁青年比 24 ~ 29 岁青年更有可能已经有了对象。研究假设 4 中，年龄组类别的假设得到部分验证。

接下来，我们再看加入控制变量后的回归模型结果。

从表 8 – 8 可以发现，在加入性别、婚姻状况、政治面貌和是否独生子女等 4 个控制变量后，5 个自变量和 4 个控制变量对没有对象、有对象组别预测的回归模型中，其整体模型显著性检验的 X^2 = 177.403（p 值小于

---

① 由于在 Logistic 回归分析中，SPSS 拟合模型时默认"有对象"为阳性结果，因此本研究拟合的模型是 logit（P｜y = 有对象），特此说明。

0.001），达到显著性水平；而 Hosmer – Lemeshow 检验值 = 3.038 （p > 0.05），未达到显著性水平，表示这 5 个自变量和 4 个控制变量所建立的回归模型拟合优度（Goodness of Fit）较为理想。就关联强度系数而言，Cox – Snell 关联强度值为 0.174，比未加控制变量前增加了 0.007，Nagelkerke 关联强度指标值为 0.261，比未加控制变量前增加了 0.010。可见，加入控制变量后，使得模型中的各个变量与因变量之间的关联强度得到增加，但增加的幅度不大。就个别参数的显著性指标来看，只有年龄组类别这一自变量和政治面貌这一个控制变量的 Wald 指标值分别为 91.896、6.788，达到 0.05 的显著性水平。这在一定程度上反映出，年龄组类别和政治面貌可能与青年的婚恋状态是没有对象还是有对象之间显著相关。

表 8 – 8　性别失衡对青年婚恋状态的影响：加控制变量后（BLR）

投入变量名称	B	S.E.	Wald 值	Df	Exp（B）
行业类别[a]			2.806	2	
教育卫生	－0.342	0.261	1.715	1	0.710
公共管理	－0.005	0.307	0.000	1	0.995
所在城市[b1]	－0.189	0.183	1.061	1	0.828
出生地类别[b2]			0.980	2	
城市	－0.174	0.261	0.444	1	0.841
乡村	0.072	0.247	0.086	1	1.075
年龄组类别[c]			91.896***	2	
18～23 岁	－1.395	0.227	37.857***	1	0.248
30～35 岁	1.827	0.280	42.431***	1	6.213
文化程度类别[d]			2.436	2	
大专及以上	－0.374	0.295	1.608	1	0.688
初中及以下	0.115	0.334	0.118	1	1.121
性别[e]	0.037	0.190	0.039	1	1.038
政治面貌[g]			6.788*	2	
共青团员	－0.627	0.247	6.459*	1	0.534
群众	－0.536	0.263	4.159*	1	0.585
是否独生子女[h]	0.310	0.215	2.075	1	1.363

续表

投入变量名称	B	S. E.	Wald 值	Df	Exp（B）
常数项	1.848	0.422	19.209***	1	6.347
关联强度	Cox – Snell R² = 0.174 Nagelkerke R² = 0.261				
整体拟合优度检验	X² = 177.403*** Hosmer – Lemeshow 检验值 = 3.038n. s.				

具体来看，年龄组类别（18~23 岁）的偏回归系数为 -1.395，OR 值为 0.248；年龄组类别（30~35 岁）的偏回归系数为 1.827，OR 值为 6.213；政治面貌（共青团员组）的偏回归系数为 -0.627，OR 值为 0.534；政治面貌（群众组）的偏回归系数为 -0.536，OR 值为 0.585。数据结果表明，青年的婚恋状态是没有对象还是有对象，18~23 岁组青年比 24~29 岁组青年更不可能处于有对象的状态，而 30~35 岁青年比 24~29 岁青年更有可能已经有了对象，政治面貌为共青团员、群众的青年比中共党员和民主党派的青年更不可能处于有对象的状态。

第九章　性别失衡影响城市青年择偶的内在机制

择偶是一种非常复杂的社会现象，在性别结构失衡的背景下，城市青年择偶也可能还会受到其他各种因素的影响。从已有的研究成果结合理论分析来看，在中国，父母家庭（包括父母亲的自身因素、家庭社会经济地位、父母对子女择偶的影响力）、各类资本（包括物质资本、人力资本、社会资本等）、心理因素（个人的性格特征、社会交往能力）等因素，都有可能会在城市青年择偶过程中发挥影响作用。鉴于此，本章的主要目标是发现影响城市青年择偶的内在机制，并对它们在性别失衡背景下影响作用的变化情况进行分析，以验证相关研究假设。

一　变量与假设

在前一章节中，我们已经对因变量、自变量、控制变量进行了明确设置与处理，在此基础上，需要对新增解释变量加以明确，并对其进行设置与处理，而后提出相关的研究假设。

（一）解释变量

基于对以往研究的回顾与分析，加上日常生活经验以及理论推断，本研究认为，父母、家庭、物质资本、社会资本、自我认识、个性特征以及社交心理等因素都有可能在一定程度上影响到城市青年择偶。因此，在本研究中，需要将这些因素一起作为解释变量，对其影响作用进行比较和分析，从而明确性别失衡这一结构性变量的相对影响作用。主要的解释变量，可以分为三类，包括：父母家庭的影响（程度高低）、各类资本的力量（力度强弱）以及心理因素的作用（作用大小）。

1. 父母家庭影响

主要用父母家庭的社会阶层自评和父母在择偶上的影响大小两个指标来衡量。

其中，父母家庭的社会阶层自评，主要包括了五个层次："下等阶层"、"中下等阶层"、"中等阶层"、"中上等阶层"以及"上等阶层"。父母在择偶上的影响，主要包括了四种程度："一点也没有影响"、"不大有影响"、"有些影响"和"非常有影响"。由于这两个变量均属于定序变量，在线性回归分析中，为了方便研究结果的解释，可以将其近似看作是定距变量，纳入回归方程。而在 Logistic 回归分析中，需要转换为虚拟变量。具体操作：以"下等阶层"为参照，设"中下等阶层为1，其他为0"，"中等阶层为1，其他为0"，"中上等阶层为1，其他为0"，"上等阶层为1，其他为0"；以"一点也没有影响"为参照，设"不大有影响为1，其他为0"，"有些影响为1，其他为0"，"非常有影响为1，其他为0"。

2. 各类资本力量

主要用物质资本和社会资本来进行考察。[①]

其中，物质资本主要用月收入和住房情况来进行衡量。在问卷调查中，月收入的选择列了13个选项，分别是："1100元及以下"、"1101~1400元"、"1401~1700元"、"1701~2000元"、"2001~2500元"、"2501~3000元"、"3001~4000元"、"4001~5000元"、"5001~7000元"、"7001~9000元"、"9000元以上"以及"不回答"、"不清楚"。根据调查数据结果，利用区间值计算法，对月收入进行了重新计算，将其转换成了定距变量。

住房情况，在问卷调查中主要包括"单位的宿舍"、"自己租的房子"、

[①] 各类资本力量中，理应包含人力资本的因素。但由于在性别失衡变量中，已经纳入了文化程度类别这一变量，而人力资本的代表变量受教育程度、受教育年限等，在某种意义上，与文化程度类别存在着较强的相关关系，本研究所关注的重点在于文化程度类别的影响，因而略去了纳入人力资本因素的分析。

"我父母的房子"、"自己买的房子"、"爱人父母的房子"和"其他"6 类选项,根据调查数据结果,将"我父母的房子"和"爱人父母的房子"进行了合并,"其他"项由于频数较少,且分析意义不大,故未纳入回归分析。因此,住房情况被分为了"单位的宿舍"、"自己租的房子"、"我父母的房子"以及"自己买的房子"4 类,以"单位的宿舍"为参照,设"自己租的房子为 1,其他为 0"、"我父母的房子为 1,其他为 0","自己买的房子为 1,其他为 0"。

对社会资本的衡量,本研究利用的是肖水源的社会支持评定量表。根据该量表的分析方法,社会支持主要包括:实际的客观社会支持、对支持的主观体验以及对支持的利用度三个方面。按照得分的高低,分别表示不同的社会支持程度。研究中,将社会支持的得分,按照量表的要求,分别进行了计算,得到实际的客观社会支持、对支持的主观体验和对支持的利用度得分,并将其加总,得到社会支持的总得分。

3. 心理因素作用

主要用自我认识、性格特征和社交焦虑三个量表来进行分析。

其中,自我认识、性格特征的考察,借鉴了南京大学风笑天教授的问卷调查量表。研究中,对自我认识、性格特征各量表中的项目进行了因子分析,自我认识量表得到正面自我认识和负面自我认识两个因子,性格特征量表得到负面个性特征、负面关系处理、正面关系处理三个因子,按照各个因子的方差贡献率,乘以因子得分,得到自我认识、性格特征总得分。而后,将其纳入回归模型进行分析。

社交焦虑的测量运用的是 Leary 的交往焦虑量表,该量表共有 15 条,其总评分从 15 分到 75 分之间,分别由低到高代表的是个体交往焦虑程度的不断提高。研究中,根据量表的要求,对每个被访者的交往焦虑得分进行计算后,得到社交焦虑总得分。将其纳入回归模型,进行后续的分析。

表 9-1 解释变量的描述统计

变量名称	均值	标准差	最小值	最大值
父母社会阶层自评	2.6600	0.7020	1	5
中下等阶层(下等阶层=0)	0.2471	0.4316	0	1

续表

变量名称	均 值	标准差	最小值	最大值
中等阶层（下等阶层=0）	0.6294	0.4832	0	1
中上等阶层（下等阶层=0）	0.0454	0.2083	0	1
上等阶层（下等阶层=0）	0.0053	0.0725	0	1
父母择偶影响自评	2.5600	0.8430	1	4
不大有影响（一点也没影响=0）	0.2830	0.4507	0	1
有些影响（一点也没影响=0）	0.4851	0.5000	0	1
非常有影响（一点也没影响=0）	0.1032	0.3044	0	1
月收入	2732.9978	1253.1892	550	8000
高收入（低收入=0）	0.4899	0.5002	0	1
自己租的房子（单位宿舍=0）	0.2386	0.4265	0	1
父母的房子（单位宿舍=0）	0.3557	0.4790	0	1
自己买的房子（单位宿舍=0）	0.2842	0.4513	0	1
主观支持得分	22.1380	4.5999	9	32
客观支持得分	8.2890	2.8785	1	19
对支持的利用度得分	7.2490	1.7387	3	12
社会支持总得分	37.6760	6.7140	15	58
社交焦虑总得分	42.5400	8.5287	15	70

（二）自变量与解释变量之间的关系假设

如前所述，本研究的主要研究内容之一，即考察性别失衡影响城市青年择偶的内在机制，这其中涉及自变量、解释变量和因变量之间的因果关系问题。

首先，为了验证自变量和其他解释变量与因变量之间的因果关系，需要对自变量与解释变量之间的关系进行假设检验。由于性别失衡主要体现在行业、地域、年龄、文化程度等四个方面，因此，其对城市青年择偶所造成的影响，也主要由行业、地域、年龄和文化程度等四个变量所带来。[①]

根据以往的相关研究成果以及惯常的生活经验判断进行推论，本研究

---

① 为了表述上的明确和更易于理解，这里的研究假设描述，有时会用代表性别失衡的四个变量来替代性别失衡，进行表述。

认为，行业、地域、年龄、文化程度等因素对家庭社会阶层之间存在着一定程度上的相关关系。一般而言，在脑力劳动为主的行业、经济较为发达的地域，青年家庭所处的社会阶层相较于那些以体力劳动为主的行业、经济欠发达的地区一般较高。而随着个体年龄的增长，文化程度的提升，家庭社会阶层也会逐渐提高，但由于近年来我国社会变迁急剧，一些年龄较大、文化程度较高的青年，其父母家庭的社会阶层反而可能是处于较低的层面。而父母对青年择偶的影响大小，也在一定程度上受到行业、地域、年龄和文化程度的影响。一般而言，性别失衡较为严重的行业、地域，尤其是女性偏多的行业、地域，父母对其择偶的影响可能也会更大一些；而随着年龄的增加、文化程度的提高，个体的自主性会越来越强，使得父母对其择偶的影响越来越小，但不可否认的是，一些年龄较大、文化程度较高的青年过了婚龄仍然没有找到对象的，父母介入的可能性就会增加，对其择偶的影响也会增大。一般而言，脑力劳动为主的行业、经济水平较发达的地区，青年个体的经济收入水平也较高，其住房情况也更加倾向于租房甚至买房，其社会支持程度也会越高，而随着年龄的增加、文化程度的提升，个体的经济收入也会不断提高，住房情况也会逐渐得到改善，获得的社会支持也就越多。青年所处的行业不同、地区不同，其对于自己的认识和评价可能也会不同，其社会交往能力和水平也会有所不同。一般而言，脑力劳动为主的行业、来自经济较为发达地区的青年，更倾向于对自己有一个较好的正面评价，也更倾向于拥有较高水平的交往能力；而随着年龄的增加、文化程度的提高，个体会逐渐走向成熟，社会交往能力也会不断提高，因而也会更倾向于对自己进行较好的正面评价，交往焦虑的程度也会越低。基于此，本研究做出如下基本假设。

假设1：性别失衡与父母家庭影响、各类资本力量、心理因素作用之间存在相关关系。不同行业、地域、年龄、文化程度的青年，其父母家庭影响、各类资本力量和心理因素作用也各不相同。

（三）性别失衡对青年择偶的间接影响假设

本研究认为，性别失衡可能会通过父母家庭背景的影响、社会经济资本的力量以及社交心理因素的作用等多个内在机制对城市青年择偶产生影响。换句话说，也就意味着父母家庭背景的影响、社会经济资本的力量和社交心理因素的作用在对城市青年择偶造成影响的同时，由于性别结构失衡因素的介入，可能会加重或减轻上述机制的影响效应。

1. 父母家庭背景的影响机制假设

在中国，父母、家庭对于子女的择偶进行干预和影响是众所周知的，自古就有"父母之命"的说法，进入现代社会后，尽管提倡"婚姻自由、恋爱自主"，但父母家庭的影响仍然是不可避免的。相比较国外而言，中国的父母家庭在子女择偶上的影响可以说是全方位的。基于上述基本认识，本研究认为，一般而言，父母家庭社会阶层较高的青年，由于受到各种教育、"束缚"较多，可能会更加倾向于不能接受社会上所流行的择偶形式。如大型相亲会，如父母尝试代替子女去先行相亲，可能会导致逆反的青年更加倾向于不能接受父母所认可的择偶形式，而顺从的青年可能会更加倾向于接受父母所认可的择偶形式；在择偶途径上，父母家庭社会阶层较高、父母对择偶影响较大的青年，由于受到各种教育、"束缚"较多，父母影响较大，因而可能会更加倾向于接受他人介绍；在通婚范围上，父母家庭社会阶层较高、父母对择偶影响较大的青年，为了维护其现有的社会地位，可能会更加倾向于找相同地域范围内的青年；在婚恋状态上，父母家庭社会阶层较高的青年，由于占据了更多的资源优势，更有可能已经处于有对象的状态，而父母对择偶影响较大的青年，由于父母的介入太多，反而可能会影响青年正常的择偶，更有可能处于没有对象的状态。因此，本研究提出如下假设。

假设2：父母家庭背景会对青年相亲意愿、择偶途径、通婚范围、婚恋状态等方面造成影响，在性别失衡因素的介入下，会加重或减轻其中因素的影响效应。

2. 社会经济资本的力量机制假设

资本对于婚恋的影响作用，可谓是不分古今、不论中外的。在古代便有"门当户对"的传统，现如今"要房、要车"、"三大件"等也仍然不能超脱。齐美尔在其《货币哲学》一书中，已经对资本在婚恋上的影响，有了较为深刻的认识。基于此，本研究认为，社会经济资本在城市青年择偶中的影响作用是不可低估的。一般而言，在相亲意愿上，收入水平较高、住父母的房子或自己买的房子、社会支持状况较好的青年，可能更加倾向于接受不同的择偶形式，如大型相亲会；在择偶途径上，收入水平较高、住父母的房子或自己买的房子、社会支持状况较好的青年，由于有着较为丰富的物质资本和社会资本，也可能会在自身找不到合适的对象时更加倾向于接受他人介绍；在通婚范围上，收入水平较高、住父母的房子或自己买的房子、社会支持状况较好的青年，为了维持或提高其现有水平，可能会更加倾向于找与自己相同地域范围的青年；在婚恋状态上，收入水平较高、住父母的房子或自己买的房子、社会支持状况较好的青年，由于有着社会经济资本的优势，更有可能利用资源优势找到对象。因此，本研究提出如下假设。

假设 3：社会经济资本会对青年相亲意愿、择偶途径、通婚范围、婚恋状态等造成一定程度的影响，在性别失衡因素的介入下，会加重或减轻其中因素的影响效应。

3. 社交心理因素的作用机制假设

个人的自我认识水平、个性特征以及社会交往水平等，在一定意义上，也会影响到青年自身的择偶能力和水平。从个体化的层面而言，青年由于其性格特征、社交能力等影响到其寻找对象，这在某种意义上而言是一种个体现象。但在性别失衡的背景下，那些由于自身心理状况而造成择偶困难的群体，会不会因此而受到更为加重的影响，这便成为社会学的关注话题。从一定意义上讲，性别结构失衡可能会使得那些自我认识评价较差、个性特征较为负面或社交能力较弱的青年，更加处于劣势状态。基于以上认识，本研究认为，在择偶途径上，自我认识评价较差、个性特征较为负面、交往焦虑水平较高的青年，可能更加倾向于通过他人介绍；在通婚范围上，自我认识评价较差、个性特征较为负面、交往焦虑水平较高的青年，可能会更加倾向于找与自己相同地域范围或弱势地域范围内的青年。因此，本研究提出如下假设。

假设 4：社交心理因素会对青年择偶途径、通婚范围造成一定程度的影响，在性别失衡因素的介入下，会加重或减轻其中因素的影响效应。

二 自变量与解释变量间的关系

在验证性别失衡对城市青年择偶间接影响的研究假设之前，需要对性别失衡与父母家庭影响、各类资本力量以及心理因素作用之间的相关关系进行检验。

(一) 性别失衡对"父母家庭影响"的效应分析

从性别失衡对"父母家庭影响"的线性回归分析（见表9-2）结果可见，在行业类别、所在城市、出生地类别、年龄组类别、文化程度类别等5个自变量和性别、婚姻状况、政治面貌、是否独生子女等4个控制变量对父母家庭影响的回归模型中，家庭社会阶层模型整体回归效果检验的F值等于4.578，p值为0.000，小于0.05，达到显著性水平，父母择偶影响模型整体回归效果检验的F值等于5.792，p值为0.000，小于0.05，也达到显著性水平，表明两个模型的多元相关系数均不等于0，以这9个变量，可以有效预测父母家庭影响的情况。在家庭社会阶层模型中，9个变量与因变量的多元相关系数为0.252，R Square 为0.064，表明这9个变量可解释因变量总变异量的6.4%；在父母择偶影响模型中，9个变量与因变量的多元相关系数为0.282，R Square 为0.079，表明这9个变量可解释因变量总变异量的7.9%。

表9-2 性别失衡对"父母家庭影响"的OLS分析

投入变量名称	家庭社会阶层模型 B	Beta	Sig.	父母择偶影响模型 B	Beta	Sig.
行业类别[a]						
教育卫生	0.044	0.031	0.547	0.255	0.149	0.003
公共管理	-0.039	-0.024	0.629	0.095	0.048	0.325
所在城市[b1]	0.094	0.067	0.046	0.004	0.002	0.950
出生地类别[b2]						
城市	-0.063	-0.179	0.355	0.012	0.007	0.881
乡村	-0.252	-0.043	0.000	-0.050	-0.029	0.516
年龄组类别[c]						

续表

投入变量名称	家庭社会阶层模型			父母择偶影响模型		
	B	Beta	Sig.	B	Beta	Sig.
18~23 岁	0.036	0.021	0.607	0.022	0.011	0.791
30~35 岁	-0.162	-0.111	0.006	-0.030	-0.017	0.667
文化程度类别[d]						
大专及以上	0.029	0.018	0.717	0.094	0.050	0.322
初中及以下	-0.059	-0.028	0.502	0.029	0.011	0.779
性别[e]	0.132	0.086	0.008	0.332	0.181	0.000
婚姻状况[f]	-0.111	-0.079	0.056	-0.276	-0.164	0.000
政治面貌[g]						
共青团员	-0.066	-0.043	0.308	-0.025	-0.014	0.740
群众	-0.008	-0.005	0.896	-0.009	-0.005	0.897
是否独生子女[h]	-0.059	-0.042	0.300	0.060	0.036	0.378
常数	2.806		0.000	2.287		0.000
F	4.578		0.000	5.792		0.000
R		0.252			0.282	
R^2		0.064			0.079	

从回归系数中可以发现如下结论。

在家庭社会阶层模型中，保定青年与南京青年的对比中，在家庭社会阶层自评方面的差异显著，Beta = 0.067（p = 0.046），由于回归系数为正，表明保定青年在家庭社会阶层的自评上更倾向于较高的评价；出生地为乡村的青年与出生地为镇或县城青年的对比中，在家庭社会阶层自评方面的差异也显著，Beta = -0.043（p = 0.000），由于回归系数为负，表明出生地为乡村的青年在家庭社会阶层的自评上更倾向于较低的评价；30~35 岁组与 24~29 岁组的对比中，在家庭社会阶层自评方面的差异也达到显著，Beta = -0.111（p = 0.006），由于回归系数为负，表明 30~35 岁组的青年在家庭社会阶层的自评上更倾向于较低的评价；女青年与男青年的对比中，在家庭社会阶层自评方面的差异达到显著，Beta = 0.086（p = 0.008），由于回归系数为正，表明女青年在家庭社会阶层的自评上更倾向于较高的评价。

在父母择偶影响模型中,教育卫生行业组与批发零售住宿餐饮业组的对比中,在父母择偶影响方面的差异显著,Beta = 0.149（p = 0.003）,由于回归系数为正,表明教育卫生行业的青年在父母择偶影响上更倾向于做出有较大影响的回答；女青年与男青年的对比中,在父母择偶影响方面的差异也显著,Beta = 0.181（p = 0.000）,由于回归系数为正,表明女青年在父母择偶影响上更倾向于做出有较大影响的回答；已婚青年与未婚青年的对比中,在父母择偶影响方面的差异也达到显著,Beta = − 0.164（p = 0.000）,由于回归系数为负,表明已婚青年在父母择偶影响上更倾向于做出有较小影响的回答。

（二）性别失衡对"各类资本力量"的效应分析

从性别失衡对"各类资本力量"的线性回归分析（见表 9 – 3）结果可见,在行业类别、所在城市、出生地类别、年龄组类别、文化程度类别等 5 个自变量和性别、婚姻状况、政治面貌、是否独生子女等 4 个控制变量对各类资本力量的回归模型中,物质资本模型整体回归效果检验的 F 值等于 22.432,p 值为 0.000,小于 0.05,达到显著性水平,社会资本模型整体回归效果检验的 F 值等于 15.489,p 值为 0.000,小于 0.05,也达到显著性水平,表明两个模型的多元相关系数均不等于 0,以这 9 个变量,可以有效预测各类资本力量的情况。在物质资本模型中,9 个变量与因变量的多元相关系数为 0.500,R Square 为 0.250,表明这 9 个变量可解释因变量总变异量的 25.0%；在社会资本模型中,9 个变量与因变量的多元相关系数为 0.433,R Square 为 0.187,表明这 9 个变量可解释因变量总变异量的 18.7%。

表 9 – 3　性别失衡对"各类资本力量"的 OLS 分析

投入变量名称	物质资本模型			社会资本模型		
	B	Beta	Sig.	B	Beta	Sig.
行业类别[a]						
教育卫生	− 247.645	− 0.100	0.028	− 0.012	− 0.001	0.985
公共管理	− 728.133	− 0.253	0.000	− 0.020	− 0.001	0.978
所在城市[b1]	− 703.626	− 0.289	0.000	1.058	0.078	0.012

续表

投入变量名称	物质资本模型			社会资本模型		
	B	Beta	Sig.	B	Beta	Sig.
出生地类别[b2]						
城市	-169.553	-0.067	0.108	0.973	0.070	0.110
乡村	-7.795	-0.003	0.938	0.987	0.073	0.087
年龄组类别[c]						
18~23岁	-318.836	-0.105	0.003	0.321	0.019	0.610
30~35岁	325.488	0.129	0.000	0.716	0.051	0.175
文化程度类别[d]						
大专及以上	-110.055	-0.040	0.376	2.056	0.136	0.004
初中及以下	-186.037	-0.050	0.175	0.304	0.015	0.700
性别[e]	-385.809	-0.145	0.000	-0.063	-0.004	0.888
婚姻状况[f]	78.774	0.032	0.382	4.719	0.350	0.000
政治面貌[g]						
共青团员	-811.522	-0.306	0.000	-0.565	-0.038	0.330
群众	-561.849	-0.227	0.000	-1.554	-0.113	0.004
是否独生子女[h]	-103.368	-0.043	0.243	1.835	0.136	0.000
常数	4187.406		0.000	31.832		0.000
F	22.432		0.000	15.489		0.000
R	0.500			0.433		
R^2	0.250			0.187		

从回归系数中可以发现如下结论。

在物质资本模型中，教育卫生行业组、公共管理组与批发零售住宿餐饮业组的对比中，在月收入方面的差异均显著，前者 Beta = -0.100（p = 0.028），后者 Beta = -0.253（p = 0.000），由于回归系数均为负，表明教育卫生、公共管理行业的青年在月收入上更倾向于做出较低收入水平的回答；保定青年与南京青年的对比中，在月收入方面的差异也显著，Beta = -0.289（p = 0.000），由于回归系数为负，表明保定青年在月收入上更倾向于做出较低收入水平的回答；18~23岁、30~35岁组与24~29岁组的对比中，在月收入方面的差异也达到显著，前者 Beta = -0.105（p = 0.003），后者 Beta = 0.129（p = 0.000），由于前者回归系数为负，表明

18~23岁组的青年在月收入上更倾向于做出较低收入水平的回答；后者回归系数为正，表明30~35岁组青年在月收入上更倾向于做出较高收入水平的回答；女青年与男青年的对比中，在月收入方面的差异也显著，Beta = -0.145（p=0.000），由于回归系数为负，表明女青年在月收入上更倾向于做出较低收入水平的回答；共青团员组、群众组与中共党员和民主党派的对比中，在月收入方面的差异也达到显著，前者 Beta = -0.306（p = 0.000），后者 Beta = -0.227（p=0.000），由于回归系数均为负，表明政治面貌为共青团员和群众的青年在月收入上都更倾向于做出较低收入水平的回答。

在社会资本模型中，保定青年与南京青年的对比中，在社会支持方面的差异显著，Beta = 0.078（p = 0.012），由于回归系数为正，表明保定青年在社会支持上得分更高，相比较而言能够获得更多的社会支持；大专及以上组青年在与高中或中专组青年的对比中，在社会支持方面的差异也显著，Beta = 0.136（p = 0.004），由于回归系数为正，表明文化程度为大专及以上的青年在社会支持上得分更高，相比较而言能够获得更多的社会支持；已婚青年与未婚青年的对比中，在社会支持方面的差异也达到显著，Beta = 0.350（p = 0.000），由于回归系数为正，表明已婚青年在社会支持上得分更高，相比较而言能够获得更多的社会支持；群众组的青年与中共党员和民主党派组青年的对比中，在社会支持方面的差异也显著，Beta = -0.113（p = 0.004），由于回归系数为负，表明政治面貌为群众的青年在社会支持上得分更低，相比较而言能够获得的社会支持更少一些；非独生子女组与独生子女组青年的对比中，在社会支持方面的差异也达到显著，Beta = 0.136（p = 0.000），由于回归系数为正，表明已婚青年在社会支持上得分更高，相比较而言能够获得更多的社会支持。

（三）性别失衡对"心理因素作用"的效应分析

从性别失衡对"心理因素作用"的线性回归分析（见表9-4）结果可见，在行业类别、所在城市、出生地类别、年龄组类别、文化程度类别等5个自变量和性别、婚姻状况、政治面貌、是否独生子女等4个控制变量对心理因素作用的回归模型中，自我评价模型整体回归效果检验的F值等于 1.837，p 值为 0.030，小于 0.05，达到显著性水平，交往焦虑模型整体回归效果检验的 F 值等于 4.794，p 值为 0.000，小于 0.05，也达到显著性水平，表明两个模型的多元相关系数均不等于 0，以这 9 个变量，可以有效预测心理因素作用的情况。在自我评价模型中，9 个变量与因变量的多元相关系数为 0.163，R Square 为 0.027，表明这 9 个变量可解释因变量总变异量的 2.7%；在交往焦虑模型中，9 个变量与因变量的多元相关系数为 0.258，R Square 为 0.067，表明这 9 个变量可解释因变量总变异量的 6.7%。

表 9-4　性别失衡对"心理因素作用"的 OLS 分析

投入变量名称	自我评价模型 B	Beta	Sig.	交往焦虑模型 B	Beta	Sig.
行业类别[a]						
教育卫生	-0.014	-0.018	0.726	1.234	0.071	0.163
公共管理	-0.023	-0.026	0.598	-0.627	-0.031	0.527
所在城市[b1]	-0.029	-0.039	0.257	0.638	0.037	0.267
出生地类别[b2]						
城市	0.104	0.135	0.005	-1.585	-0.089	0.056
乡村	-0.005	-0.007	0.878	-0.407	-0.024	0.604
年龄组类别[c]						
18~23 岁	-0.079	-0.085	0.038	0.945	0.044	0.270
30~35 岁	-0.005	-0.007	0.863	0.379	0.021	0.597
文化程度类别[d]						
大专及以上	-0.040	-0.048	0.353	-0.058	-0.003	0.953
初中及以下	0.085	0.075	0.074	1.077	0.041	0.317
性别[e]	0.006	0.007	0.829	3.433	0.184	0.000
婚姻状况[f]	0.008	0.011	0.790	-0.403	-0.024	0.569
政治面貌[g]						
共青团员	-0.011	-0.014	0.743	1.672	0.090	0.034
群众	-0.058	-0.077	0.071	0.861	0.049	0.236
是否独生子女[h]	0.078	0.105	0.012	0.360	0.021	0.605
常数	0.002		0.980	39.014		0.000
F	1.837		0.030	4.794		0.000
R		0.163			0.258	
R^2		0.027			0.067	

在自我评价模型中，出生地为城市组与出生地为镇或县城组的对比中，在自我评价方面的差异显著，Beta = 0.135（p = 0.005），由于回归系数为正，表明出生地为城市的青年自我评价得分较高，更倾向于做出较好的自我评价；18~23岁组与24~29岁组的对比中，在自我评价方面的差异也显著，Beta = -0.085（p = 0.038），由于回归系数为负，表明18~23岁组的青年自我评价得分较低，更倾向于做出较差的自我评价；非独生子女组与独生子女组青年的对比中，在自我评价方面的差异也达到显著，Beta = 0.105（p = 0.012），由于回归系数为正，表明非独生子女的青年自我评价得分较高，更倾向于做出较好的自我评价。

在交往焦虑模型中，女青年与男青年的对比中，在交往焦虑方面的差异显著，Beta = 0.184（p = 0.000），由于回归系数为正，表明女青年的交往焦虑得分较高，更倾向于做出较高程度的交往焦虑评价；共青团员组与中共党员和民主党派组青年的对比中，在交往焦虑方面的差异也显著，Beta = 0.090（p = 0.034），由于回归系数为正，表明政治面貌为共青团员的青年交往焦虑得分较高，更倾向于做出较高程度的交往焦虑评价。

三 父母家庭背景的影响

（一）父母家庭背景与青年相亲意愿

对于父母家庭背景与青年相亲意愿之间的关系以及加入性别失衡变量后会发生怎样的变化，我们构建三个模型加以探讨。

模型1是父母家庭背景与青年相亲意愿的直接关系，模型2是加入控制变量后的结果，模型3是加入性别失衡变量后的结果。由表9-5可见，在整体模型显著性检验上，三个模型均达到显著性水平；而Hosmer - Lemeshow检验，三个模型均未达到显著性水平，表明所建立的回归模型拟合优度（Goodness of Fit）较为理想。就关联强度系数而言，在模型1中，Nagelkerke关联强度指标值为0.028，模型2为0.060，模型3为0.094，表明所建立的模型，加入控制变量和加入性别失衡变量后，提高了整体模型的解释力，使得模型中的各个变量与因变量之间的关联强度得以增加。

表 9-5　父母家庭背景对青年相亲意愿影响的 Logistic 回归模型

变量名称	模型 1 直接关系	模型 2 加控制变量	模型 3 加性别失衡影响
中下等阶层（下等阶层 = 0）	0.078（0.283）	0.136（0.290）	0.096（0.297）
中等阶层（下等阶层 = 0）	0.564*（0.265）	0.599*（0.275）	0.537（0.283）
中上等阶层（下等阶层 = 0）	0.033（0.406）	0.059（0.415）	-0.044（0.430）
上等阶层（下等阶层 = 0）	0.295（0.950）	0.399（0.969）	0.529（0.983）
不大有影响（一点没影响 = 0）	-0.148（0.243）	-0.154（0.249）	-0.106（0.254）
有些影响（一点没影响 = 0）	-0.498*（0.226）	-0.555*（0.234）	-0.504*（0.240）
非常有影响（一点没影响 = 0）	-0.271（0.298）	-0.414（0.310）	-0.351（0.318）
性别（男性 = 0）		0.362*（0.162）	0.355*（0.166）
婚姻状态（未婚 = 0）		-0.135（0.157）	0.213（0.193）
共青团员（中共和民主 = 0）		0.231（0.192）	0.101（0.209）
群众（中共和民主 = 0）		0.633***（0.174）	0.569**（0.194）
是否独生（独生 = 0）		0.056（0.148）	-0.074（0.187）
教育卫生行业（批零住餐业 = 0）			-0.163（0.235）
公共管理行业（批零住餐业 = 0）			0.252（0.266）
所在城市（保定 = 0）			0.393*（0.156）
城市（镇或县城 = 0）			-0.313（0.222）
乡村（镇或县城 = 0）			-0.251（0.218）
18～23 岁组（24～29 岁组 = 0）			0.339（0.235）
30～35 岁组（24～29 岁组 = 0）			-0.467*（0.194）
大专及以上组（高中或中专 = 0）			0.014（0.265）
初中及以下组（高中或中专 = 0）			0.146（0.312）
常数	0.540（0.302）	0.021（0.376）	0.126（0.488）
样本量	917	905	903
Nagelkerke R^2	0.028	0.060	0.094
Hosmer - Lemeshow 检验值	1.847n.s.	9.464n.s.	4.737n.s.
整体拟合优度 X^2	18.704**	40.359***	63.827***

注：1. *p<0.05；**p<0.01；***p<0.001；n.s. p>0.05。
2. 括号外的数字为系数，括号里的数字为标准误。

就个别参数的显著性指标来看，在模型 1 中，中等阶层和有些影响组达到 0.05 的显著性水平，表明家庭社会阶层（中等阶层组）、父母择偶影响（有些影响组）可能与能、不能接受大型相亲会组别间显著关联。

加入控制变量后，模型 2 的结果显示，中等阶层和有些影响组依然达到 0.05 的显著性水平，女性和群众组也达到 0.05 的显著性水平，表明家庭社会阶层（中等阶层组）、父母择偶影响（有些影响组）、性别（女性组）、政治面貌（群众组）可能与能、不能接受大型相亲会组别间显著关联。

加入性别失衡变量后，模型 3 的结果显示，中等阶层组的显著作用消失，有些影响组、女性和群众组依然达到 0.05 的显著性水平，与此同时，南京和 30~35 岁组也达到 0.05 的显著性水平，表明父母择偶影响（有些影响组）、性别（女性组）、政治面貌（群众组）、所在城市（南京组）、年龄（30~35 岁组）可能与能、不能接受大型相亲会组别间显著关联。

上述数据结果表明，在性别失衡的影响下，父母家庭背景对青年相亲意愿的影响作用变小，主要表现为父母社会阶层的影响作用消失，但父母择偶影响的作用依然存在，而地域和年龄性别失衡在其中发挥了影响作用。

（二）父母家庭背景与青年择偶途径

对于父母家庭背景与青年择偶途径之间的关系，以及加入性别失衡变量后会发生怎样的变化，我们也构建三个模型加以探讨。

模型 1 是父母家庭背景与青年择偶途径的直接关系，模型 2 是加入控制变量后的结果，模型 3 是加入性别失衡变量后的结果。由表 9-6 可见，在整体模型显著性检验上，三个模型均达到显著性水平；而 Hosmer-Lemeshow 检验，三个模型均未达到显著性水平，表明所建立的回归模型拟合优度（Goodness of Fit）较为理想。就关联强度系数而言，在模型 1 中，Nagelkerke 关联强度指标值为 0.030，模型 2 为 0.198，模型 3 为 0.216，表明所建立的模型，在加入控制变量和加入性别失衡变量后，大大提高了整体模型的解释力，使得模型中的各个变量与因变量之间的关联强度得以增加。

表 9-6　父母家庭背景对青年择偶途径影响的 Logistic 回归模型

变量名称	模型 1	模型 2 加控制变量	模型 3 加性别失衡影响
中下等阶层（下等阶层 = 0）	-0.166（0.289）	-0.199（0.314）	-0.239（0.321）
中等阶层（下等阶层 = 0）	-0.340（0.267）	-0.363（0.292）	-0.475（0.305）
中上等阶层（下等阶层 = 0）	-0.660（0.452）	-0.560（0.490）	-0.619（0.501）
不大有影响（一点没影响 = 0）	0.705*（0.280）	0.903**（0.293）	0.880**（0.297）
有些影响（一点没影响 = 0）	0.911**（0.264）	1.203***（0.280）	1.147***（0.285）
非常有影响（一点没影响 = 0）	0.977**（0.332）	1.380***（0.361）	1.284***（0.367）
性别（男性 = 0）		0.465*（0.193）	0.413*（0.196）
婚姻状态（未婚 = 0）		1.563***（0.199）	1.422***（0.245）
共青团员（中共和民主 = 0）		-0.050（0.232）	0.132（0.249）
群众（中共和民主 = 0）		0.387*（0.190）	0.499*（0.210）
是否独生（独生 = 0）		-0.079（0.169）	0.192（0.214）
教育卫生行业（批零住餐业 = 0）			0.398（0.298）
公共管理行业（批零住餐业 = 0）			0.292（0.329）
所在城市（保定 = 0）			0.184（0.177）
城市（镇或县城 = 0）			0.152（0.257）
乡村（镇或县城 = 0）			-0.329（0.250）
18~23 岁组（24~29 岁组 = 0）			0.067（0.319）
30~35 岁组（24~29 岁组 = 0）			0.212（0.202）
大专及以上组（高中或中专 = 0）			-0.180（0.328）
初中及以下组（高中或中专 = 0）			-0.144（0.335）
常数	-0.998（0.328）	-2.76***（0.445）	-2.920***（0.574）
样本量	778	769	768
Nagelkerke R^2	0.030	0.198	0.216
Hosmer-Lemeshow 检验值	2.256n.s.	6.052n.s.	5.602n.s.
整体拟合优度 X^2	17.331**	120.692***	132.231***

注：1. $*p<0.05$；$**p<0.01$；$***p<0.001$；n.s. $p>0.05$。
2. 括号外的数字为系数，括号里的数字为标准误。

就个别参数的显著性指标来看，在模型 1 中，不大有影响、有些影响和非常有影响组均达到 0.05 的显著性水平，表明父母择偶影响（不大有影响、有些影响和非常有影响组）可能与自己认识和他人介绍组别间显著关联。

加入控制变量后，模型2的结果显示，不大有影响、有些影响和非常有影响组依然达到0.05的显著性水平，且偏回归系数值均有所增加，女性、已婚和群众组也达到0.05的显著性水平，表明父母择偶影响（不大有影响、有些影响和非常有影响组）、性别（女性组）、婚姻状况（已婚组）、政治面貌（群众组）可能与自己认识和他人介绍组别间显著关联。

加入性别失衡变量后，模型3的结果显示，不大有影响、有些影响和非常有影响组，女性、已婚和群众组均依然显著，而性别失衡变量在模型中未表现出明显的影响作用，但加入性别失衡影响变量提高了模型的整体解释力，这在一定程度也反映出，在性别失衡的背景下，父母家庭背景在青年择偶途径上的影响作用可能增强了。

上述数据结果表明，在性别失衡的影响下，父母家庭背景对青年择偶途径的影响作用增大，这也可能意味着尽管性别失衡对择偶途径存在着直接影响，父母家庭背景也对青年择偶途径会造成影响，但当性别失衡与父母家庭背景同时作用于青年择偶途径时，父母家庭背景的影响作用得到增强。这在一定意义上可能反映出，在性别失衡的背景下，青年择偶可能会更加受到父母家庭的影响或干涉，真正的婚姻自由可能会越行越远。

（三）父母家庭背景与青年通婚范围

对于父母家庭背景与青年通婚范围之间的关系，以及加入性别失衡变量后会发生怎样的变化，我们也构建三个模型加以探讨。

模型1是父母家庭背景与青年通婚范围的直接关系，模型2是加入控制变量后的结果，模型3是加入性别失衡变量后的结果。由表9-7可见，在整体模型显著性检验上，三个模型均达到显著性水平；而Hosmer-Lemeshow检验，模型1和模型2均未达到显著性水平，表明所建立的回归模型拟合优度（Goodness of Fit）较为理想，而模型3达到0.05的显著性水平，但由于本研究主要目的在于检验这些变量的影响作用，而非构建理想模型，因此也可以勉强从中得到一些验证性的结果。就关联强度系数而言，在模型1中，Nagelkerke关联强度指标值为0.042，模型2为0.211，模型3为0.406，表明所建立的模型，在加入控制变量和加入性别失衡变量后，大大提高了整体模型的解释力，使得模型中的各个变量与因变量之间的关联强度得以增加。

表 9-7 父母家庭背景对青年通婚范围影响的 Logistic 回归模型

变量名称	模型 1	模型 2 加控制变量	模型 3 加性别失衡影响
中下等阶层（下等阶层=0）	0.335（0.295）	0.017（0.312）	-0.179（0.347）
中等阶层（下等阶层=0）	0.678*（0.276）	0.19（0.293）	-0.078（0.329）
中上等阶层（下等阶层=0）	0.509（0.423）	-0.047（0.456）	-0.033（0.516）
不大有影响（一点没影响=0）	0.355（0.244）	0.376（0.266）	0.223（0.299）
有些影响（一点没影响=0）	0.638**（0.229）	0.415（0.25）	0.171（0.282）
非常有影响（一点没影响=0）	1.112***（0.299）	0.876**（0.328）	0.564（0.368）
性别（男性=0）		0.577**（0.182）	0.493*（0.204）
婚姻状态（未婚=0）		-1.196***（0.176）	-2.08***（0.262）
共青团员（中共和民主=0）		-0.104（0.215）	0.332（0.254）
群众（中共和民主=0）		-0.077（0.187）	0.496**（0.229）
是否独生（独生=0）		-1.261***（0.163）	-0.162（0.214）
教育卫生行业（批零住餐业=0）			0.653*（0.279）
公共管理行业（批零住餐业=0）			1.052**（0.321）
所在城市（保定=0）			0.023（0.185）
城市（镇或县城=0）			1.74***（0.253）
乡村（镇或县城=0）			0.015（0.242）
18~23 岁组（24~29 岁组=0）			-0.462（0.290）
30~35 岁组（24~29 岁组=0）			0.281（0.232）
大专及以上组（高中或中专=0）			0.494（0.307）
初中及以下组（高中或中专=0）			-0.122（0.363）
常数	-1.071**（0.321）	0.511（0.411）	-0.942（0.565）
样本量	820	810	809
Nagelkerke R^2	0.042	0.211	0.406
Hosmer-Lemeshow 检验值	2.663n.s.	8.182n.s.	18.688*
整体拟合优度 X^2	25.932**	139.832***	294.026***

注：1. *$p<0.05$；**$p<0.01$；***$p<0.001$；n.s. $p>0.05$。
2. 括号外的数字为系数，括号里的数字为标准误。

就个别参数的显著性指标来看，在模型 1 中，中等阶层组、有些影响和非常有影响组均达到 0.05 的显著性水平，表明父母社会阶层（中等阶层组)、父母择偶影响(有些影响和非常有影响组)可能与择偶地域范围选择城市、非城市组别间显著关联。

加入控制变量后,模型2的结果显示,中等阶层组、有些影响组的显著作用消失,非常有影响组依然达到0.05的显著性水平,但偏回归系数值均有所减小,女性、已婚和非独生子女组也达到0.05的显著性水平,表明父母择偶影响(非常有影响组)、性别(女性组)、婚姻状况(已婚组)、是否独生(非独生子女组)可能与择偶地域范围选择城市、非城市组别间显著关联。

加入性别失衡变量后,模型3的结果显示,非常有影响组、非独生子女组的显著作用消失,女性、已婚组均依然显著,而群众组、教育卫生行业、公共管理行业组和南京组的显著影响显现出来,均达到0.05的显著性水平,这表明,性别(女性组)、婚姻状况(已婚组)、政治面貌(群众组)、行业类别(教育卫生行业、公共管理行业组)、出生地(城市组)可能与择偶地域范围选择城市、非城市组别间显著关联。

上述数据结果表明,在性别失衡的影响下,父母家庭背景对青年通婚范围的影响变小,主要表现为父母择偶影响的作用减小甚至消失。行业和地域性别失衡在其中发挥了影响作用。

(四)父母家庭背景与青年婚恋状态

对于父母家庭背景与青年婚恋状态之间的关系,以及加入性别失衡变量后会发生怎样的变化,我们也构建三个模型加以探讨。

模型1是父母家庭背景与青年婚恋状态的直接关系,模型2是加入控制变量后的结果,模型3是加入性别失衡变量后的结果。由表9-8可见,在整体模型显著性检验上,三个模型均达到显著性水平;而Hosmer-Lemeshow检验,三个模型均未达到显著性水平,表明所建立的回归模型拟合优度(Goodness of Fit)较为理想。就关联强度系数而言,在模型1中,Nagelkerke关联强度指标值为0.032,模型2为0.111,模型3为0.280,表明所建立的模型,在加入控制变量和加入性别失衡变量后,大大提高了整体模型的解释力,使得模型中的各个变量与因变量之间的关联强度得以增加。

表 9-8　父母家庭背景对青年婚恋状态影响的 Logistic 回归模型

变量名称	模型 1	模型 2 加控制变量	模型 3 加性别失衡影响
中下等阶层（下等阶层 =0）	-0.138（0.373）	-0.128（0.384）	0.026（0.424）
中等阶层（下等阶层 =0）	-0.649（0.345）	-0.641（0.358）	-0.380（0.400）
中上等阶层（下等阶层 =0）	-0.069（0.533）	-0.161（0.545）	0.518（0.595）
上等阶层（下等阶层 =0）	-1.199（0.974）	-1.371（1.002）	-1.184（1.090）
不大有影响（一点没影响 =0）	-0.245（0.291）	-0.413（0.301）	-0.392（0.325）
有些影响（一点没影响 =0）	-0.471（0.271）	-0.606*（0.281）	-0.521（0.306）
非常有影响（一点没影响 =0）	-0.863**（0.331）	-1.054**（0.345）	-0.858*（0.382）
性别（男性 =0）		0.361*（0.184）	0.228（0.202）
共青团员（中共和民主 =0）		-1.384***（0.222）	-0.598*（0.255）
群众（中共和民主 =0）		-0.567*（0.226）	-0.457（0.271）
是否独生（独生 =0）		0.217（0.168）	0.321（0.222）
教育卫生行业（批零住餐业 =0）			-0.257（0.270）
公共管理行业（批零住餐业 =0）			0.137（0.319）
所在城市（保定 =0）			-0.234（0.188）
城市（镇或县城 =0）			-0.164（0.269）
乡村（镇或县城 =0）			0.075（0.257）
18~23 岁组（24~29 岁组 =0）			-1.371***（0.231）
30~35 岁组（24~29 岁组 =0）			1.757***（0.284）
大专及以上组（高中或中专 =0）			-0.319（0.303）
初中及以下组（高中或中专 =0）			0.021（0.344）
常数	2.031***（0.397）	2.509***（0.463）	2.284***（0.616）
样本量	913	903	901
Nagelkerke R^2	0.032	0.111	0.280
Hosmer - Lemeshow 检验值	1.560n.s.	11.657n.s.	4.196n.s.
整体拟合优度 X^2	20.004**	69.673***	186.693***

注：1. *p<0.05；**p<0.01；***p<0.001；n.s. p>0.05。
2. 括号外的数字为系数，括号里的数字为标准误。

就个别参数的显著性指标来看，在模型 1 中，非常有影响组达到 0.05 的显著性水平，表明父母择偶影响（非常有影响组）可能与青年婚恋状态是处于有对象还是无对象组别间显著关联。

加入控制变量后，模型 2 的结果显示，非常有影响组依然达到 0.05 的显著性水平，且偏回归系数值均有所增加，而有些影响组的显著作用显现出来，女性、共青团员和群众组也达到 0.05 的显著性水平，表明父母择偶影响（有效影响和非常有影响组）、性别（女性组）、政治面貌（共青团员和群众组）可能与青年婚恋状态是处于有对象还是无对象组别间显著关联。

加入性别失衡变量后，模型 3 的结果显示，有些影响组、女性和群众组的显著作用消失，非常有影响组和共青团员组的显著作用有所弱化，而 18~23 岁组和 30~35 岁组的显著影响显现出来，均达到 0.05 的显著性水平，这表明，父母择偶影响（非常有影响组）、政治面貌（共青团员组）、年龄组类别（18~23 岁和 30~35 岁组）可能与青年婚恋状态是处于有对象还是无对象组别间显著关联。

上述数据结果表明，在性别失衡的影响下，父母家庭背景对青年婚恋状态的影响变小，主要表现为父母择偶影响作用的减小。年龄组性别失衡在其中发挥了影响作用。

四 社会经济资本的力量

（一）社会经济资本与青年相亲意愿

对于社会经济资本与青年相亲意愿之间的关系，以及加入性别失衡变量后会发生怎样的变化，我们构建三个模型加以探讨。

模型 1 是社会经济资本与青年相亲意愿的直接关系，模型 2 是加入控制变量后的结果，模型 3 是加入性别失衡变量后的结果。由表 9-9 可见，在整体模型显著性检验上，三个模型均达到显著性水平；而 Hosmer-Lemeshow 检验，三个模型均未达到显著性水平，表明所建立的回归模型拟合优度（Goodness of Fit）较为理想。就关联强度系数而言，在模型 1 中，Nagelkerke 关联强度指标值为 0.051，模型 2 为 0.080，模型 3 为 0.114，表明所建立的模型，在加入控制变量和加入性别失衡变量后，明显提高了整体模型的解释力，使得模型中的各个变量与因变量之间的关联强度得以增加。

表 9-9　社会经济资本对青年相亲意愿影响的 Logistic 回归模型

变量名称	模型 1	模型 2 加控制变量	模型 3 加性别失衡影响
高收入（低收入=0）	-0.471**（0.150）	-0.365*（0.159）	-0.216（0.184）
自己租房（单位宿舍=0）	0.055（0.261）	0.122（0.267）	0.108（0.282）
住父母房（单位宿舍=0）	0.408（0.249）	0.541*（0.270）	0.787**（0.302）
自己买房（单位宿舍=0）	0.099（0.257）	0.248（0.294）	0.563（0.322）
主观社会支持	0.037*（0.017）	0.047*（0.019）	0.049*（0.019）
客观社会支持	-0.056（0.029）	-0.048（0.030）	-0.046（0.031）
对支持的利用度	-0.144**（0.044）	-0.151**（0.045）	-0.142**（0.047）
性别（男性=0）		0.363*（0.170）	0.380*（0.174）
婚姻状态（未婚=0）		-0.158（0.196）	0.112（0.220）
共青团员（中共和民主=0）		0.218（0.208）	0.024（0.229）
群众（中共和民主=0）		0.586**（0.186）	0.529**（0.204）
是否独生（独生=0）		0.039（0.162）	-0.121（0.198）
教育卫生行业（批零住餐业=0）			-0.255（0.270）
公共管理行业（批零住餐业=0）			-0.106（0.310）
所在城市（保定=0）			0.342（0.178）
城市（镇或县城=0）			-0.436（0.241）
乡村（镇或县城=0）			-0.284（0.227）
18~23 岁组（24~29 岁组=0）			0.406（0.266）
30~35 岁组（24~29 岁组=0）			-0.602**（0.207）
大专及以上组（高中或中专=0）			0.122（0.299）
初中及以下组（高中或中专=0）			0.037（0.328）
常数	1.363**（0.494）	0.484（0.565）	0.447（0.665）
样本量	848	837	835
Nagelkerke R^2	0.051	0.080	0.114
Hosmer-Lemeshow 检验值	10.227n.s.	3.202n.s.	2.420n.s.
整体拟合优度 X^2	32.359***	50.349***	72.202***

注：1. *p<0.05；**p<0.01；***p<0.001；n.s. p>0.05。
2. 括号外的数字为系数，括号里的数字为标准误。

就个别参数的显著性指标来看，在模型 1 中，高收入组、主观支持和对支持的利用度等变量达到 0.05 的显著性水平，表明月收入（高收入组)、主观支持和对支持的利用度可能与能、不能接受大型相亲会组别间显著关联。

加入控制变量后,模型2的结果显示,高收入组、主观支持和对支持的利用度等变量依然达到0.05的显著性水平,只是高收入组的显著影响略有减弱,而住父母房组的显著作用显现出来,女性和群众组也达到0.05的显著性水平,表明物质经济资本(高收入组、住父母房组)、社会支持(主观支持和对支持的利用度)、性别(女性组)、政治面貌(群众组)可能与能、不能接受大型相亲会组别间显著关联。

加入性别失衡变量后,模型3的结果显示,高收入组的显著作用消失,住父母房组的显著作用有所增强,主观支持和对支持的利用度、女性和群众组的作用依然显著,与此同时,30~35岁组的影响作用显现出来。这表明,物质经济资本(住父母房组)、社会支持(主观支持和对支持的利用度)、性别(女性组)、政治面貌(群众组)、年龄(30~35岁组)可能与能、不能接受大型相亲会组别间显著关联。

上述数据结果表明,在性别失衡的影响下,社会经济资本对青年相亲意愿的影响较为复杂,青年自身收入在性别失衡的影响下作用变小,而住房情况(尤其是住父母房子的)在性别失衡的背景下作用有所增强,这其中,年龄性别失衡因素(尤其是30~35岁组)发挥了显著影响作用。

(二)社会经济资本与青年择偶途径

对于社会经济资本与青年择偶途径之间的关系,以及加入性别失衡变量后会发生怎样的变化,我们也构建三个模型加以探讨。

模型1是社会经济资本与青年择偶途径的直接关系,模型2是加入控制变量后的结果,模型3是加入性别失衡变量后的结果。由表9-10可见,在整体模型显著性检验上,三个模型均达到显著性水平;而Hosmer-Lemeshow检验,三个模型均未达到显著性水平,表明所建立的回归模型拟合优度(Goodness of Fit)较为理想。就关联强度系数而言,在模型1中,Nagelkerke关联强度指标值为0.074,模型2为0.187,模型3为0.203,表明所建立的模型,在加入控制变量和加入性别失衡变量后,显著提高了整体模型的解释力,使得模型中的各个变量与因变量之间的关联强度得以增加。

表9-10 社会经济资本对青年择偶途径影响的 Logistic 回归模型

变量名称	模型1	模型2 加控制变量	模型3 加性别失衡影响
高收入（低收入=0）	-0.091（0.161）	-0.121（0.178）	-0.113（0.209）
自己租房（单位宿舍=0）	-0.146（0.326）	-0.648（0.355）	-0.549（0.366）
住父母房（单位宿舍=0）	0.840**（0.289）	0.204（0.327）	0.148（0.358）
自己买房（单位宿舍=0）	0.870**（0.295）	-0.161（0.345）	-0.324（0.372）
主观社会支持	0.018（0.018）	-0.006（0.020）	-0.006（0.021）
客观社会支持	0.039（0.031）	0.022（0.033）	0.017（0.034）
对支持的利用度	0.032（0.046）	-0.006（0.051）	-0.020（0.052）
性别（男性=0）		0.632**（0.200）	0.606**（0.202）
婚姻状态（未婚=0）		1.407***（0.231）	1.413***（0.263）
共青团员（中共和民主=0）		-0.102（0.244）	0.051（0.265）
群众（中共和民主=0）		0.312（0.198）	0.358（0.215）
是否独生（独生=0）		0.067（0.178）	0.214（0.222）
教育卫生行业（批零住餐业=0）			0.634（0.331）
公共管理行业（批零住餐业=0）			0.264（0.370）
所在城市（保定=0）			0.143（0.197）
城市（镇或县城=0）			0.124（0.263）
乡村（镇或县城=0）			-0.223（0.250）
18~23岁组（24~29岁组=0）			0.187（0.350）
30~35岁组（24~29岁组=0）			0.193（0.210）
大专及以上组（高中或中专=0）			-0.276（0.357）
初中及以下组（高中或中专=0）			-0.052（0.345）
常数	-1.993***（0.544）	-1.936**（0.641）	-2.123**（0.765）
样本量	732	724	723
Nagelkerke R^2	0.074	0.187	0.203
Hosmer-Lemeshow 检验值	12.467n.s.	8.030n.s.	7.519n.s.
整体拟合优度 X^2	40.681***	106.843***	116.964***

注：1. *p<0.05；**p<0.01；***p<0.001；n.s. p>0.05。

2. 括号外的数字为系数，括号里的数字为标准误。

就个别参数的显著性指标来看，在模型1中，住父母房、自己买房组均达到0.05的显著性水平，表明物质经济资本中的住房情况（住父母房、自己买房组）可能与青年择偶途径是自己认识还是他人介绍组别间显著关联。

加入控制变量后，模型2的结果显示，住父母房、自己买房组的显著作用消失，而只有女性和已婚组达到0.05的显著性水平。这表明性别（女性组）、婚姻状况（已婚组）可能与青年择偶途径是自己认识还是他人介绍组别间显著关联。

加入性别失衡变量后，模型3的结果显示，女性和已婚组均依然显著，而社会经济资本的作用不显著，性别失衡变量在模型中也未表现出明显的影响作用，但加入性别失衡影响变量提高了模型的整体解释力。由模型的结果可以看到，性别失衡变量的加入，使得性别（女性组）的偏回归系数略有降低，而婚姻状况（已婚组）的偏回归系数稍有增强。

以上数据结果反映出，在性别失衡的影响下社会经济资本对青年择偶途径的影响作用消失。究其原因可能在于，在性别失衡的背景下影响青年择偶途径的关键因素是性别和婚姻状态，女性比男性更倾向于他人介绍，已婚比未婚的他人介绍的可能性更高。

（三）社会经济资本与青年通婚范围

对于社会经济资本与青年通婚范围之间的关系，以及加入性别失衡变量后会发生怎样的变化，我们也构建三个模型加以探讨。

模型1是社会经济资本与青年通婚范围的直接关系，模型2是加入控制变量后的结果，模型3是加入性别失衡变量后的结果。由表9-11可见，在整体模型显著性检验上，三个模型均达到显著性水平；而Hosmer-Lemeshow检验，模型1和模型3均未达到显著性水平，表明所建立的回归模型拟合优度（Goodness of Fit）较为理想，而模型2达到0.05的显著性水平，但由于本研究主要目的在于检验这些变量的影响作用，而非构建理想模型，因此也可以勉强从中得到一些验证性的结果。就关联强度系数而言，在模型1中，Nagelkerke关联强度指标值为0.142，模型2为0.289，模型3为0.414，表明所建立的模型，在加入控制变量和加入性别失衡变量后，大大提高了整体模型的解释力，使得模型中的各个变量与因变量之间的关联强度得以增加。

表 9－11　社会经济资本对青年通婚范围影响的 Logistic 回归模型

变量名称	模型 1	模型 2 加控制变量	模型 3 加性别失衡影响
高收入（低收入 =0）	－0.242（0.156）	－0.096（0.175）	0.086（0.216）
自己租房（单位宿舍 =0）	0.088（0.282）	0.337（0.304）	0.390（0.328）
住父母房（单位宿舍 =0）	1.437＊＊＊（0.271）	2.011＊＊＊（0.330）	1.342＊＊＊（0.358）
自己买房（单位宿舍 =0）	0.215（0.275）	1.176＊＊（0.347）	0.496（0.374）
主观社会支持	－0.038＊（0.018）	0.024（0.020）	0.030（0.022）
客观社会支持	－0.041（0.030）	－0.025（0.033）	－0.056（0.036）
对支持的利用度	0.067（0.045）	0.054（0.050）	0.022（0.055）
性别（男性 =0）		0.592＊＊（0.195）	0.541＊（0.212）
婚姻状态（未婚 =0）		－1.865＊＊＊（0.254）	－2.210＊＊＊（0.309）
共青团员（中共和民主 =0）		－0.085（0.240）	0.297（0.277）
群众（中共和民主 =0）		0.069（0.204）	0.539＊（0.237）
是否独生（独生 =0）		－0.983＊＊＊（0.179）	－0.112（0.227）
教育卫生行业（批零住餐业 =0）			0.822＊＊（0.317）
公共管理行业（批零住餐业 =0）			0.984＊＊（0.370）
所在城市（保定 =0）			0.052（0.206）
城市（镇或县城 =0）			1.557＊＊＊（0.267）
乡村（镇或县城 =0）			0.061（0.248）
18～23 岁组（24～29 岁组 =0）			－0.245（0.319）
30～35 岁组（24～29 岁组 =0）			0.268（0.240）
大专及以上组（高中或中专 =0）			0.321（0.339）
初中及以下组（高中或中专 =0）			－0.237（0.368）
常数	0.214（0.515）	－0.559（0.635）	－1.816＊（0.789）
样本量	770	761	760
Nagelkerke R^2	0.142	0.289	0.414
Hosmer－Lemeshow 检验值	8.095n.s.	16.960＊	6.293n.s.
整体拟合优度 X^2	86.676＊＊＊	185.741＊＊＊	282.298＊＊＊

注：1. ＊p＜0.05；＊＊p＜0.01；＊＊＊p＜0.001；n.s. p＞0.05。

2. 括号外的数字为系数，括号里的数字为标准误。

就个别参数的显著性指标来看，在模型 1 中，住父母房组和主观支持等变量均达到 0.05 的显著性水平，表明物质经济资本中的住房情况（住父母房组）、社会支持（主观支持）可能与择偶地域范围选择城市、非城市组别间显著关联。

加入控制变量后，模型2的结果显示，主观支持的显著作用消失，住父母房组依然显著，且偏回归系数值有所增加，而自己买房组的显著作用显现了出来。与此同时，女性、已婚和非独生子女组也都达到0.05的显著性水平。这表明物质经济资本中的住房情况（住父母房和自己买房组）、性别（女性组）、婚姻状况（已婚组）、是否独生（非独生子女组）可能与择偶地域范围选择城市、非城市组别间显著关联。

加入性别失衡变量后，模型3的结果显示，自己买房和非独生子女组的显著作用消失，住父母房组、女性和已婚组均依然显著，而群众组、教育卫生行业、公共管理行业组和城市组的显著影响显现出来，均达到0.05的显著性水平，这表明，物质经济资本中的住房情况（住父母房组）、性别（女性组）、婚姻状况（已婚组）、政治面貌（群众组）、行业类别（教育卫生行业、公共管理行业组）、出生地（城市组）可能与择偶地域范围选择城市、非城市组别间显著关联。

上述数据结果表明，在性别失衡的影响下，社会经济资本对青年通婚范围的影响作用变小、甚至消失，主要表现为物质经济资本尤其是住房情况的作用减小，而社会支持尤其是主观支持的影响作用消失。其中，行业和地域性别失衡发挥了一定的影响作用。

（四）社会经济资本与青年婚恋状态

对于社会经济资本与青年婚恋状态之间的关系，以及加入性别失衡变量后会发生怎样的变化，我们也构建三个模型加以探讨。

模型1是社会经济资本与青年婚恋状态的直接关系，模型2是加入控制变量后的结果，模型3是加入性别失衡变量后的结果。由表9-12可见，在整体模型显著性检验上，三个模型均达到显著性水平；而Hosmer-Lemeshow检验，模型1和模型3均未达到显著性水平，表明所建立的回归模型拟合优度（Goodness of Fit）较为理想，而模型2达到0.05的显著性水平，但由于本研究主要目的在于检验这些变量的影响作用，而非构建理想模型，因此也可以勉强从中得到一些验证性的结果。就关联强度系数而言，在模型 1 中，Nagelkerke 关联强度指标值为 0.273，模型 2 为 0.306，模型 3 为 0.377，表明所建立的模型，在加入控制变量和加入性别失衡变量后，明显提高了整体模型的解释力，使得模型中的各个变量与因变量之间的关联强度得以增加。

表 9-12 社会经济资本对青年婚恋状态影响的 Logistic 回归模型

变量名称	模型 1	模型 2 加控制变量	模型 3 加性别失衡影响
高收入（低收入=0）	0.120（0.187）	0.014（0.197）	-0.215（0.232）
自己租房（单位宿舍=0）	0.523（0.275）	0.515（0.281）	0.411（0.305）
住父母房（单位宿舍=0）	0.613*（0.265）	0.612*（0.286）	0.263（0.337）
自己买房（单位宿舍=0）	2.594***（0.398）	2.471***（0.410）	1.863***（0.454）
主观社会支持	0.131***（0.022）	0.126***（0.023）	0.123***（0.025）
客观社会支持	0.138***（0.038）	0.153***（0.040）	0.161***（0.042）
对支持的利用度	-0.005（0.054）	-0.042（0.057）	-0.026（0.060）
性别（男性=0）		0.092（0.212）	0.080（0.223）
共青团员（中共和民主=0）		-1.010***（0.267）	-0.598*（0.296）
群众（中共和民主=0）		-0.398（0.268）	-0.481（0.307）
是否独生（独生=0）		0.339（0.209）	0.066（0.250）
教育卫生行业（批零住餐业=0）			-0.106（0.310）
公共管理行业（批零住餐业=0）			0.314（0.366）
所在城市（保定=0）			-0.266（0.227）
城市（镇或县城=0）			-0.268（0.312）
乡村（镇或县城=0）			0.134（0.288）
18~23 岁组（24~29 岁组=0）			-0.971***（0.273）
30~35 岁组（24~29 岁组=0）			1.382***（0.323）
大专及以上组（高中或中专=0）			-0.836*（0.346）
初中及以下组（高中或中专=0）			0.096（0.374）
常数	-3.496***（0.632）	-2.866***（0.714）	-1.912*（0.849）
样本量	849	840	838
Nagelkerke R^2	0.273	0.306	0.377
Hosmer-Lemeshow 检验值	11.036n.s.	3.163*	13.616n.s.
整体拟合优度 X^2	167.651***	188.126***	238.070***

注：1. $*p<0.05$；$**p<0.01$；$***p<0.001$；n.s. $p>0.05$。
2. 括号外的数字为系数，括号里的数字为标准误。

就个别参数的显著性指标来看，在模型1中，住父母房和自己买房组、主观社会支持和客观社会支持等变量均达到0.05的显著性水平，这表明物质经济资本中的住房情况（住父母房和自己买房组）、社会支持（主观社会支持和客观社会支持）可能与青年婚恋状态是处于有对象还是无对象组别间显著关联。

加入控制变量后，模型2的结果显示，住父母房和自己买房组、主观社会支持和客观社会支持等变量依然达到0.05的显著性水平，与此同时，共青团员组也达到0.05的显著性水平，表明物质经济资本中的住房情况（住父母房和自己买房组）、社会支持（主观社会支持和客观社会支持）、政治面貌（共青团员组）可能与青年婚恋状态是处于有对象还是无对象组别间显著关联。

加入性别失衡变量后，模型3的结果显示，住父母房组的显著作用消失，共青团员组的显著作用有所弱化，而自己买房、主观社会支持和客观社会支持等变量依然显著，与此同时，18~23岁组、30~35岁组、大专及以上组的显著影响显现出来，均达到0.05的显著性水平，这表明，物质经济资本中的住房情况（自己买房组）、社会支持（主观社会支持和客观社会支持）、政治面貌（共青团员组）、年龄组类别（18~23岁和30~35岁组）、文化程度类别（大专及以上组）可能与青年婚恋状态是处于有对象还是无对象组别间显著关联。

上述数据结果表明，在性别失衡的影响下，社会经济资本对青年婚恋状态的影响较为复杂，物质经济资本中的住房情况（自己买房组、住父母房组）的影响减小，甚至消失，而年龄性别失衡和学历性别失衡在其中发挥了一定的影响作用。

五 社交心理因素的作用

（一）社交心理因素与青年择偶途径

对于社交心理因素与青年择偶途径之间的关系，以及加入性别失衡变量后会发生怎样的变化，我们也构建三个模型加以探讨。

模型1是社交心理因素与青年择偶途径的直接关系，模型2是加入控制变量后的结果，模型 3 是加入性别失衡变量后的结果。由表 9-13 可见，在整体模型显著性检验上，三个模型均达到显著性水平；而 Hosmer-Lemeshow 检验，三个模型均未达到显著性水平，表明所建立的回归模型拟合优度（Goodness of Fit）较为理想。就关联强度系数而言，在模型 1 中，Nagelkerke 关联强度指标值为 0.043，模型 2 为 0.191，模型 3 为 0.205，表明所建立的模型，在加入控制变量和加入性别失衡变量后，显著提高了整体模型的解释力，使得模型中的各个变量与因变量之间的关联强度得以增加。

表 9-13 社交心理因素对青年择偶途径影响的 Logistic 回归模型

变量名称	模型 1	模型 2 加控制变量	模型 3 加性别失衡影响
正面自我评价因子	-0.118（0.080）	-0.106（0.087）	-0.095（0.088）
负面自我评价因子	0.221**（0.083）	0.186*（0.089）	0.168（0.090）
负面个性特征因子	0.085（0.079）	0.073（0.085）	0.078（0.086）
负面关系处理因子	-0.252**（0.081）	-0.257**（0.088）	-0.239**（0.089）
正面关系处理因子	0.223**（0.080）	0.179*（0.086）	0.155（0.087）
社交焦虑自评	0.014（0.009）	0.009（0.010）	0.009（0.010）
性别（男性=0）		0.557**（0.187）	0.488*（0.190）
婚姻状态（未婚=0）		1.395***（0.193）	1.342***（0.237）
共青团员（中共和民主=0）		-0.138（0.229）	0.034（0.247）
群众（中共和民主=0）		0.260（0.188）	0.357（0.208）
是否独生（独生=0）		-0.073（0.166）	0.174（0.212）
教育卫生行业（批零住餐业=0）			0.394（0.298）
公共管理行业（批零住餐业=0）			0.308（0.325）
所在城市（保定=0）			0.230（0.173）
城市（镇或县城=0）			0.210（0.251）
乡村（镇或县城=0）			-0.205（0.239）
18~23 岁组（24~29 岁组=0）			0.118（0.316）
30~35 岁组（24~29 岁组=0）			0.140（0.196）
大专及以上组（高中或中专=0）			-0.106（0.320）
初中及以下组（高中或中专=0）			-0.031（0.322）

续表

变量名称	模型 1	模型 2 加控制变量	模型 3 加性别失衡影响
常数	-1.133** (0.404)	-2.346*** (0.475)	-2.802*** (0.609)
样本量	801	792	791
Nagelkerke R^2	0.043	0.191	0.205
Hosmer-Lemeshow 检验值	8.589n.s.	3.565n.s.	5.955n.s.
整体拟合优度 X^2	25.797***	118.942***	128.608***

注：1. *p<0.05；**p<0.01；***p<0.001；n.s. p>0.05。
2. 括号外的数字为系数，括号里的数字为标准误。

就个别参数的显著性指标来看，在模型 1 中，负面自我评价、负面关系处理和正面关系处理因子均达到 0.05 的显著性水平，表明自我认识（负面自我评价因子）、性格特征（负面关系处理和正面关系处理因子）可能与青年择偶途径是自己认识还是他人介绍组别间显著关联。

加入控制变量后，模型 2 的结果显示，负面自我评价、负面关系处理和正面关系处理因子依然显著，但负面自我评价和正面关系处理因子的显著作用有所减弱，偏回归系数值有所降低，与此同时，女性和已婚组也达到 0.05 的显著性水平，表明自我认识（负面自我评价因子）、性格特征（负面关系处理和正面关系处理因子）、性别（女性组）、婚姻状况（已婚组）可能与青年择偶途径是自己认识还是他人介绍组别间显著关联。

加入性别失衡变量后，模型 3 的结果显示，负面自我评价和正面关系处理因子的显著作用消失，负面关系处理、女性和已婚组的影响依然显著，但女性组的影响作用也略有减弱，而性别失衡变量在模型中未表现出明显的影响作用，但加入性别失衡影响变量提高了模型的整体解释力。

上述数据结果表明，在性别失衡的影响下，社交心理因素对青年择偶途径的影响作用变小，甚至消失。主要表现为性格特征（负面关系处理因子）的作用减小，而自我认识（负面自我评价因子）、性格特征（正面关系处理因子）的影响消失。研究结果表明，在性别失衡的背景下，影响青年择偶途径的关键因素还是在于性别和婚姻状态，女性比男性更倾向于他人介绍，已婚比未婚的他人介绍的可能性更高。性别和婚姻状态两个关键因素的存在，可能会使得社交心理因素的影响作用相对减小甚至消失。

(二) 社交心理因素与青年通婚范围

对于社交心理因素与青年通婚范围之间的关系，以及加入性别失衡变量后会发生怎样的变化，我们也构建三个模型加以探讨。

模型 1 是社交心理因素与青年通婚范围的直接关系，模型 2 是加入控制变量后的结果，模型 3 是加入性别失衡变量后的结果。由表 9 – 14 可见，在整体模型显著性检验上，三个模型均达到显著性水平；而 Hosmer – Lemeshow 检验，模型 1 和模型 3 均未达到显著性水平，表明所建立的回归模型拟合优度（Goodness of Fit）较为理想，而模型 2 达到 0.05 的显著性水平，但由于本研究主要目的在于检验这些变量的影响作用，而非构建理想模型，因此也可以勉强从中得到一些验证性的结果。就关联强度系数而言，在模型 1 中，Nagelkerke 关联强度指标值为 0.030，模型 2 为 0.222，模型 3 为 0.415，表明所建立的模型，在加入控制变量和加入性别失衡变量后，大大提高了整体模型的解释力，使得模型中的各个变量与因变量之间的关联强度得以增加。

表 9 – 14　社交心理因素对青年通婚范围影响的 Logistic 回归模型

变量名称	模型 1	模型 2 加控制变量	模型 3 加性别失衡影响
正面自我评价因子	−0.159* (0.077)	−0.070 (0.084)	−0.041 (0.094)
负面自我评价因子	0.268** (0.078)	0.276** (0.086)	0.213* (0.096)
负面个性特征因子	−0.025 (0.075)	0.035 (0.082)	0.111 (0.092)
负面关系处理因子	−0.087 (0.075)	−0.066 (0.082)	−0.022 (0.091)
正面关系处理因子	−0.032 (0.075)	0.008 (0.082)	−0.074 (0.092)
社交焦虑自评	−0.003 (0.009)	−0.009 (0.010)	0.002 (0.011)
性别（男性 =0）		0.708*** (0.179)	0.531** (0.199)
婚姻状态（未婚 =0）		−1.312*** (0.175)	−2.113*** (0.257)
共青团员（中共和民主 =0）		−0.072 (0.214)	0.345 (0.253)
群众（中共和民主 =0）		−0.020 (0.187)	0.577* (0.229)
是否独生（独生 =0）		−1.229*** (0.160)	−0.103 (0.213)
教育卫生行业（批零住餐业 =0）			0.637* (0.279)
公共管理行业（批零住餐业 =0）			1.057** (0.320)

续表

变量名称	模型1	模型2 加控制变量	模型3 加性别失衡影响
所在城市（保定=0）			0.065（0.183）
城市（镇或县城=0）			1.744***（0.253）
乡村（镇或县城=0）			-0.011（0.236）
18~23岁组（24~29岁组=0）			-0.450（0.288）
30~35岁组（24~29岁组=0）			0.214（0.227）
大专及以上组（高中或中专=0）			0.526（0.307）
初中及以下组（高中或中专=0）			-0.139（0.359）
常数	0.108（0.379）	1.350**（0.451）	-1.013（0.623）
样本量	841	831	830
Nagelkerke R^2	0.030	0.222	0.415
Hosmer–Lemeshow 检验值	11.266n.s.	16.853*	7.136n.s.
整体拟合优度 X^2	19.287***	151.197***	309.108***

注：1. $*p<0.05$；$**p<0.01$；$***p<0.001$；n.s. $p>0.05$。
2. 括号外的数字为系数，括号里的数字为标准误。

就个别参数的显著性指标来看，在模型1中，正面自我评价因子、负面自我评价因子均达到0.05的显著性水平，表明自我认识（正面自我评价因子和负面自我评价因子）可能与择偶地域范围选择城市、非城市组别间显著关联。

加入控制变量后，模型2的结果显示，正面自我评价因子的显著作用消失，负面自我评价因子依然显著，且偏回归系数值略有增加。与此同时，女性、已婚和非独生子女组也都达到0.05的显著性水平。这表明自我认识（负面自我评价因子）、性别（女性组）、婚姻状况（已婚组）、是否独生（非独生子女组）可能与择偶地域范围选择城市、非城市组别间显著关联。

加入性别失衡变量后，模型3的结果显示，非独生子女组的显著作用消失，负面自我评价因子、女性和已婚组均依然显著，而群众组、教育卫生行业、公共管理行业组和城市组的显著影响显现出来，均达到0.05的显著性水平，这表明，自我认识（负面自我评价因子）、性别（女性组）、婚姻状况（已婚组）、政治面貌（群众组）、行业类别（教育卫生行业、公共管理行业组）、出生地（城市组）可能与择偶地域范围选择城市、非城市组别间显著关联。

上述数据结果表明，在性别失衡的影响下，社交心理因素对青年通婚范围的影响变小、甚至消失，主要表现为自我认识（负面自我评价因子）的作用减小，而自我认识（正面自我评价因子）的影响作用消失。在这其中，行业和地域性别失衡在发挥了一定的影响作用。

结论与思考

一 结论

研究通过利用2014年3~5月笔者在江苏南京、河北保定两地针对"教育业、卫生和社会工作、公共管理和社会组织、住宿餐饮业、批发零售业"等5大类行业18~35岁的957名城市在职青年进行的"青年发展状况"问卷调查数据，结合历次人口普查资料，尤其是2010年第六次人口普查数据，本研究对性别失衡背景下青年择偶的基本状况进行了初步考察，而后对城市青年择偶在行业、地域、年龄、文化程度上的差异与表现特征进行了分析，在此基础上用实证调查数据检验了性别失衡对城市青年择偶的直接影响，进而探讨了影响城市青年择偶的内在机制。

通过研究，主要得到以下结论。

（一）性别失衡对城市青年择偶的直接影响

第一，从"六普"资料来看，婚龄性别比失衡集中表现在行业、地域、年龄以及学历等方面。在"男比女大"的年龄梯度偏好假设下，女性可能会面临结构性的择偶拥挤；而假设"女比男大"时，面临择偶拥挤的大多是男性。"男女同层"或"男高女低"的学历梯度偏好将可能导致高学历女性和低学历男性择偶难。

第二，从城市青年择偶状况与群体差异上看，青年择偶困难状况明显，近1/4的被访者面临择偶拥挤，不同青年群体的择偶观念存在明显差异。从行业上看，住宿餐饮业青年受到的婚姻挤压较为严重但择偶拥挤感最弱；而教育业青年受到婚姻挤压状况不明显但择偶拥挤感最强。从地域上看，南京比保定青年更倾向于晚婚，择偶拥挤感更强；生于农村比城市青年更倾向于早婚，择偶拥挤感较弱。从年龄上看，年龄越低越倾向于接受早些恋爱，年龄越高越倾向于接受晚点结婚。从文化程度上看，随文化程度的提高，青年越来越倾向于接受晚点结婚，择偶时所看重的条件和要求越来越多，择偶拥挤感越来越强。

第三，通过运用调查数据进行假设检验，结果发现性别失衡对城市青年择偶的直接影响主要表现在理想婚龄、择偶途径、通婚范围以及婚恋状态上。具体而言，在理想婚龄上，主要是年龄性别失衡和学历性别失衡影响较为显著，而性别、婚姻状况、是否独生子女在其中也发挥着影响作用；在择偶途径上，主要是年龄性别失衡影响较为明显，但性别和婚姻状况的影响作用加入后，性别失衡的影响消失；在通婚范围上，行业性别失衡、地域性别失衡和年龄性别失衡的影响均较为明显，但性别和婚姻状况的影响作用加入后，年龄性别失衡的影响消失；在婚恋状态上，年龄性别失衡的影响作用显著，在加入控制变量后，影响作用依然显著，这表明婚恋状态可能与年龄性别失衡密切相关。总的来说，性别失衡可能会导致青年理想婚龄推迟、择偶途径异化、通婚范围拉大、择偶难度增加，由此可能会引发各种矛盾或社会问题。性别结构失衡的不同维度在其中发挥着不同程度的影响作用。

（二）性别失衡影响城市青年择偶的内在机制

研究表明，行业、地域、年龄、文化程度与家庭背景、资本、心理等因素之间存在着较为显著的相关关系。通过运用问卷调查数据，对性别失衡影响青年择偶的内在机制进行探讨，结果发现：家庭、资本、心理等机制可能会对城市青年择偶产生直接影响，而在性别失衡背景下，这些内在机制的影响作用变得错综复杂。父母家庭背景的影响和社会经济资本的力量主要体现在青年相亲意愿、择偶途径、通婚范围和婚恋状态上，而社交心理因素的作用主要集中在青年择偶途径和通婚范围上。

第一，从家庭背景的模型结果来看，在性别失衡的背景下，加入行业、地域、年龄、学历性别失衡等因素后，在相亲意愿上，父母家庭的影响作用变小，而地域和年龄性别失衡的影响作用明显；在择偶途径上，性别失衡的影响作用不明显，但其增强了父母家庭背景在青年择偶途径上的影响；在通婚范围上，父母家庭的影响作用变小，而行业和地域性别失衡的影响作用较为显著；在婚恋状态上，父母家庭的影响作用减小，年龄性别失衡的作用较为明显。

第二，从各类资本的模型结果来看，在性别失衡的背景下，加入行业、地域、年龄、学历性别失衡等因素后，在相亲意愿上，经济资本（月收入）的影响作用消失，年龄性别失衡的影响作用明显；在择偶途径上，经济资本（住房情况）的影响作用消失，性别和婚姻状况的影响较为明显，性别失衡的作用不明显；在通婚范围上，经济资本（住房情况）的影响作用减小，社会资本（主观社会支持）的影响作用消失，而行业和地域性别失衡的影响作用较为显著；在婚恋状态上，社会资本的影响依然显著，经济资本（住房情况）的影响作用减小，年龄和学历性别失衡的影响作用较为明显。

第三，从社交心理的模型结果来看，在性别失衡的背景下，加入行业、地域、年龄、学历性别失衡等因素后，在择偶途径上，自我认识评价的影响消失，性格特征的作用变小，而性别和婚姻状况的影响作用较为显著；在通婚范围上，自我认识评价的影响作用变小，而行业和地域性别失衡的影响作用较为明显。

总的来说，在性别失衡的背景下，父母家庭背景、社会经济资本和社交心理因素等对城市青年择偶的影响作用会发生一定程度的变化。这种变化有大有小，但不可否认的是，性别失衡的不同维度在其中发挥了一定的影响作用。

二 理论思考与现实回应

研究通过运用问卷调查的方式，尝试回答了性别失衡是否会对城市青年择偶产生影响及其如何对城市青年择偶产生影响，从人口学、社会学、心理学等学科的视角，探讨了性别失衡影响城市青年择偶可能的内在机制。所得到的研究结论，一方面引发了我们对于现有研究的理论思考，另一方面也回应了社会现实。

(一) 理论思考

第一，对人口学者所关心的择偶拥挤及其相关理论观点的认识与思考。早在20世纪90年代中期就有人口学者对中国未来的择偶拥挤做出了推断；2000年以来郭志刚、陈友华等人的研究将这一问题推向了深入，对2015年到2020年的择偶拥挤进行了预测性研究；近年来，以李树茁为首的研究团队对性别失衡的后果进行了探索性的实证调查研究。多年来，人口学界关于择偶拥挤这一问题的研究，较为普遍的观点是，出生性别比升高将会带来男性的择偶拥挤。在我们看来，这一观点从人口结构的理论上讲，几乎是必然的结论，只是数量和规模大小的问题。根据人口变动的基本原理，决定人口变动的主要因素是生育、死亡和迁移。在死亡率较为稳定的情况下，长期的男性出生人口大大多于女性人口，必然会带来未来人口结构上的男多女少，即便受到人口迁移流动剧烈和频繁的影响，但整体的结构不会发生太大变化，就像物理学上所讲的能量守恒定律一样。然而，现实的中国社会，人口迁移流动在最近十多年间，规模非常庞大。这就带来了本研究关于择偶拥挤的新的理论认识：即择偶拥挤的后果可能会发生"漂移"。按照以往的研究和认识，中国的出生性别比失衡严重的区域在农村，但随着中国城镇化的进程加速，人口的急剧流动，大规模的农村青年进城务工，因而可能会导致原本发生在农村地区的出生性别比失衡其后果会随人口的流动漂移到城镇地区。因此，对于择偶拥挤的研究，本研究认为"漂移"理论带给我们的新认识是：不仅要关注农村地区的男性青年择偶拥挤问题，而且要关心青年农民工进城务工后对于城镇地区青年择偶结构所带来的变化与冲击。他们的加入，在一定程度上会改变城镇地区的"婚姻市场"，使得性别失衡的后果部分被转移到城镇地区。本研究对于住宿餐饮业、批发零售业等青年农民工较为集中的行业进行的调查研究，也是对这一问题进行深入研究的一种尝试。

第二，对社会学家所关注的择偶及相关理论观点的认识与思考。社会学界对于择偶及相关理论的研究，在2000年前后由李银河、徐安琪、李煜等人所引领，更多侧重于对择偶标准、择偶观念与择偶行为的研究；2006

年风笑天教授的研究，将青年农民工的婚姻家庭问题研究引向深入；其后的研究主要围绕特定群体的择偶标准、观念和行为进行。社会学界关于择偶的理论研究是深刻而富有见地的。中国学者也在现实社会生活中寻找了各种各样的证据，对择偶的"同类匹配论"、"梯度匹配论"以及"资源交换论"等进行了研究与分析。然而，近年来中国青年的择偶现实告诉我们，国外的择偶理论对于中国的择偶现实解释力较为有限。在中国，择偶是与恋爱、婚姻、家庭紧密联系在一起的，择偶的结果是要走向恋爱、婚姻与家庭，尤其是要进入中国复杂的婚姻和家庭之中，择偶中掺杂了太多的父母家庭的因素，经济与社会支持方面的考量以及文化传统的制约。因此，中国人的择偶模式与国外的择偶与婚配有着极大的不同。中国人的择偶问题不是简单的梯度问题、匹配问题，抑或资源交换问题，而是一系列相关问题和因素的综合问题。从社会学的视角出发，更多考虑的是社会变迁因素所带来的择偶观念与行为的变化，而忽略了其他因素，如人口性别结构、心理因素等在其中所发挥的影响作用，因此，国外关于择偶的理论以及相关理论在解释中国的择偶现实上，还有待于进一步地完善。因此，本研究基于上述考虑，提出择偶的"过程"理论。"过程"理论认为，在中国，择偶是一个择偶者及相关者带着各自的择偶条件与标准去寻找合适对象的过程，这是一个受到人口性别结构制约，父母家庭广泛影响，经济社会资本激烈斗争，文化传统观念隐形约束的过程。在这一过程中，择偶者及相关者借助于不同的择偶形式，通过多种择偶途径，带着自身的择偶条件与标准，在一定的地域范围内，寻找合适的另一半。这在某种意义上，也是一个博弈的过程，当各种因素能够达到一种妥协与平衡时，择偶才能成功。由此可见，从理论上讲，在这样的一个过程中，一个年轻人要想找到合适的另一半，谈何容易？！但不可否认的是，这一过程同时也可能是一个可长可短的过程，受到各种因素的影响作用大，这一过程可能就长；受到各种因素的影响作用小，这一过程可能就短。在本研究中，模型的检验结果，也在一定程度上提供了佐证。

第三，对心理学研究者所重视的择偶心理及其相关问题的认识与思考。择偶，在一些心理学研究者看来，更多的是一种个体自身倾向与偏好的表现，"需求互补论"、"父母偶像论"、"社会学习论"以及"心理进化论"等理论，大多是从个体自身的角度，在微观的层面上，对择偶者的择偶偏好与考虑所进行的解释。然而，正如我们前面所讨论的那样，在中国，择偶的决定者除了择偶者自身之外，可能还有更多的相关者在为其做着参谋或决定。因此，要解释中国青年的择偶现实，仅从青年个体的角度来进行是行不通的。就"心理进化论"而言，该理论认为择偶行为与其他行为一样，是长期进化的结果，人们为了将自己的基因成功地遗传下去，因而形成了不同的择偶标准。但是，在中国，一个青年在择偶的过程中，几乎不大可能仅仅考虑的是要将自己的基因进行成功地遗传，而更有可能的是，择偶者及相关者（如父母），会为了将自己的家产、财产以及各种社会资源，通过择偶、联姻等方式，将其不仅继承而且"发扬光大"。尽管本研究未能通过实证的方式，对心理因素在择偶中的作用进行确认，但不可否认的是心理学的一些理论解释为我们解释中国的择偶现实提供了有益启示。

（二）对现实的回应

近年来，在城市中，尤其是一些大城市、特大城市，"剩女"现象越来越突出。在现实生活中，我们也真切地感受到"剩女"问题的存在。单从统计数字上讲，男性数量大大多于女性，"剩男"一定是个真问题。但从冷冰冰的统计数字，走到活生生的社会现实中来看一看的话，"剩女"可能也是一个真问题，或者说，"剩女"也真的是一个问题。

运用人口统计数据对青年择偶拥挤状况的研究结果表明，男多女少的性别失衡状态最终必然会导致大量"剩男"的出现；而按照择偶梯度理论的解释，青年择偶问题的出现主要将会发生在 A 女和 D 男身上。如果前者的解释正确，则根本无"剩女"存在的可能，但社会现实表明，在城市中的确有着一定规模的"剩女"存在；如果后者的解释正确，则 B、C、D 女和 A、B、C 男不会出现择偶问题，但在现实生活中，剩下的不仅仅是 A 女和 D 男，即使 D 女和 A 男也都出现了"剩下"的情况。如何解释这样一些矛盾的社会现象。

目前，学术界、媒体和社会公众较为普遍的认识是，择偶梯度偏好造成了"剩男"和"剩女"问题出现。即在择偶中，由于资源上的分布不同，人们不同的择偶梯度偏好，A女和D男最有可能被"剩"下。然而，现实生活中的事实经验告诉我们，在很多大城市，尤其是特大城市，A男被"剩"下来的比例也在逐渐上升，这可能是择偶梯度理论所无法很好解释的问题与现象。

对于这一现象，我们的观点是，性别结构失衡所导致的择偶拥挤现象，受到影响的不仅仅是D男，而且包括A女，甚至还包括A男。由于受到传统观念的影响，女性的择偶标准大多更倾向于找比自己条件更好一些的男性，这样，A男在性别结构失衡的背景下，就显得更为抢手。但问题的关键在于，A男是否会有效利用这种资源上的优势。在一些大城市，甚至特大城市，"钻石王老五"不愁会被"剩"下，但他们其中的很多推迟了结婚年龄。在资源优势下，他们不像D男那样没有选择的主动权，而是在工作、事业等方面的压力下，不想选择或无从选择。即使有的选择了婚姻，也会导致婚外恋、婚外情等可能性的大大增加；而不选择婚姻的A男，则可能会通过商业性行为、"脚踏多只船"等，来实现其对于自身生理需求的满足以及对于女性资源的占有。在性别结构失衡的背景下，女性更有可能被当作一种资源，而非性别结构失衡会促进女性地位的上升与提高。

有学者提出，女性地位提升对当前女性青年大龄未婚的现象似乎可以做出更好地解释。本研究认为，这一解释存在着一定的合理性，但其主导观点还是受到择偶梯度理论的影响。诚然，在择偶梯度的影响下，女性地位上升使得与其相匹配的男性越来越少，进而无法匹配，导致女性青年被剩下，这种观点可以在一定程度上解释A女"剩下"的现象。但这一理论观点，似乎尚无法解释越来越多的城市优质剩男的出现，更无法解释B女、C女甚至D女剩下的现实。

近年来，各种电视相亲节目、婚恋网站、大型相亲会，风生水起，在中国社会，引发了各种各样的择偶乱象。这背后，究竟是什么因素在起决定作用。在我们看来，这种择偶乱象的出现，在某种意义上恰恰反映的是社会变迁与人口性别结构失衡双重作用的影响，从根源上在于社会的发展、进步与变迁，而导致各自择偶问题和现象出现的直接原因则可能是性别结构的失衡。也就是说，在性别结构失衡的背景下，一些社会变迁的机制在其中发挥着影响作用，从而使得当前中国的择偶现实呈现出一种异常复杂的乱象。因此，在性别结构失衡与社会变迁发展两种因素的综合作用下，择偶这一原本是个体行为的事情，逐渐演变成为一个人口现象、社会现象，由此也就成为一个人口问题、社会问题。如果能够将人口性别结构失衡背景与社会学的理论解释相结合，或许可以更好地来解释当前所出现的矛盾现象。

我们似乎可以做出以下推论。

第一，行业性别结构失衡会导致青年同类婚配的比例降低，不同行业的青年婚配比例将会有所升高，而目前中国的行业隔离状况使得男性偏多的行业与女性偏多的行业之间有着较少的交集，根据交互作用理论的假设，人们只有在不断的交往过程中，才能彼此了解对方，从而达到恋爱和结婚的目的。但行业之间的隔离，导致男性偏多行业和女性偏多行业的青年，在无法实现自己认识的情况下，只能被动地等待他人介绍。这也在一定程度上，解释了为什么工作之后的青年会面临择偶范围较窄、交往圈缩小，从而导致他人介绍成婚比例较高的现象。

第二，地域性别结构失衡会导致青年的通婚范围扩大，不同城乡背景或地域的青年婚配比例将有所提高，城乡通婚所带来的结果便是城市中的男性可能会与部分城市女性和部分非城市的女性结婚，原本较为平衡的城市婚姻市场被打破，城市中的优质女性没有合适的男性可以选择，因而可能也会导致出现大量"剩女"的出现。

第三，年龄性别结构失衡会导致青年的婚龄推迟，而婚龄推迟所带来的结果便是，女性到一定年龄后，再想要按照年龄梯度偏好寻找对象时，婚姻市场上的未婚男性大多已经结婚成家，因而也可能会导致"剩女"的出现。

第四，学历性别结构失衡会导致低学历的男性和高学历的女性在学历梯度偏好下成为受到择偶拥挤影响的群体，由于受教育程度不同，人们的婚恋观念也不相同。男性较多的低学历群体与女性较多的高学历群体之间几乎没有什么共同语言，婚姻市场上"多余"出来的低学历男性和高学历女性，不能得以很好地匹配，因而必然会导致城市中高学历女性成为"剩女"的可能性大大增加。

三 研究的不足

由于受到种种现实因素的约束和限制，本研究还存在着诸多不足之处。如概念的操作化问题，问卷调查中的抽样设计问题，样本的代表性问题，未能完全实现理想的设计计划以及数据分析技术有待进一步提高等。因此，在未来的研究中，需要进一步深入与完善。

比如，对于性别失衡这一核心自变量的操作化问题，可能是本研究的一处硬伤所在。但如前所述，研究对于性别失衡这样一个宏大的结构背景，在操作层面上，似乎无法将其转化为更直接、有效的测量指标，来对其进行科学的测量。研究中将性别失衡操作化为行业性别失衡、地域性别失衡、年龄性别失衡和学历性别失衡，并用行业类别、地域类别、年龄组类别、文化程度类别等指标来反映，从某种意义上讲，只能在一定程度甚至很小程度上能够真正地代表和反映性别失衡这一核心概念。但不可否认的是，在行业类别、地域类别、年龄组类别和文化程度类别等变量上所集中的性别失衡影响可能最多，尽管这些变量在更大的意义上，反映的是青年的个体特征，但我们仍然有理由相信它们同时可能也不可避免地受到结构性的影响，因此，本研究只是一种初步尝试与探索，我们期待着未来可能会研究出更好、更科学的测量指标来取代这些指标，进而得出更为科学的结论。

再比如，在对择偶问题这一概念的操作化上，是否可以有其他更为准确、更为科学的指标来进行测量？本研究所提出的择偶时间、择偶形式、择偶途径、择偶条件自评、择偶标准、择偶参谋、择偶地域范围、择偶难易程度和择偶结果等，未必能够全面、准确地反映青年的择偶问题，此外还有一些与择偶相关的变量，如择偶目的，未纳入本研究的视野。当然，对于父母家庭影响、各类资本力量、心理因素作用等概念，用本研究中所选择的那些变量来纳入分析，可能在一定程度上，也未必能够准确、科学地代表这些概念的真正内涵。这在某种意义上，更应该也算是一种探索与尝试。

此外，在问卷调查的抽样设计上，本研究并未完全采用随机抽样的方式来进行，而是有选择性地进行抽样与调查。这在一定程度上，可能影响到样本的代表性，也在一定意义上降低了研究的推广意义与价值。在调查地点和对象的选择上，由于受到现实因素的制约，并未能够实现在性别失衡严重地区以及性别失衡严重的部分行业进行调查的研究设计计划，这一点有待在后续的研究中加以补充和完善。

　　需要说明的是，本研究所关注的问题，并非一般意义上的普通青年择偶问题，而是在性别结构失衡的背景下，有可能会受到影响的特定青年群体的择偶问题，因此，在这类群体中，既具有与一般青年择偶相类似或相一致的特点，但又有别于一般的青年择偶。尽管从本研究的结果来看，似乎并没有发现性别失衡对于城市青年择偶的重大影响与后果，但是从性别失衡的直接影响来看，它一方面不但推迟了青年的理想婚龄，而且导致了青年择偶途径的异化，理想婚龄的推迟和择偶途径的异化在一定意义上也会造成诸多后续问题的出现和发生；另一方面，性别失衡不仅打乱了青年的择偶地域范围，使得城乡之间的通婚或进一步交融可能性增加，由此所引发的城乡、阶层、家庭融合等问题可能会相继出现，而且带来了青年择偶难度的增加，使得大量在城市中工作的青年不能很好地找到理想伴侣，降低了青年的生活福利，为父母和家庭带来了担心和困扰，由此可能还会引发卖淫嫖娼现象、社会道德滑坡，进而影响国家和社会的稳定与秩序。对此，我们要有充分的准备，以应对其所可能产生的负面影响与后果。

参考文献

1. 布劳:《社会生活中的交换与权力》,李国武译,商务印书馆,2008。
2. 布迪厄:《实践感》,蒋梓骅译,译林出版社,2003。
3. 毕雅丽等:《制度关联性视角下的出生性别比治理制度环境分析》,《妇女研究论丛》2014年第2期。
4. 蔡菲:《出生人口性别比升高问题及其对策研究》,社会科学文献出版社,2012。
5. 蔡菲:《关爱女孩行动——治理男女出生比例严重失衡》,《科学决策》2005年第10期。
6. 曹慧中:《为谁辛苦为谁忙——讲述父母相亲会背后的故事》,《青年探索》2007年第2期。
7. 陈俊杰:《农民生育观念研究:社会人口学的透视与展望》,《人口研究》1994年第6期。
8. 陈胜利、莫丽霞:《海南省出生人口性别比升高对我们的启示》,《国家人口与计划生育委员会优秀论文与调研报告集》2004年。
9. 陈胜利等:《未来择偶男性比女性究竟多多少?》,《市场与人口分析》2006年第1期。
10. 陈印陶:《打工妹的婚恋观念及其困扰——来自广东省的调查报告》,《人口研究》1997年第2期。
11. 陈友华:《中国和欧盟婚姻市场透视》,南京大学出版社,2004。

12. 陈友华：《出生性别比偏高的治理对策研究——以广东省为例》，《人口与经济》2007年第2期。

13. 陈友华：《市场驱动、制度隔离：继发型性别失衡》，《探索与争鸣》2014年第9期。

14. 陈友华：《制度消融、人性关怀与幸福生活》，《西安交通大学学报（社会科学版）》2014年第6期。

15. 陈友华、吕程：《剩女：一个建构失实的伪命题》，《学海》2011年第2期。

16. 陈友华、米勒·乌尔里希：《中德婚姻市场供需情况的比较研究》，《人口与经济》2000年第5期。

17. 陈友华、米勒·乌尔里希：《中国婚姻挤压研究与前景展望》，《人口研究》2002年第3期。

18. 陈宇鹏：《经商青年择偶标准与行为的实证分析——以义乌为例》，《中国青年研究》2011年第2期。

19. 陈震、陈俊杰：《农民生育的文化边际性》，《人口研究》1997年第6期。

20. 陈泽：《韩国的出生性别比状况研究》，《人口学刊》1996年第5期。

21. 楚军红：《中国农村产前性别选择的决定因素分析》，《中国人口科学》2001年第1期。

22. 段纪宪：《中国家庭形成过程中的性别选择和生育控制》，《中国人口科学》1991年第3期。

23. 邓国胜：《低生育水平与出生性别比偏高的后果》，《清华大学学报（哲学社会科学版）》2000年第4期。

24. 邓国胜：《中国生育率下降的代价：婚姻拥挤》，《社会科学》2000年第7期。

25. 邓智平：《打工妹的婚姻逆迁移研究》，《社会》2004年第7期。

26. 董金权、姚成：《择偶标准：二十五年的嬗变（1986~2010）——对6612则征婚广告的内容分析》，《中国青年研究》2011年第2期。

27. 杜林、风笑天：《婚恋观和恋爱现状：独生子女与非独生子女大学生的比较研究——对南京市六所高校大学生的调查研究》，《青年探索》

2006年第2期。

28. 冯世平：《择偶：一个渗透着父母意志的过程——简析甘肃农村父母对子女择偶行为的影响》，《甘肃社会科学》1998年第2期。

29. 冯玉平、许改玲：《出生性别比与婚姻挤压问题分析》，《西北人口》2005年第5期。

30. 冯占联：《出生性别比异常的非统计学含义：一个社会学的解释》，《人口学刊》1995年第3期。

31. 风笑天：《农村外出打工青年的婚姻与家庭：一个值得重视的研究领域》，《人口研究》2006年第1期。

32. 风笑天：《城市在职青年的婚姻期望与婚姻实践》，《青年研究》2006年第2期。

33. 风笑天：《社会研究方法（第五版）》，中国人民大学出版社，2018。

34. 风笑天：《城市青年择偶方式：未婚到已婚的变化及相关因素分析》，《江苏行政学院学报》2012年第2期。

35. 风笑天：《谁和谁结婚：大城市青年的婚配模式及其理论解释》，《广西民族大学学报（哲学社会科学版）》2014年第4期。

36. 高凌：《中国人口出生性别比的分析》，《人口研究》1993年第1期。

37. 顾宝昌：《论生育和生育转变：数量、时间和性别》，《人口研究》1992年第6期。

38. 顾宝昌：《我对出生性别比问题的认识》，《市场与人口分析》2007年第2期。

39. 顾宝昌、罗伊：《中国大陆、中国台湾省和韩国出生婴儿性别比失调的比较分析》，《人口研究》1996年第5期。

40. 顾宝昌、徐毅：《中国婴儿出生性别比综论》，《中国人口科学》1994年第3期。

41. 管雷：《1992~2006：我国婚姻挤压问题研究回顾》，《青年探索》2007年第5期。

42. 国家人口发展战略研究课题组：《国家人口发展战略研究总报告》，中国人口出版社，2007。

43. 国务院人口普查办公室、国家统计局人口和就业统计司：《中国2010年人口普查资料》，中国统计出版社，2012。

44. 果臻、李树茁：《中国男性婚姻挤压模式研究》，《中国人口科学》2016年第3期。

45. 郭显超：《中国婚姻挤压研究的回顾与评述》，《西北人口》2008年第1期。

46. 郭显超：《青年农民工的社会资本对择偶模式的影响研究——以成都市为例》，《西南财经大学博士论文》，2013。

47. 郭雁：《人口出生性别比失衡的公共管理学分析与治理》，《理论建设》2005年第3期。

48. 郭志刚：《对2000年人口普查出生性别比的分层模型分析》，《人口研究》2005年第3期。

49. 郭志刚、邓国胜：《婚姻市场理论研究——兼论中国生育率下降过程中的婚姻市场》，《中国人口科学》1995年第3期。

50. 郭志刚、邓国胜：《中国婚姻拥挤研究》，《市场与人口分析》2000年第3期。

51. 韩荣炜：《两性择偶标准的差异研究》，《西北人口》2002年第1期。

52. 胡桂锬：《城市白领集体相亲现象研究》，《当代青年研究》2007年第1期。

53. 胡序怀、陶林、何胜昔、吴露萍：《深圳流动人口择偶模式调查研究》，《中国性科学》2011年第10期。

54. 胡珍：《当代大学生的恋爱与择偶》，《中国青年研究》2002年第6期。

55. 胡中生：《明清徽州的人口买卖与婚配》，《安徽史学》2003年第2期。

56. 黄润龙：《我国出生性别比偏高因素研究及其治理建议》，人民出版社，2012。

57. 贾志科：《出生性别比失衡的社会风险、影响及后果》，《社会科学家》2012年第12期。

58. 贾志科、吕红平：《论出生性别比失衡背后的生育意愿变迁》，《人口学刊》2012年第4期。

59. 贾志科、风笑天：《当代都市青年的择偶标准——基于南京万人相亲会的实证分析》，《河北大学学报（哲学社会科学版）》2013年第2期。

60. 贾志科、沙迪：《贫困农村大龄未婚男青年的择偶窘境分析——基于河南 S 村的实地研究》，《河北大学学报（哲学社会科学版）》2016 年第 3 期。

61. 贾志科等：《性别失衡背景下当代青年婚姻支付问题研究》，《青年探索》2018 年第 1 期。

62. 姜全保、李波：《性别失衡对犯罪率的影响研究》，《公共管理学报》2011 年第 1 期。

63. 姜全保等：《中国未来婚姻挤压研究》，《人口与发展》2010 年第 3 期。

64. 金斗燮：《近年韩国出生性别比的上升与下降：再次探讨与重新修正》，《全球化与低生育率：中国的选择》，复旦大学出版社，2011。

65. 靳小怡、郭秋菊：《中国的性别失衡与公共安全——百村调查及主要发现》，《青年研究》2010 年第 5 期。

66. 靳小怡等：《性别失衡背景下中国农村人口的婚姻策略与婚姻质量——对 X 市和全国百村调查的分析》，《青年研究》2011 年第 6 期。

67. 靳小怡等：《性别失衡下的中国农村养老及其政策启示》，《公共管理学报》2012 年第 3 期。

68. 靳小怡、郭秋菊：《农村大龄未婚男性的代际经济支持研究》，《西北人口》2011 年第 4 期。

69. 靳小怡、刘利鸽：《性别失衡下社会风险与行为失范的识别研究》，《西安交通大学学报（社会科学版）》2009 年第 6 期。

70. 乐国安等：《进化心理学择偶心理机制假设的跨文化检验——以天津、Boston 两地征婚启事的内容分析为例》，《心理学报》2005 年第 4 期。

71. 李兵、孙永健：《出生婴儿性别选择的经济学分析》，《西北人口》2001 年第 1 期。

72. 李冬莉：《儒家文化和性别偏好：一个分析框架》，《妇女研究论丛》2000 年第 4 期。

73. 李南：《高出生性别比及其婚姻后果》，《中国人口科学》1995 年第 1 期。

74. 李树茁：《性别歧视和婚姻挤压：中国、韩国和印度的比较研究》，《中国人口科学》1998 年第 6 期。

75. 李树茁：《性别失衡、男性婚姻挤压与婚姻策略》，《探索与争鸣》2013年第5期。

76. 李树茁等：《中国的男孩偏好和婚姻挤压——初婚与再婚市场的综合分析》，《人口与经济》2006年第4期。

77. 李树茁等：《中国的性别失衡与社会可持续发展——一个跨学科的研究范式与框架》，《西安交通大学学报（社会科学版）》2009年第6期。

78. 李树茁等：《国际视野下的性别失衡与治理》，社会科学文献出版社，2010。

79. 李树茁等：《中国性别失衡问题的社会管理：整体性治理框架》，《公共管理学报》2012年第4期。

80. 李树茁等：《中国性别失衡与社会可持续发展的理论、实践与政策创新——国家社科基金重大攻关课题"中国人口性别结构与社会可持续发展战略研究"成果概述》，《西安交通大学学报（社会科学版）》2014年第6期。

81. 李树茁、毕雅丽：《IAD框架下的男孩偏好心理机制研究——基于陕西省71个县区的调查发现》，《人口与发展》2015年第6期。

82. 李树茁、果臻：《当代中国人口性别结构的演变》，《中国人口科学》2013年第2期。

83. 李树茁、胡莹：《性别失衡的宏观经济后果——评述与展望》，《人口与经济》2012年第2期。

84. 李树茁、李卫东：《性别失衡背景下应对资源与未婚男性农民工的心理失范》，《人口与发展》2012年第4期。

85. 李树茁、杨博：《健康、权利、政策：性别失衡新解读——多元视野下的性、社会性别与性别失衡》，《探索与争鸣》2014年第9期。

86. 李小云：《"守土与离乡"中的性别失衡》，《中南民族大学学报（人文社会科学版）》2006年第1期。

87. 李艳、李树茁：《农村大龄未婚男性的社会融合问题探析》，《中国农村观察》2012年第6期。

88. 李银河：《当代中国人的择偶标准》，《中国社会科学》1989年第4期。

89. 李银河、陈俊杰：《个人本位、家本位与生育观念》，《社会学研究》

1993年第2期。

90. 李煜、徐安琪：《择偶模式和性别偏好研究——西方理论和本土经验资料的解释》，《青年研究》2004年第10期。

91. 李煜、徐安琪：《婚姻市场中的青年择偶》，上海社会科学院出版社，2004。

92. 李志、彭建国：《大学生恋爱价值观特点及教育对策》，《重庆教育学院学报》2000年第4期。

93. 李志、吴绍琪：《研究生婚恋价值取向的调查研究》，《重庆大学学报（社会科学版）》1997年第1期。

94. 廖巍：《把农村出生性别计划有效纳入人口发展战略》，第七次全国人口科学讨论会，1998。

95. 林胜：《从择偶的理论到择偶理论——从社会学方法论的争论看择偶研究》，《社会》2002年第9期。

96. 刘慧君等：《性别失衡下的人口流动与艾滋病传播风险——基于风险选择的元分析》，《人口与经济》2012年第6期。

97. 刘慧君、李树茁：《性别失衡背景下的社会风险放大及其治理——基于群体性事件的案例分析》，《中国软科学》2010年第5期。

98. 刘慧君、李树茁：《性别失衡风险的社会放大与政府危机应对：一个分析模型》，《中国行政管理》2010年第12期。

99. 刘慧君、李树茁：《性别失衡下的人口健康与公共安全：国际视野与历史经验》，《人口学刊》2011年第5期。

100. 刘爽：《世界各国的人口出生性别比及其启示》，《人口学刊》2005年第6期。

101. 刘爽：《中国的出生性别比与性别偏好——现象、原因及后果》，社会科学文献出版社，2009。

102. 刘爽：《对中国生育"男孩偏好"社会动因的再思考》，《人口研究》2006年第3期。

103. 刘爽、蔡圣晗：《谁被"剩"下了？——对我国"大龄未婚"问题的再思考》，《青年研究》2015年第4期。

104. 娄彬彬：《社会性别，生育文化与妇女发展》，《国家人口与计划生育委员会优秀论文与调研报告集》，2004。

105. 卢继宏：《出生性别比偏高的非社会因素探析》，《西北人口》2004年第3期。

106. 卢文忠、钟文苑：《女权主义视阈下的当代中国性别失衡治理研究》，《2014年中国社会学年会"社会性别视角下的社会治理现代化"论坛论文集》，2014。

107. 陆杰华、张韵：《中国性别失衡的公共治理视角："预前"与"预后"》，《西安交通大学学报（社会科学版）》2014年第6期。

108. 逯长春：《论性别失衡背景下的跨国婚姻》，《传承》2014年第2期。

109. 罗萍、封颖：《从性别视角看当代大学生的婚恋观念》，《武汉大学学报（社会科学版）》2011年第5期。

110. 吕红平：《出生性别比综合治理的对策与出路》，《社会科学家》2012年第12期。

111. 吕红平：《社会性别视角下的出生婴儿性别比偏高问题分析》，《甘肃社会科学》2007年第3期。

112. 吕红平：《社会性别与人口发展笔谈》，《甘肃社会科学》2007年第3期。

113. 吕世辰、闫咏梅：《山西农村人口性别状况初探》，《忻州师范学院学报》2007年第2期。

114. 马汴京：《性别失衡、大龄未婚与男性农民工幸福感》，《青年研究》2015年第6期。

115. 马建青、严立芬：《女研究生婚恋观现状及特点探析》，《高等教育研究》1999年第2期。

116. 马健雄：《性别比、婚姻挤压与妇女迁移——以拉祜族和佤族之例看少数民族妇女的婚姻迁移问题》，《广西民族学院学报（哲学社会科学版）》2004年第4期。

117. 马焱：《从性别平等的视角看出生婴儿性别比》，《人口研究》2004年第5期。

118. 马瀛通：《人口统计分析学》，红旗出版社，1989。

119. 马瀛通：《人口性别比与出生性别比新论》，《人口与经济》1994年第1期。

120. 马瀛通等：《再论出生性别比若干问题》，《人口与经济》1998 年第 5 期。

121. 马瀛通等：《中国出生人口性别比研究》，《中国人口发展评论：回顾与展望》，人民出版社，2000。

122. 马瀛通：《重新认识中国人口出生性别比失调与低生育水平的代价问题》，《中国人口科学》2004 年第 1 期。

123. 孟阳、李树茁：《性别失衡背景下农村大龄未婚男性的社会排斥：一个分析框架》，《探索与争鸣》2017 年第 4 期。

124. 明艳：《我国性别偏好研究的回顾与展望》，《人口学刊》2002 年第 1 期。

125. 穆光宗：《"关爱女孩行动"与出生人口性别比问题治理》，《市场与人口分析》2006 年第 3 期。

126. 穆光宗、余利明、杨越忠：《出生人口性别比问题治理研究》，《中国人口科学》2007 年第 3 期。

127. 穆光宗：《近年来中国出生性别比升高现象的理论解释》，《人口与经济》1995 年第 1 期。

128. 穆光宗：《漠视生命权：人口性别失衡的背后》，《探索与争鸣》2014 年第 9 期。

129. 宁鸿：《"剩女"现象的社会学分析》，《理论界》2008 年第 12 期。

130. 倪晓锋：《中国大陆婚姻状况变迁及婚姻挤压问题分析》，《南方人口》2008 年第 1 期。

131. 潘永、朱传耿：《"80 后"农民工择偶模式研究》，《西北人口》2007 年第 1 期。

132. 潘金洪：《出生性别比失调对中国未来男性婚姻挤压的影响》，《人口学刊》2007 年第 2 期。

133. 钱兰英：《大学生对婚姻与性的态度》，《青年研究》2000 年第 11 期。

134. 钱铭怡等：《十五年来中国女性择偶标准的变化》，《北京大学学报（哲学社会科学版）》2003 年第 5 期。

135. 乔晓春：《性别偏好、性别选择与出生性别比》，《中国人口科学》2004 年第 1 期。

136. 乔晓春：《关于 21 世纪中国生育政策研究的思考》，《人口研究》1999 年第 2 期。

137. 秦季飞：《武汉地区大学生的择偶标准》，《青年研究》1995 年第 11 期。

138. 《人口研究》编辑部：《透视出生性别比偏高现象》，《人口研究》2003 年第 5 期。

139. 任强、郑维东：《我国婚姻市场挤压的决定因素》，《人口学刊》1998 年第 5 期。

140. 尚会鹏：《中原地区村落社会中青年择偶观及其变化——以西村为例》，《青年研究》1997 年第 9 期。

141. 尚子娟等：《性别失衡治理工具选择模型的实证研究——以国家"关爱女孩行动"43 个试点县区为例》，《西安交通大学学报（社会科学版）》2012 年第 1 期。

142. 尚子娟等：《性别失衡公共治理的结构与绩效——一个分析框架》，《西安交通大学学报（社会科学版）》2012 年第 6 期。

143. 尚子娟等：《性别失衡公共治理结构对绩效的影响——基于陕西省 71 个县区的实证研究》，《探索与争鸣》2015 年第 10 期。

144. 尚子娟等：《中国性别失衡后果的态势与治理——基于广西、江西和贵州省的调查和政策建议》，《西安交通大学学报（社会科学版）》2016 年第 6 期。

145. 邵邻相：《试析自然因素对出生性别比的影响》，《人口与经济》1998 年第 3 期。

146. 石人炳：《性别比失调的社会后果及其特点——来自对台湾人口的观察》，《人口研究》2002 年第 3 期。

147. 石人炳：《婚姻挤压和婚姻梯度对湖北省初婚市场的影响》，《华中科技大学学报（社会科学版）》2005 年第 4 期。

148. 石人炳：《青年人口迁出对农村婚姻的影响》，《人口学刊》2006 年第 1 期。

149. 宋健：《协调社会政策是治理出生性别比偏高的根本途径》，《中国党政干部论坛》2007 年第 5 期。

150. 宋健、王子文：《中国青年的婚姻状态与主观幸福感》，《中国青年研究》2016 年第 9 期。

151. 宋月萍、张婧文：《越少就会越好吗？——婚姻市场性别失衡对女性遭受家庭暴力的影响》，《妇女研究论丛》2017 年第 3 期。

152. 孙景艳：《对当代女大学生恋爱价值的思考》，《大连大学学报》2001 年第 5 期。

153. 孙沛东：《"白发相亲"——上海相亲角的择偶行为分析》，《南方人口》2012 年第 2 期。

154. 孙沛东：《相亲角与"白发相亲"——以知青父母的集体性焦虑为视角》，《青年研究》2013 年第 6 期。

155. 孙淑敏：《农民的择偶形态：对西北赵村的实证研究》，社会科学文献出版社，2005。

156. 孙淑敏：《乡城流动背景下低收入地区农村男子的择偶困境——对甘肃省东部蔡村的调查》，《西北人口》2010 年第 1 期。

157. 孙秀艳：《青年择偶标准的历史演变和现实思考》，《社会》2002 年第 4 期。

158. 唐韡：《从"相亲角"看都市未婚白领大龄化问题——以上海人民公园为例》，《职业时空》2008 年第 2 期。

159. 唐绍洪：《论我国社会转型时期婚姻观念的转变》，《兰州学刊》2003 年第 5 期。

160. 邰秀军：《谁是性别失衡下的弱势群体——对农村流动人口和驻村人口的调查》，《未来与发展》2011 年第 11 期。

161. 田岚：《当代女大学生的恋爱观与性价值观》，《妇女研究论丛》1993 年第 1 期。

162. 田芊：《中国女性择偶倾向研究——基于进化心理学的解释》，《复旦大学博士学位论文》，2012。

163. 田晓虹：《转型期择偶模式的实态与变化》，《浙江学刊》2001 年第 1 期。

164. 童辉杰：《中国人择偶模式在十年中的变化》，《江西师范大学学报（哲学社会科学版）》2011 年第 2 期。

165. 汤梦君：《中国性别失衡研究的重大突破》，《西安交通大学学报（社会科学版）》2014 年第 6 期。

166. 汤梦君：《多元共治与出生性别失衡治理创新》，《西安交通大学学报（社会科学版）》2016 年第 6 期。

167. 汤兆云：《出生人口性别比失衡的社会因素分析》，《人口学刊》2006 年第 1 期。

168. 汤兆云：《我国出生人口性别比失衡的生育政策因素》，《公共管理高层论坛》2006 年第 1 期。

169. 汤兆云：《我国出生性别比问题研究》，中国言实出版社，2008。

170. 王俊祥：《孩子的价值及对孩子数量、素质和性别的选择》，《中国人口科学》1990 年第 2 期。

171. 王俊祥等：《中国出生人口性别比偏高问题研究》，河北大学出版社，2012。

172. 王磊：《农村大龄未婚男性的社会支持政策分析》，《北京工业大学学报（社会科学版）》2016 年第 3 期。

173. 王元璋：《我国人口性别比例失调的现状、成因及对策》，《人口学刊》1985 年第 2 期。

174. 王翠绒、易想和：《出生性别比持续升高的人口伦理学分析》，《人口研究》2004 年第 4 期。

175. 王平一：《大陆和台湾地区青年婚恋观的比较研究》，《中国青年政治学院学报》2002 年第 4 期。

176. 魏伟：《性别失衡社会中的同性伴侣家庭：实践、权利和政策启示》，《西安交通大学学报（社会科学版）》2016 年第 6 期。

177. 韦艳：《出生性别比升高及其婚姻拥挤测度》，《西北人口》2005 年第 5 期。

178. 韦艳、李树茁：《农村大龄未婚男性家庭压力和应对策略研究——基于 YC 县访谈的发现》，《人口与发展》2008 年第 5 期。

179. 韦艳等：《亚洲女性缺失国家和地区性别失衡的治理及对中国的借鉴》，《人口研究》2009 年第 1 期。

180. 韦艳、梁义成：《韩国出生性别比失衡的公共治理及对中国的启示》，《人口学刊》2008 年第 6 期。

181. 韦艳、李静：《政策网络视角下中韩性别失衡治理比较研究》，《人口学刊》2011 年第 2 期。

182. 韦艳、吴燕：《整体性治理视角下中国性别失衡治理碎片化分析及路径选择》，《人口研究》2011 年第 2 期。

183. 韦艳、张力：《农村大龄未婚男性的婚姻困境：基于性别不平等视角的认识》，《人口研究》2011 年第 5 期。

184. 邬沧萍：《关于长期稳定低生育水平的理论思考》，《人口与经济》2000 年第 4 期。

185. 吴鲁平：《农村青年择偶观从传统向现代的位移》，《中国青年研究》2000 年第 3 期。

186. 吴雪莹、陈如：《当代人择偶重什么？——千例征婚启事的启示》，《妇女研究论丛》1997 年第 1 期。

187. 伍海霞：《农村男性大龄未婚的影响因素分析——来自河北 CC 县调查的发现》，《人口与发展》2013 年第 3 期。

188. 谢娅婷、靳小怡：《婚姻挤压对中国农村不同群体安全感的影响——基于全国百村调查数据的分析》，《西北农林科技大学学报（社会科学版）》2015 年第 3 期。

189. 解振明：《引起中国出生性别比偏高的三要素》，《人口研究》2002 年第 5 期。

190. 徐安琪：《上海女性择偶行为的现状和变迁》，《妇女研究论丛》1997 年第 4 期。

191. 徐安琪：《择偶标准——五十年变迁及其原因分析》，《社会学研究》2000 年第 6 期。

192. 徐安琪、李煜：《青年择偶过程：转型期的嬗变》，《青年研究》2004 年第 1 期。

193. 徐毅：《出生性别比的研究现状》，《人口动态》1992 年第 4 期。

194. 徐毅、郭维明：《中国出生性别比的现状及有关问题的探讨》，《人口与经济》1991 年第 5 期。

195. 许传新、王平：《大龄青年初婚与再婚择偶标准比较——对 1010 则征婚启事的量化分析》，《市场与人口分析》2003 年第 1 期。

196. 许菊香：《国内外青年婚恋研究综述》，《铜陵学院学报》2012 年第 4 期。
197. 许军、梁学敏：《延边州农村大龄未婚男青年情况调查报告》，《人口学刊》2007 年第 4 期。
198. 许小玲：《从择偶观的变迁看择偶标准的时代性——论中国女性建国至今 50 多年的配偶选择》，《武汉理工大学学报（社会科学版）》2004 年第 5 期。
199. 严梅福：《探索降低出生性别比的治本之途——湖北大冶市变革婚嫁模式实践》，《人口与经济》1995 年第 5 期。
200. 闫绍华等：《性别失衡微观治理模式的比较与分析——基于三个县"关爱女孩行动"的案例研究》，《西安交通大学学报（社会科学版）》2010 年第 3 期。
201. 杨博等：《中国性别失衡与 Sexuality：一个新的研究视角与框架》，《西安交通大学学报（社会科学版）》2012 年第 3 期。
202. 杨博、李树茁：《流动人口的风险性行为——社会经济地位与社会资本因素探析》，《南京社会科学》2015 年第 1 期。
203. 杨博、李树茁：《性别失衡后果的社会风险及其社区和家庭扩散研究》，《南京社会科学》2018 年第 5 期。
204. 杨博、孟阳：《性别失衡社会的家庭发展分析框架与实践》，《西安交通大学学报（社会科学版）》2016 年第 6 期。
205. 杨菊华等：《生育政策与出生性别比》，社会科学文献出版社，2009。
206. 杨菊华：《男孩偏好与性别失衡——一个基于需求视角的理论分析框架》，《妇女研究论丛》2012 年第 2 期。
207. 杨菊华：《创新科学研究 治理人口性别结构失衡》，《西安交通大学学报（社会科学版）》2014 年第 6 期。
208. 杨军昌：《黔东南州出生人口性别比状况分析及对策研究》，《人口与计划生育》2007 年第 2 期。
209. 杨军昌等：《西南民族地区出生人口性别比失调问题研究》，民族出版社，2010。
210. 杨书章、王广州：《生育控制下的生育率下降与性别失衡》，《市场与人口分析》2006 年第 4 期。

211. 杨遂全：《男女比例失衡与弱势群体结婚权和一夫一妻》，《民商法争鸣》2010 年第 6 期。

212. 杨婷、杨雪燕：《治理政策、乡土文化圈和男孩偏好：中国农村背景下的三方博弈》，《妇女研究论丛》2014 年第 5 期。

213. 杨新科：《改革开放条件下中国择偶观念的变化及发展趋势》，《西北人口》1997 年第 3 期。

214. 杨雪燕等：《中国农村大龄未婚男性的自慰行为——基于性别失衡背景的研究发现》，《人口与发展》2011 年第 3 期。

215. 杨雪燕等：《大龄未婚男性的男男性行为及其对公共安全的意义：基于中国农村性别失衡背景的研究发现》，《中国软科学》2012 年第 5 期。

216. 杨雪燕等：《性别失衡与人口流动视角下的男男性行为：来自中国城市地区的证据》，《人口与发展》2013 年第 1 期。

217. 杨雪燕、李树茁：《性别失衡背景下大龄未婚男性的商业性行为——基于中国农村地区的研究发现》，《人口学刊》2013 年第 1 期。

218. 杨雪燕、王珺：《婚姻挤压和流动背景下大龄未婚男性的商业性行为：基于中国西安的调查发现》，《西安交通大学学报（社会科学版）》2016 年第 2 期。

219. 杨雪燕、李树茁：《国际视野中的性别失衡公共治理：比较与借鉴》，《公共管理学报》2009 年第 3 期。

220. 叶文振：《出生人口性别比：性别平等与人口安全》，厦门大学出版社，2012。

221. 叶文振等：《流动中的爱恋与婚育——来自对流动妇女问卷调查的报告》，厦门大学出版社，2009。

222. 叶文振、林擎国：《当代中国离婚态势和原因分析》，《人口与经济》1998 年第 3 期。

223. 叶妍、叶文振：《流动人口的择偶模式及其影响因素——以厦门市流动人口为例》，《人口学刊》2005 年第 3 期。

224. 原新：《对中国出生性别比失衡人口规模的判断》，《人口研究》2007 年第 6 期。

225. 原新：《出生人口性别失衡：形势与治理》，《西安交通大学学报（社会科学版）》2014年第6期。

226. 原新、石海龙：《中国出生性别比偏高与计划生育政策》，《人口研究》2005年第3期。

227. 易松国：《从择偶坡度分析城市女性的婚姻挤压——以深圳市为例》，《湖南师范大学社会科学学报》2008年第3期。

228. 殷雷：《当代都市女性择偶心理的调查研究》，《心理科学》2004年第2期。

229. 曾毅等：《我国近年来出生性别比升高原因及其后果分析》，《人口与经济》1993年第1期。

230. 赵煜程：《我国独生子女政策实施以来的出生性别比变化研究》，《华中科技大学博士学位论文》，2011。

231. 翟振武：《全面建设小康社会与全面解决人口问题》，《人口研究》2003年第1期。

232. 张二力：《从"五普"地市数据看生育政策对出生性别比和婴幼儿死亡率性别比的影响》，《人口研究》2005年第1期。

233. 张桔、林颖：《出生人口性别比失衡原因及对策研究》，《中共南昌市委党校学报》2007年第4期。

234. 张澧生：《基于政策利益主体损耗的性别失衡问题探讨》，《中国行政管理》2015年第10期。

235. 张群林：《缺席的性/权利视角》，《探索与争鸣》2014年第9期。

236. 张群林等：《中国农村大龄未婚男性的性行为调查和分析》，《西安交通大学学报（社会科学版）》2009年第6期。

237. 张群林、杨博：《性别失衡背景下农村大龄未婚男性：性心理、性实践与性影响》，《青年研究》2014年第4期。

238. 张仕平：《性别价值观视野下的农村出生性别失衡原因的综合分析》，《西北人口》2006年第6期。

239. 张仕平、王美蓉：《性别价值观与农村出生婴儿性别比失衡》，《人口学刊》2006年第2期。

240. 张伟：《多角审视性别失衡与"缺失的女性"》，《河北法学》2008年第 1 期。

241. 张翼：《中国人口出生性别比的失衡、原因与对策》，《社会学研究》1997 年第 6 期。

242. 张翼：《人口出生性别比失衡将引发十大问题》，《红旗文稿》2005 年第 2 期。

243. 郑维东、任强：《中国婚姻挤压的现状与未来》，《人口学刊》1997 年第 5 期。

244. 郑晓丽：《贫困山区大龄青年成家难现象探析》，《中国青年研究》2008 年第 1 期。

245. 种道平：《武汉高校青年教师择偶标准的变迁》，《社会》2004 年第 11 期。

246. 种道平：《近十余年我国青年择偶标准研究述评》，《青年研究》2003 年第 2 期。

247. 种道平、王绪朗：《一项关于我国青年择偶标准性别差异的内容分析》，《青年探索》2003 年第 5 期。

248. 周丽丽：《性别和谐与社会和谐》，《贵州社会科学》2007 年第 10 期。

249. 朱正威、胡永涛：《性别失衡背景下社会安全事件的分析研究》，《第四届"21 世纪的公共管理：机遇与挑战"国际学术研讨会文集》，2010。

250. 朱正威等：《基于贝叶斯网络的性别失衡风险传导研究》，《公共管理学报》2012 年第 4 期。

251. 朱秀杰：《出生性别比偏高的社会性别机制》，社会科学文献出版社，2011。

252. 祝西冰、贾志科：《都市青年择偶场域分析——基于南京大型相亲会的实地研究》，《南京人口管理干部学院学报》2013 年第 3 期。

253. 卓玛措：《科学发展观下透视我国人口性别结构失衡》，《伊犁教育学院学报》2005 年第 4 期。

254. 左雪松、夏道玉：《女性时代风貌与"剩女"择偶模式——基于传统择偶模式的社会学分析》，《河海大学学报（哲学社会科学版）》2011 年第 4 期。

255. Amador J., Charles T. and Tait J. et al., "Sex and Generational Differ-

ences in Desired Characteristics in Mate Selection", *Psychological Reports* 96, (2005).

256. Andrea M. den Boer, Valerie Hudson, "The Security Threat of Asia's Sex Ratios", *SAIS Review* 24, (2004).

257. Akers D. S., "On Measuring the Marriage Squeeze", *Demography* 2, (1967).

258. Bernard I. Murstein, "Mate Selection in the 1970s", *Journal of Marriage and Family* 42, (1980).

259. Botwin Michael D., Buss David M. and Shackelford Todd K., "Personality and Mate Preferences: Five Factors in Mate Selection and Marital Satisfaction", *Journal of Personality* 1, (1997).

260. Buss D. M., "Human MateSelection", *American Scientist* 73, (1985).

261. Buss D. M., Michael Barnes, "Preferences in Human Mate Selection", *Journal of Personality and Social Psychology* 3, (1986).

262. Buss D. M., "Sex Differences in Human Mate Preferences: Evolutionary Hypotheses Tested in 37 Cultures", *Behavioral and Brain Sciences* 12, (1989).

263. Buss D. M. et al., "International Preferences in Selecting Mates: A Study of 37 Cultures", *Journal of Cross Cultural Psychology* 21, (1990).

264. Buss D. M., Shackelford T. K. and Kirkpatrick L. et al. "A Half Century of Mate Preferences: The Cultural Evolution of Values", *Journal of Comparative Family Studies* 2, (2001).

265. Buss D. M., *Evolutionary Psychology* (4th ed.) (Boston: Allyn and Bacon, 2012).

266. B. P. Buunk et al., "Age and Gender Differences in Mate Selection Criteria for Various Involvement Levels", *Personal Relationships* 9, (2002).

267. Cai Y., W. Lavely, "China's Missing Girls: Numerical Estimates and Effects on Population Growth", *The China Review* 2, (2003).

268. Catherine A. Surra, "Research and Theory on Mate Selection and Premarital Relationships in the 1980s", *Journal of Marriage and Family* 52,

(1990).

269. Chai Bin Park, "Preference for Sons, Family Size and Sex Ratio: An Empirical Study in Korea", *East – West Population Institute, East – West Center. Working Paper: A Prepublication Series Reporting on Research in Progress* 24, (1982).

270. Christophe Z. Guilmoto, "The Sex Ratio Transition in Asia", *Population and Development Review* 3, (2009).

271. Coale A. J. and Banister J., "Five Decades of Missing Females in China", *Demography* 3, (1994).

272. Cruz Coke R., "Demographical Evidences of the Relaxation of Natural Selection in Man", *Revista Medica de Chile* 7, (1997).

273. Dalmia, Sonia, "A hedonic analysis of marriage transactions in India: Estimating determinants of dowries and demand for groom characteristics in marriage", *Research in Economics* 46, (2004).

274. Daniel Goodkind, "On Substituting Sex Preference Strategies in East Asia: Does Prenatal Sex Selection Reduce Postnatal Discrimination?", *Population and Development Review* 1, (1996).

275. David T. Lykken, Auke Tellegen, "Is Human Mating Adventitious or the Result of Lawful Choice? A Twin Study of Mate Selection", *Journal of Personality and Social Psychology* 1, (1993).

276. Davis S., "Men as Success Objects and Women as Sex Objects: A Study of Personal Advertisement", *Sex Roles* 23, (1990).

277. Edward J. N., "Familiar Behavior as Social Exchange", *Journal of Marriage and the family* 31, (1969).

278. Eshleman J. R., *The family: An Introduction* (7th ed.) (Boston: Allyn and Bacon, 1994).

279. Feldman, Kerry D., "Socioeconomic Structures and Mate Selection among Urban Populations in Developing Regions", *Journal of Comparative Family Studies* 3, (1994).

280. Frances E. K., Robert G. P., *Cross – Cultural Comparisons: Data on Two*

Factors in Fertility Behavior, New York: Population Council, (1983).

281. Furnham A., "Sex Differences in Mate Selection Preferences", *Personality and Individual Differences* 47, (2009).

282. Glik, Paul C., "Fifty Years of Family Demography: A Record of Social Change", *Journal of Marriage and Family* 50, (1988).

283. Gandhi, Raj S., "Cross-Cultural and Comparative Perspectives on Women, Changing Economy, Mate-Selection Marriage and Family", *Journal of Comparative Family Studies* 1, (1985).

284. Guttentag, Marcia and Paul F. Secord, *Too Many Women? The Sex Ratio Question* (Beverly Hills, CA: Sage, 1983).

285. Hall J. A., Park N. and Song H. et al., "Strategic Misrepresentation in Online Dating: The Effects of Gender, Self-Monitoring and Personality Traits", *Journal of Social and Personal Relationships* 27, (2010).

286. Hatfield E., Sprecher S., *Mirror: The Importance of Looks in Everyday Life* (Albany: State University of New York Press, 1986).

287. Hayes A. F., "Age Preference for Same-Sex and Opposite-Sex Partners", *Journal of Social Psychology* 135, (1995).

288. Homans G. C., *Social Behavior: Its Elementary Forms* (New York: Harcourt Brace Jovanovich, 1974).

289. Howard Judith A., Blumstein and Philip, "Social or Evolutionary Theories? Some Observations on Preference in Human Mate Selection", *Journal of Personality and Social Psychology*, (1987).

290. Hoyt L. L., Hudson J. W., "Personality Characteristics Important in Mate Preference among College Students", *Social Behavior and Personality* 1, (1981).

291. Hull T. H., Wen X., *Rising Sex Ratio at Birth in China: Evidence from The 1990 Population Census* (Canberra: Australian Development Studies Network Paper No. 31, The Australian National University, 1993).

292. Hyman H. H., Charles R. W. and John S. R., *The Enduring Effects of Education* (Chicago: University of Chicago Press, 1975).

293. Jermaine Henry, Herbert W. Helm Jr. And Natasha Cruz, "Mate Selection: Gender and Generational Differences", *North American Journal of Psychology* 1, (2013).

294. Jia Lili, Rosemary Santana Cooney, "Son Preference and the One Child Policy in China: 1979–1988", *Population Research and Policy Review* 112, (1990).

295. John W. Hudson, Lura F. Henze, "Campus Values in Mate Selection: A Replication", *Journal of Marriage and Family* 4, (1969).

296. Johnson J., O. Nygren, "The Missing Girls of China: A New Demographic Account", *Population and Development Review* 1, (1996).

297. Kay Johnson, Banghan Huang and Liyao Wang, "Infant Abandonment and Adoption in China", *Population and Development Review* 3, (1998).

298. Keith, "Resources, Family Ties, and Well-Being of Never-Married Men and Women", *Journal of Gerontological Social Work* 42, (2003).

299. Nemoto K., Fuwa M., Ishiguro K., "Never-Married Employed Men's Gender Beliefs and Ambivalence toward Matrimony in Japan", *Journal of Family Issues* 34, (2013).

300. Hongbin Li, Junjian Yi and Junsen Zhang, "Estimating the Effect of the One-Child Policy on the Sex Ratio Imbalance in China: Identification Based on the Difference-in-Differences", *Demography* 48, (2011).

301. Li N., Tuljapurkar S. and Feldman M., "High Sex Ratio at Birth and Its Consequences", *Chinese Journal of Population Science* 3, (1995).

302. Li Norman P., Kenrick and Douglas, "Sex Similarities and Differences in Preference for Short-Term Mate: What, Whether, and Why", *Journal of Personality and Social Psychology*, (2005).

303. Mare R. D., "Five Decades of Educational Assortative Mating", *American Sociological Review* 1, (1991).

304. Mc Gee Elizabeth, Shevlin Mark, "Effect of Humor on Interpersonal Attraction and Mate Selection", *Journal of Psychology* 1, (2009).

305. M. D. Botwin, D. M. Buss, T. K. Shackelford, "Personality and Mate

Preferences: Five Factors in Mate Selection and Marital Satisfaction", *Journal of Personality* 1, (1997).

306. Monica Das Gupta, "Selective Discrimination Again Female Children in Rural Punjab, India", *Population and Development Review* 3, (1987).

307. Moore F. R., Cassidy C. and Perrett D. I., "The Effects of Control of Resources on Magnitudes of Sex Differences in Human Mate Preferences", *Evolutionary Psychology* 8, (2010).

308. Oppenheimer V. K., "A Theory of Marriage Timing: Assortative Mating Under Varying Degrees of Uncertainty", *American Journal of Sociology* 94, (1988).

309. P. N. Mari Bhat and A. J. Francis Zavier, "Fertility Decline and Gender Bias in Northern India", *Demography* 37, (2003).

310. Parker Marcie, Bergmark R. Edward, "Mate Selection Across Cultures", *Journal of Comparative Family Studies* 4, (2005).

311. Peres Y., Meivar H., "Self Presentation during Courtship: A Content Analysis of Classified Advertisements in Israel", *Journal of Comparative Family Studies* 1, (1986).

312. Peters John F., "Yanomama Mate Selection and Marriage", *Journal of Comparative Family Studies* 1, (1987).

313. Poston Jr., Gu B. and Liu P. P. et al., "Son Preference and the Sex Ratio at Birth in China: A Provincial Level Analysis," *Social Biology* 12, (1997).

314. Pravin M. Visaria, "Sex Ratio at Birth in Territories with A Relatively Complete Registration", *Eugenics Quarterly* 2, (1967).

315. Qian Z. C., Lichter D. T. and Mellott L. M., "Out-of-Wedlock Childbearing, Marital Prospects and Mate Selection", *Social Forces* 84, (2005).

316. Qingyuan Du, Shangjin Wei, *A Sexuality Unbalanced Model of Current Account Imbalances* (Cambridge: NBER Working Paper, 2010).

317. Rachel S. Herz, Michael Inzlicht, "Sex Differences in Response to Physical

and Social Factors Involved in Human Mate Selection: The Importance of Smell for Women", *Evolution and Human Behavior* 23, (2002).

318. Rosenfeld M. J., "A Critique of Exchange Theory in Mate Selection", *American Journal of Sociology* 110, (2005).

319. Russock Howard I., "An Evolutionary Interpretation of the Effect of Gender and Sexual Orientation on Human Mate Selection Preferences, As Indicated by an Analysis of Personal Advertisements", *Behaviour* 3, (2011).

320. Sascha Schwarz, Manfred Hassebrauck, "Sex and Age Differences in Mate-Selection Preferences", *Hum Nat* 23, (2012).

321. Schmitt David P., "Patterns and Universals of Mate Poaching Across 53 Nations: The Effects of Sex, Culture, and Personality on Romantically Attracting Another Person's Partner", *The American psychologically association* 4, (2004).

322. Schoen R., "Measuring the Tightness of a Marriage Squeeze", *Demography* 1, (1983).

323. Schoen R., Wooldredge J., "Marriage Choices in North Carolina and Virginia, 1969–71 and 1979–81", *Journal of Marriage and the Family* 51, (1989).

324. Schvaneveldt Paul L., Hubler Daniel, "Mate Selection in Bolivia: A Comparison of Rural and Urban Practices and Preferences", *Journal of Comparative Family Studies* 43, (2012).

325. Shangjin Wei, Xiaobo Zhang, *Sex Ratios, Entrepreneurship, and Economic Growth in the People's Republic of China* (Cambridge: NBER Working Paper, 2011).

326. Shelley, Clark, "Son Preference and Sex Composition of Children: Evidence from India", *Demography* 1, (2000).

327. Skopek Jan, Schulz Florian and Blossfeld Hans-Peter, "Who Contacts Whom? Educational Homophily in Online Mate Selection", *European Sociological Review* 27, (2011).

328. Spanier Graham B., Glick Paul C., "Mate Selection Differentials Between

Whites and Blacks in the United States," *Social Forces* 3, (1980).

329. Sten Johnson, "A Swedish Perspective on Sex Ratios and other Intriguing Aspects of China's Demography." *In Chengrui Li. A Census of One Billion People* (Beijing: State Statistical Bureau, 1996).

330. Strassberg D. S., Holty S., "An Experimental Study of Woman's Internet Personal Ads", *Archives of sexual behavior* 32, (2003).

331. Susan Sprecher, Quintin Sullivan and Elaine Hatfield, "Mate Selection Preferences: Gender Differences Examined in A National Sample", *Journal of Personality and Social Psychology* 6, (1994).

332. Ted A. Telford, "Covariates of Men's Age at First Marriage: The Historical Demography of Chinese Lineage", *Population Studies*, (1992).

333. Zhenchao Qian, Licther Daniel T. and Mellott Leanna M., "Out-of-Wedlock Childbearing, Marital Prospects and Mate Selection", *Social Forces* 1, (2005).

附录一 图、表索引

表3-1 被访者的基本情况 ……………………………………… 032
表4-1 1982年人口普查全国及部分省份出生性别比情况………… 044
表4-2 1982年人口普查全国及部分区域出生性别比情况………… 044
表4-3 1990年人口普查全国及部分省份出生性别比情况………… 044
表4-4 1990年人口普查全国及各区域出生性别比情况…………… 045
表4-5 我国1990年人口普查分城乡出生性别比情况 …………… 045
表4-6 2000年人口普查全国及部分省份出生性别比情况………… 046
表4-7 2000年人口普查全国及各区域出生性别比情况…………… 047
表4-8 我国2000年人口普查分城乡出生性别比情况 …………… 047
表4-9 2010年人口普查全国及部分省份出生性别比情况………… 048
表4-10 2010年人口普查全国及各区域出生性别比情况 ………… 048
表4-11 我国2010年人口普查分城乡出生性别比情况 …………… 049
图4-1 我国2010年人口普查部分男性偏多行业分省区就业人口性
别比 ………………………………………………………… 052
图4-2 我国2010年人口普查部分女性偏多行业分省区就业人口性
别比 ………………………………………………………… 053
表4-12 我国2010年人口普查部分男性偏多行业分年龄组就业人口
性别比 ……………………………………………………… 053
表4-13 我国2010年人口普查部分女性偏多行业分年龄组就业人口性

	别比 ··	054
表4-14	我国2010年人口普查各区域分城乡15岁及以上未婚人口性别比 ··	055
图4-3	我国2010年人口普查各省区分城乡15岁及以上未婚人口性别比 ··	056
图4-4	我国2010年人口普查各年龄分城乡15岁及以上未婚人口性别比 ··	057
表4-15	我国2010年人口普查各年龄组分城乡15岁及以上未婚人口性别比 ··	058
表4-16	我国2010年人口普查各文化程度分城乡15岁及以上未婚人口性别比 ··	059
表4-17	我国2010年人口普查各文化程度类别分城乡15岁及以上未婚人口性别比 ··	059
图4-5	全国分年龄梯度偏好的择偶拥挤结构性表现（假设男比女大） ··	062
图4-6	城市地区分年龄梯度偏好的择偶拥挤结构性表现（假设男比女大） ··	063
图4-7	镇分年龄梯度偏好的择偶拥挤结构性表现（假设男比女大） ··	063
图4-8	乡村地区分年龄梯度偏好的择偶拥挤结构性表现（假设男比女大） ··	064
表4-18	全国分学历梯度偏好的择偶拥挤结构性表现 ········	065
表4-19	城市分学历梯度偏好的择偶拥挤结构性表现 ········	066
表4-20	镇分学历梯度偏好的择偶拥挤结构性表现 ··········	066
表4-21	乡村分学历梯度偏好的择偶拥挤结构性表现 ········	067
图5-1	基于不同择偶理论假设的逻辑推理过程 ············	074
表5-1	城市在职青年问卷调查样本基本情况 ··············	084
表6-1	青年对择偶时间的描述性统计 ····················	086
表6-2	青年对不同择偶形式能否接受的描述性统计 ········	087
表6-3	未婚青年择偶途径的描述性统计 ··················	088

表6-4	已婚青年择偶途径的描述性统计	……………………	089
表6-5	整合后青年择偶途径的描述性统计	…………………	090
表6-6	青年对择偶时自身条件评价分布状况的统计	…………	091
表6-7	青年对择偶时自身条件评价的描述性统计	……………	092
表6-8	青年择偶标准的描述性统计	……………………………	092
表6-9	青年择偶参谋的描述性统计	……………………………	094
表6-10	未婚者择偶地域范围选择的描述性统计	………………	095
表6-11	已婚者择偶地域范围选择的描述性统计	………………	096
表6-12	整合后青年择偶地域范围的描述性统计	………………	096
表6-13	大龄未婚青年年龄标准的描述性统计	…………………	097
表7-1	不同行业青年在择偶时间选择上的方差分析	…………	102
表7-2	青年对不同择偶形式接受感与所在行业的交互统计	…	104
表7-3	青年所在行业与择偶途径的交互统计	…………………	105
表7-4	不同行业青年在择偶条件自评上的方差分析	…………	106
表7-5	青年所在行业与择偶标准的交互统计	…………………	108
表7-6	青年所在行业与择偶参谋的交互统计	…………………	110
表7-7	青年所在行业与择偶地域范围的交互统计	……………	111
表7-8	不同行业青年在择偶拥挤感上的方差分析	……………	112
表7-9	青年所在行业与择偶结果现状的交互统计	……………	113
表7-10	不同城市青年在择偶时间上的均值比较	………………	115
表7-11	不同出生地青年在择偶时间上的方差分析	……………	116
表7-12	青年对不同择偶形式接受感与所在城市的交互统计	…	117
表7-13	青年对不同择偶形式接受感与不同出生地的交互统计	…	117
表7-14	青年出生地与择偶途径的交互统计	……………………	118
表7-15	不同城市青年在择偶条件自评上的均值比较	…………	119
表7-16	不同出生地青年在择偶条件自评上的方差分析	………	120
表7-17	青年所属地域与择偶标准的交互统计	…………………	122
表7-18	青年所属地域与择偶参谋的交互统计	…………………	123
表7-19	青年所在城市与择偶地域范围的交互统计	……………	124
表7-20	青年出生地与择偶地域范围的交互统计	………………	125

表 7-21	不同城市青年在择偶拥挤感上的均值比较	125
表 7-22	不同出生地青年在择偶拥挤感上的方差分析	125
表 7-23	青年所在城市与择偶结果现状的交互统计	126
表 7-24	青年出生地与择偶结果现状的交互统计	126
表 7-25	不同年龄组青年在择偶时间上的方差分析	127
表 7-26	青年对不同择偶形式接受感与所属年龄组的交互统计	128
表 7-27	青年所属年龄组与择偶途径的交互统计	129
表 7-28	不同年龄组青年在择偶条件自评上的方差分析	130
表 7-29	青年所属年龄组与择偶标准的交互统计	131
表 7-30	青年所属年龄组与择偶参谋的交互统计	132
表 7-31	青年所属年龄组与择偶地域范围的交互统计	133
表 7-32	不同年龄组青年在择偶拥挤感上的方差分析	134
表 7-33	青年所属年龄组与择偶结果现状的交互统计	135
表 7-34	不同文化程度青年在择偶时间上的方差分析	136
表 7-35	青年对不同择偶形式接受感与文化程度的交互统计	137
表 7-36	青年文化程度与择偶途径的交互统计	138
表 7-37	不同文化程度青年在择偶条件自评上的方差分析	139
表 7-38	青年文化程度与择偶标准的交互统计	141
表 7-39	青年文化程度与择偶参谋的交互统计	143
表 7-40	青年文化程度与择偶地域范围的交互统计	144
表 7-41	不同文化程度青年在择偶拥挤感上的方差分析	145
表 7-42	青年择偶结果现状与文化程度的交互统计	145
表 8-1	变量描述统计	152
表 8-2	性别失衡对青年理想婚龄的影响（OLS）	154
表 8-3	性别失衡对青年择偶途径的影响（BLR）	156
表 8-4	性别失衡对青年择偶途径的影响：加控制变量后（BLR）	157
表 8-5	性别失衡对青年通婚范围的影响（BLR）	160
表 8-6	性别失衡对青年通婚范围的影响：加控制变量后（BLR）	161

表8-7　性别失衡对青年婚恋状态的影响（BLR） …………………… 164
表8-8　性别失衡对青年婚恋状态的影响：加控制变量后（BLR）
　　　　…………………………………………………………………… 166
表9-1　解释变量的描述统计 …………………………………………… 170
表9-2　性别失衡对"父母家庭影响"的OLS分析 ………………… 175
表9-3　性别失衡对"各类资本力量"的OLS分析 ………………… 177
表9-4　性别失衡对"心理因素作用"的OLS分析 ………………… 180
表9-5　父母家庭背景对青年相亲意愿影响的Logistic回归模型 … 182
表9-6　父母家庭背景对青年择偶途径影响的Logistic回归模型 … 184
表9-7　父母家庭背景对青年通婚范围影响的Logistic回归模型 … 186
表9-8　父母家庭背景对青年婚恋状态影响的Logistic回归模型 … 188
表9-9　社会经济资本对青年相亲意愿影响的Logistic回归模型 … 190
表9-10　社会经济资本对青年择偶途径影响的Logistic回归模型
　　　　…………………………………………………………………… 192
表9-11　社会经济资本对青年通婚范围影响的Logistic回归模型
　　　　…………………………………………………………………… 194
表9-12　社会经济资本对青年婚恋状态影响的Logistic回归模型
　　　　…………………………………………………………………… 196
表9-13　社交心理因素对青年择偶途径影响的Logistic回归模型
　　　　…………………………………………………………………… 198
表9-14　社交心理因素对青年通婚范围影响的Logistic回归模型
　　　　…………………………………………………………………… 200

附录二　青年发展状况调查问卷

城市编号：＿＿＿　行业编号：＿＿＿　职业编号：＿＿＿　问卷编号：＿＿＿

青年发展状况调查问卷

亲爱的青年朋友：您好！

为了解青年的工作和生活状况，探索青年成长和发展的科学规律和有效途径，我们在全国范围内开展了这项调查。本调查不记名、不公开，答案无对错之分，请您根据自己的实际情况填写即可。调查大约会耽误您15分钟左右的时间，您的配合将对我们的研究有极大的帮助。希望您能够认真完成。

衷心感谢您的支持与协助！祝您工作顺利，生活愉快！

全国"青年发展状况"课题组

2014年3月

总负责人：南京大学社会学院博士生　贾志科

联系电话：18932669603　E-mail：njujzk@163.com

填答方法：在合适的答案号码上打勾，或者直接在＿＿＿中填写。若无说明，每题只选一个答案。

一、基本情况

A1 您的性别：1 男　2 女

A2 您是哪一年出生的？19____年

A3 您的出生地当时是：

　　1 农村　2 镇　3 县城（包括县级市）

　　4 城市（地级市及以上）　5 其他（请注明）____

A4 您目前的学历是：

　　1 小学及以下　2 初中　3 高中或中专　4 大专

　　5 本科　6 研究生及以上

A5 您获得这一学历的年份是：____年

A6 您的政治面貌是：

　　1 中共党员　2 民主党派　3 共青团员　4 群众

A7 您的婚姻状况是：

　　1 未婚　2 已婚　3 离婚　4 丧偶

A8 您有兄弟姐妹吗？

　　1 没有，我是独生子女

　　2 有，我有____个哥哥____个姐姐　____个弟弟____个妹妹

A9 目前，您是否和父母居住在一起，一起生活？

　　1 没住在一起，他们有别的住处

　　2 住在一起→跳到 A13 题接着回答

A10 您父母现在居住在哪里？

　　　1 农村　2 镇　3 县城（包括县级市）

　　　4 城市（地级市及以上）　5 其他（请注明）____

A11 他们现在和谁住在一起？

　　1 和我的已婚的兄弟住在一起（跳过下题）

　　2 和我的未婚的兄弟住在一起（跳过下题）

　　3 和我的已婚的姐妹住在一起（跳过下题）

　　4 和我的未婚的姐妹住在一起（跳过下题）

　　5 二老自己居住，没和别人一起住

　　6 其他情况（请写明）____

A12 如果是二老自己居住，请问他们是从哪一年开始单独居住的？____年

A13 您父母的出生年份是：

父亲：19____年　母亲：19____年

A14 您父母的受教育程度：

父亲：____　母亲：____

1 小学及以下　2 初中　3 高中或中专

4 大专（包括工农兵大学生）　5 本科及以上

A15 您父母的职业：（若退休或下岗，填退休或下岗前职业）

父亲：____母亲：____

1 国家机关、党群组织、企事业单位负责人

2 专业技术人员（如工程师、教师、医师等）

3 办事人员和有关人员　　4 商业工作人员

5 服务性工作人员　　　　6 农、林、牧、渔、水利业生产人员

7 生产工人、运输工人和有关人员

8 警察及军人　9 其他____

A16 您父母亲的婚姻状况是：

1 都第一次结婚　2 一方离异过　3 一方已去世　4 其他____

A17 您觉得您父母家的经济条件与当地平均水平相比如何？

1 高出很多　2 略高一些　3 属平均水平

4 略低一些　5 低于很多

A18 人们常谈论社会阶层，您觉得您父母家属于：

1 下等阶层　2 中下等阶层　3 中等阶层

4 中上等阶层　5 上等阶层

二、工作情况

B1 您是哪一年参加工作的？____年

B2 这是您的第几份工作？第____份

B3（没换过工作者跳过此题）如果这不是您的第一份工作，请问您换工作的最主要原因是什么？

1 单位效益不好待遇低　2 工作太辛苦

3 对原来工作不感兴趣　4 和领导发生矛盾

5 人际关系发生矛盾　6 其他原因____

B4 您的第一份工作是通过什么方式得到的？

1 求职/应征/应聘/竞聘　　2 职业介绍机构介绍

3 亲友介绍/帮助安置　　4 自己创业

5 顶职/照顾子弟　　6 学校毕业直接分配

7 劳动/人事/组织部门安排/调动

8 其他（请注明）____

B5 您目前在单位的身份是：

1 雇主/负责人　　2 正式雇员/工薪劳动者

3 临时雇员　　4 其他（请写明）____

B6 近半年来，您平均每月的收入（包括各种奖金、补贴等所有收入）在下列哪个范围内？

1. 1100 元及以下　　2. 1101～1400 元

3. 1401～1700 元　　4. 1701～2000 元

5. 2001～2500 元　　6. 2501～3000 元

7. 3001～4000 元　　8. 4001～5000 元

9. 5001～7000 元　　10. 7001～9000 元

11. 9000 元以上（请写明）____

12. 不回答　　13. 不清楚

B7 在以下方面，您对自己目前的工作满意吗？

	非常满意	比较满意	一般	不太满意	很不满意
工作条件					
劳动强度					
工作稳定性					
收入水平					
发展前途					

三、娱乐与闲暇生活

C1 您最远到过哪儿？

0 从未出过远门→（跳过下题）

1 本地县城/市区　　2 本省其他县市　　3 省城/直辖市市区

4 外省　　5 港澳台　　6 国外

C2 您最远出行的目的是：

　　1 工作/劳动　2 求学　3 参军　4 旅游　5 走亲访友　6 婚嫁

　　7 购物　8 看病　9 其他____

C3 您平时周末都做什么？（请选两项以内）

　　1 购物/逛街　2 朋友聚会　3 外出游玩

　　4 在家做家务　5 看书学习　6 上网玩游戏

　　7 其他（请写明）____

C4 您是否加入了下列社会组织/民间团体？

	是	否
专业、行业组织（如企业家协会等）		
联谊组织（如同乡会、校友会等）		
社会公益组织（如志愿者组织等）		
民间自助、互助组织（如互助会等）		

C5（如果有参加上述组织的话，请回答）

　　您加入这类组织的主要目的是：（多选）

　　1 维护权益　2 获取信息和资源　3 满足兴趣爱好

　　4 打发时间　5 帮助他人/服务社会　6 结交朋友

　　7 其他（请写明）____

C6 一般情况下，您一个月总的花费大约是多少元？____元

　　其中，饮食支出：____元

C7 您在平常生活中阅读、收听、收看和使用下列媒介的情况是怎样的？（每行选择一格打勾）

	每天	经常	有时	很少	从不
看电视					
听广播					
看报纸					
看杂志					
上网					

注意：从不上网者→跳到C11题接着回答

C8 您每天上网的时间大约是：

　　1 半小时以内　2 半小时至一小时　3 一至三小时

　　4 三至八小时　5 八小时以上

C9 您平时一般都在哪儿上网？（多选）

　　1 自己家里　2 网吧　3 工作场所

　　4 手机上网　5 其他（请写明）____

C10 您上网最经常做什么？（多选）

　　1 浏览新闻资讯　2 炒股/投资　3 购物

　　4 发表言论　5 交友/聊天　6 娱乐

　　7 收发邮件　8 学习/工作（含开网店）

　　9 其他（请写明）____

C11 您现在住的房子属于下列哪一种情况？

　　1 单位的宿舍　2 自己租的房子

　　3 我父母的房子　4 自己买的房子

　　5 爱人父母的房子　6 其他（请写明）____

C12 如果是自己买的房子，请问：

　　房子是哪一年买的？____年

　　房子建筑面积多大？____平方米

　　买房共花了多少钱？____万元

　　其中贷款多少钱？____万元

　　您父母资助您们了没有？

　　1 资助了____万元　2 没有资助

　　您爱人或对象的父母资助了没有？

　　1 资助了____万元　2 没有资助

四、婚恋与择偶

（未婚者答）　　D1～D8 题

D1 您现在有男（女）朋友了吗？

　　1 有了→您朋友是哪年出生的？19____年

　　2 没有→您以前谈过恋爱吗？

　　　　1 谈过，谈过____次　2 没谈过→（跳到 D4 题）

D2 您第一次谈恋爱是在：____年？

D3 您和第一个男（女）朋友是如何认识的？

 1 在一个单位工作 2 偶然机会相识

 3 原来的同学 4 同事朋友介绍

 5 父母或家人介绍 6 工作关系认识

 7 从小就认识 8 通过互联网认识

 9 通过婚介介绍认识 0 其他（请写明）____

D4 近年来，一些城市举办了大型的相亲会。

 1 您参加过吗？

  ①参加过 ②没参加过 ③没听说过

 2 您的父母参加过吗？

  ①参加过 ②没参加过 ③不知道

D5 您是否赞成父母替子女去相亲？

 1 非常赞成 2 比较赞成 3 无所谓

 4 不太赞成 5 很不赞成

D6 您希望将来多大年龄时结婚？

 1 我打算____岁时结婚

 2 将来不打算结婚→（跳到 D20 题）

D7 您希望未来结婚对象的家庭所在地，最好在：

 1 农村 2 镇 3 县城（包括县级市）

 4 城市（地级市及以上）5 其他（请注明）____

D8 您希望将来结婚成家后如何居住？

 1 小家单独居住

 2 单独居住，但至少与一方父母在同一城市

 3 与男方父母住在一起

 4 与女方父母住在一起

 5 其他（请注明）____

（已婚者答） D9～D19 题

D9 您是哪一年结婚的？____年

D10 您和您爱人是如何认识的？

1 在一个单位工作　2 偶然机会相识

3 原来的同学　4 同事朋友介绍

5 父母或家人介绍　6 工作关系认识

7 从小就认识　8 通过互联网认识

9 通过婚介介绍认识　0 其他（请写明）____

D11 您爱人是哪年出生的？19____年

D12 他/她的出生地当时是：

1 农村　2 镇　3 县城（包括县级市）

4 城市（地级市及以上）5 其他（请注明）____

D13 您爱人是独生子女吗？

1 是的

2 不是，她有____个哥哥____个姐姐　____个弟弟____个妹妹

D14 你们的结婚费用（包括送彩礼，办婚宴，买首饰、家电、床上用品，拍婚纱照，蜜月旅行等，但不包括买房）总共大约为多少元？

总共约为____万元

其中，是否有彩礼？

1 是，____元

2 否

D15 请问，你们有孩子了吗？

1 没有

2 有了→有____个孩子？

____个男孩____个女孩

D16 你们目前是如何居住的？

1 小家单独居住　2 与男方父母同住

3 与女方父母同住　4 其他（请写明）____

D17 您觉得结婚时您爱人家的经济条件，与您家相比：

1 好很多　2 略好一些　3 差不多

4 略差一些　5 差很多

D18 您觉得结婚时您爱人家的经济条件，与当地平均水平相比：

1 高出很多　2 略高一些　3 属于平均水平

4 略低一些　5 低于很多

D19 人们常谈论社会阶层，您觉得您爱人家属于：

1 下等阶层　2 中下等阶层　3 中等阶层

4 中上等阶层　5 上等阶层

（全体都回答下列问题）

D20 父母规定过您什么时候才能谈恋爱吗？

1 规定过　2 没有规定过（跳过下题）

D21 父母是如何规定的？

1 ____岁才能开始谈　　　　2 上大学才能开始谈

3 大学____年级才能开始谈　4 其他规定方式（请写明）____

D22 您的父母催促过您找对象吗？

1 没有催过

2 催过──→他们催您找对象时您多大？

我____岁

D23 父母对您要找的对象提过什么条件吗？

1 没提出过

2 提出过──→他们最看重什么方面？____

D24 您的父母催促过您早点结婚成家吗？

1 没有催过

2 催过──→他们催您结婚时您多大？

我____岁

D25 总的来说，您认为父母对您选择对象有多大影响？

1 非常有影响　2 有些影响　3 不大有影响　4 一点也没影响

D26 您觉得在选择恋爱对象时，自己的下述条件如何？

	很差	较差	一般	较好	很好
相貌					
身材					
健康状况					

续表

	很差	较差	一般	较好	很好
学历					
职业					
经济收入					
脾气性格					
事业发展潜力					
家务操持能力					
父母社会经济地位					
综合条件					

D27 您觉得多大年龄不结婚，就算大龄青年了？

男：＿＿＿岁 女：＿＿＿岁

D28 您周围的大龄未婚青年多吗？

1 很多 2 比较多 3 一般 4 比较少 5 很少

D29 您认为他们还没有结婚的原因是：（多选）

1 现在性别失衡太严重，很多人找不到对象

2 社会对人们是否结婚越来越宽容了

3 他们个人性格或心理有问题

4 结婚的成本和代价太高，很多人结不起婚

5 很多人认为单身挺好，没有必要结婚

6 其他原因（请写明）＿＿＿

D30 您是否曾因为找不到合适的对象而烦恼？

1 是 2 否

D31 若有烦恼的话，主要原因是：（多选）

1 周围年龄相当的异性比较少

2 曾经失恋过，一直不愿意再找

3 个人要求比较高，一直没有遇到合适的

4 性格比较内向，不善于交往

5 工作太忙了，没时间找对象

6 其他原因（请写明）＿＿＿

D32 您认为男女青年多大年龄谈恋爱比较合适？

　　男：____岁　女：____岁

D33 您认为男女青年多大年龄结婚比较合适？

　　男：____岁　女：____岁

D34 您希望自己在____岁时结婚最为理想？

D35 您觉得男女双方结婚年龄差距最好多大？

　　1 男比女大____岁　2 女比男大____岁

　　3 男女年龄相同　4 无所谓

D36 您觉得男女双方在学历层次上最好是：

　　1 男比女高____层　2 女比男高____层

　　3 男女一样高　4 无所谓

D37 人们选择对象时会考虑下列因素，您认为最重要的是哪些？（多选，请选五项以内）

　　1 身材　2 年龄　3 人品

　　4 相貌　5 职业　6 收入

　　7 住房　8 户口　9 孝顺

　　10 婚史　11 责任心　12 事业心

　　13 家庭背景　14 两人感情　15 能力才干

　　16 身体健康　17 性格脾气　18 气质修养

　　19 文化程度　20 生活习惯　21 其他____

D38 您对下列找对象的方式能否接受？

	1 能接受	2 不能接受
婚姻介绍所		
广告征婚		
网络交友		
电视相亲		
大型相亲会		

D39 您选择恋爱对象时最希望与谁商量或请谁做参谋？（多选，请选两项以内），（如"自己决定，无须商量"则只选一项）

1 父母　2 兄弟姐妹　3 其他亲戚　4 同事

5 同行　6 同学　7 老师　8 朋友

9 其他____　0 自己决定，无须商量

D40 青年时期面临"成家"和"立业"两件大事，您觉得自己的这两方面是否有冲突？

1 有很大冲突　2 有比较大冲突　3 有比较小冲突

4 有很小冲突　5 基本上没冲突

五、婚育观念

E1 如果不考虑生育政策和其他条件，您认为一般家庭有几个孩子最理想？

____个

____个男孩　____个女孩

E2 如果完全按个人意愿，您希望自己生____个孩子？

____个男孩　____个女孩

E3 现行国家生育政策规定，两个独生子女结婚可以生两个孩子。如果您符合这种条件，您打算生两个孩子吗？

1 是的，我打算生两个孩子

2 不，我还是只生一个孩子（跳过下题）

3 不，我不打算生孩子（跳过下题）

E4 您希望生两个孩子的主要原因是什么？（多选）

1 孩子从小可以有个伴

2 就有希望生一男一女

3 孩子就不会被娇生惯养

4 多一个孩子将来养老更有保障

5 多一个孩子更保险

6 其他（请写明）____

E5 （未婚者，请跳过此题）您的父母以及您爱人的父母是否希望您们生两个孩子？

1 是的，双方父母都希望我们生两个

2 不是的，双方父母都希望我们只生一个

3 我父母希望我们生两个，爱人父母无所谓

4 爱人父母希望我们生两个，我父母无所谓

5 双方父母都随便我们

E6 中央决定，实行"单独两孩"政策，即一方是独生子女的夫妇可生育两个孩子。如果您符合这种条件，您打算生两个孩子吗？

1 是的，我打算生两个孩子

2 不，我还是只生一个孩子

3 不，我不打算生孩子

E7 您觉得中央实行的"单独两孩"政策，会影响人们的择偶标准吗？

1 是的，会让人们择偶时更倾向于找独生子女

2 不会，影响不了人们的择偶标准

3 无所谓，这个政策与择偶标准没关系

E8 在您看来，人们为什么要生孩子？（多选）

1 传宗接代　2 经济需要　3 情感需要

4 义务和责任　5 顺其自然　6 其他＿＿＿＿

E9 下列婚恋的形态，您觉得是否能够接受？

	1 能接受	2 无所谓	3 不能接受
买卖婚姻			
招赘婚姻			
未婚同居			
同 性 恋			
婚 外 情			

六、社会交往与支持

F1 您有多少关系密切，可以得到支持和帮助的朋友？

1. 一个也没有　2. 1~2个　3. 3~5个　4. 6个或6个以上

F2 近一年来，您：

1 远离家人，且独居一室

2 住处经常变动，多数时间和陌生人住一起

3 和同学、同事或朋友住在一起

4 和家人住在一起

F3 您与邻居：

1 相互之间从不关心，只是点头之交

2 遇到困难可能稍微关心

3 有些邻居都很关心您

4 大多数邻居都很关心您

F4 您与同事：

1 相互之间从不关心，只是点头之交

2 遇到困难可能稍微关心

3 有些同事都很关心您

4 大多数同事都很关心您

F5 您从家庭成员得到的支持和帮助情况如何？（在合适的格内打勾）

	无	极 少	一 般	全力支持
夫妻（恋人）				
父母				
儿女				
兄弟姐妹				
其他成员（如嫂子）				

F6 过去，在您遇到急难情况时，曾经得到的经济支持和解决实际问题的帮助的来源有：

1 无任何来源

2 下列来源：（可选多项）

1 配偶；2 其他家人；3 朋友；4 亲戚；5 同事；6 工作单位；7 党团工会等官方或半官方组织；8 宗教、社会团体等非官方组织；9 其他____

F7 过去，在您遇到急难情况时，曾经得到的安慰和关心的来源有：

1 无任何来源

2 下列来源：（可选多项）

1 配偶；2 其他家人；3 朋友；4 亲戚；5 同事；6 工作单位；7 党团

工会等官方或半官方组织；8 宗教、社会团体等非官方组织；9 其他____

F8 您遇到烦恼时的倾诉方式：

　　1 从不向任何人诉述

　　2 只向关系极为密切的 1~2 个人诉述

　　3 如果朋友主动询问，会说出来

　　4 主动诉述自己的烦恼，以获得支持和理解

F9 您遇到烦恼时的求助方式：

　　1 只靠自己，不接受别人帮助

　　2 很少请求别人帮助

　　3 有时请求别人帮助

　　4 有困难时经常向家人、亲友、组织求援

F10 对于团体（如党团组织、宗教组织、工会等）组织活动，您：

　　1 从不参加　2 偶尔参加

　　3 经常参加　4 主动参加并积极活动

七、自我评价

G1 以下说法涉及您对自己的感受，请指出您对每一条的同意程度。

（根据数字的含义，在每个空格中填写一个数字）

　　1 非常同意　2 比较同意　3 不太同意　4 很不同意

	同意程度
总体来说，我对自己感到满意	
有时候，我觉得自己一点优点也没有	
我觉得我有一些好的品质	
我可以做得和大部分人一样好	
我觉得我没有什么值得骄傲的地方	
有时我真的觉得自己无用	
我觉得我是个有价值的人，至少和其他人一样有价值	
我希望我对自己更加尊重	
总体来看，我觉得自己是个失败者	
我对自己有一个正面的评价	

G2 下列各种特征中，哪些比较符合您的情况？（每行选择一个空格打勾）

	非常符合	比较符合	不太符合	很不符合
懒　　惰				
娇　　气				
任　　性				
性格孤僻				
自我中心				
交往能力强				
难与人合作				
不　自　私				
自理能力弱				
责任心强				

G3 以下各项是否与您的情况相符合：（根据数字的含义，在每个空格中填写一个数字）

1 完全不相符　2 比较不相符　3 中等程度相符

4 比较相符　5 完全相符

	符合程度
即使在非正式聚会上，我也常感到紧张	
与一群陌生人在一起时，我常感到不自在	
在与一位异性交谈时，我通常感到轻松	
在必须同老师或上司谈话时，我感到紧张	
聚会常会使我感到焦虑及不自在	
与大多数人相比，我在社交中可能较少害羞	
在与我不熟悉的同性谈话时，我感到紧张	
在求职面试时，我会紧张的	
我希望，自己在社交场合中信心更足一些	
在社交场合中，我很少感到焦虑	
一般而言，我是一个害羞的人	
在与一位迷人的异性交谈时，我感到紧张	
给不太熟的人打电话时，我通常觉得紧张	
我在与权威人士谈话时，常感到紧张	
即使处于一群陌生人之中，我仍常感到放松	

为了对调查情况进行核实（如有的问题被遗漏或错填），方便的话，请留下您的联系方式：

　　联系电话：_____

　　电子邮箱：_____

　　QQ 号码：_____

　　我们的调查结束了，您辛苦了！再次向您表示感谢！您有什么建议和要求，欢迎写在下面：

访问时间：____月____日，调查员：_____

后　记

本书是国家社会科学基金青年项目"性别失衡对青年择偶的影响研究"（项目编号：13CSH046）的最终成果，著作出版也得到河北省青年拔尖人才支持计划、河北省高校百名优秀创新人才支持计划、河北省宣传文化系统"四个一批"人才支持计划、河北省"三三三"人才工程以及河北大学中西部高校提升综合实力工程项目的部分资助。项目研究和成果出版过程中，得到来自许多方面的帮助与支持，笔者在此表示衷心的感谢！

首先，要感谢我的博士生导师风笑天教授。感谢他在博士论文选题、国家课题申报、开展调查研究、论文成果撰写过程中给予我的精心指导。与导师的每一次交谈，向导师的每一次请教，我都能感受到老师的谦逊和睿智。

其次，要感谢南京大学社会学院的各位老师，他们让我深深感受到南京大学良好的学术研究氛围。也要感谢博士论文答辩、课题成果评审过程中，多位老师和匿名评审专家提出的宝贵意见和建议！正是这些意见、建议促使我不断地修订博士论文和完善课题研究成果，最终才有了这本书稿的面世。

此外，还要感谢我的硕士生导师吕红平教授，他一直不断地在给予我各方面的帮助与支持，还有河北大学的王俊祥教授、李维意教授、宫敬才教授以及政法学院其他领导和老师们，他们在我的学习、工作和生活中，用各种不同的方式对我进行提携、关心、帮助与支持。

课题任务的完成以及博士论文的写作,让我完完整整地经历了一次严格的学术训练。在此过程中,我不仅收获了知识、方法和技术,而且增长了资历与经验。诚然,如此大量的调查研究工作,绝非我一人之力所能完成,在此还要感谢课题研究和问卷调查过程中提供了很多帮助的单位和个人。

感谢原南京市委社会建设工作委员会、秦淮区委社会建设工作委员会,为我提供的挂职锻炼机会,让我能够在短时间之内,了解南京、熟悉南京,开展调研工作。感谢南京、保定两地参与问卷调查的各个单位和有关部门,包括南京市委市政府、保定市委市政府、南京秦淮区区委区政府、保定莲池区区委区政府以及下属的街道、社区、医院、社区卫生服务中心、学校以及部分其他企事业单位的领导和有关同志。感谢你们的支持与配合!还要感谢所有参与问卷调查的青年朋友们,感谢他们把想法通过填答问卷的方式告诉了我,使得我的研究工作充满了活生生的现实感!

感谢协助我进行问卷调查和数据录入等工作的南大社会学院社会工作专业的硕士生万艳、李庆庆、乔倩倩、徐榕、王伟等同学,以及河北大学政法学院社会工作专业的沙迪、罗志华等同学,也要感谢同门的多位师兄弟姐妹在课题调研和论文写作过程中所提供的诸多帮助!

感谢社会科学文献出版社对本书出版提供的便利和大力支持,也感谢责任编辑陈颖老师为本书的审阅、编辑、修订和完善付出的诸多辛苦与努力。

此外,还要感谢北京大学社会学系陆杰华教授给我提供了在北大进行访问交流的机会,让我能够在北大优越的学术环境中,充分利用有限的写作时间,完成书稿的修订和完善工作。

最后,尤其感谢我的家人!感谢我的妻子和孩子,是你们给了我莫大的支持与鼓励,你们的牵挂是我最大的前进动力。感谢一直默默支持我的父母,是你们含辛茹苦把我培养长大;还要感谢我的岳父母,是你们的辛苦付出,为我解除了后顾之忧!你们的辛苦劳累既让我深深地感到愧疚与自责,同时也更增加了我报答你们的动力!谢谢你们!

人总是在不断地经历和磨炼之后,才能获得成长与进步。南京大学是一所具有百余年历史的名校,在这里留下了我走上学术生涯的印记,在图书馆中的学习、写作和研究工作，让我深深地感受到追求学问的魅力！学术研究已经逐渐成为我的一种生活方式，在痛苦中品味快乐，活到老，学到老！

  尽管课题研究工作现已告一段落，但书稿的出版在我看来可能意味着一个新的开始。科学研究是无止境的，文中所探讨的问题还远远没有解决。书中描绘的图景和给出的答案与解释，一定还存在着诸多不足之处，需要在未来的研究过程中，不断地继续探寻。为此，我将一步一步努力前行！

贾志科
2019 年 3 月修订稿于北京大学图书馆

图书在版编目(CIP)数据

性别失衡与青年择偶/贾志科著. -- 北京：社会科学文献出版社，2019.5
 ISBN 978-7-5201-4423-0

Ⅰ.①性⋯ Ⅱ.①贾⋯ Ⅲ.①恋爱 - 研究 - 中国 - 现代 ②婚姻 - 研究 - 中国 - 现代 Ⅳ.①C913.1

中国版本图书馆 CIP 数据核字（2019）第 040627 号

性别失衡与青年择偶

著　　者／贾志科

出 版 人／谢寿光
责任编辑／陈　颖

出　　版／社会科学文献出版社·皮书出版分社（010）59367127
　　　　　地址：北京市北三环中路甲 29 号院华龙大厦　邮编：100029
　　　　　网址：www.ssap.com.cn
发　　行／市场营销中心（010）59367081　59367083
印　　装／三河市龙林印务有限公司
规　　格／开　本：787mm×1092mm　1/16
　　　　　印　张：17　字　数：268 千字
版　　次／2019 年 5 月第 1 版　2019 年 5 月第 1 次印刷
书　　号／ISBN 978-7-5201-4423-0
定　　价／88.00 元

本书如有印装质量问题，请与读者服务中心（010-59367028）联系

▲ 版权所有 翻印必究